成本会计(微课版)

王冲冲　艾洪娟　主　编
杨应杰　陆红霞　赵　丹　副主编

清华大学出版社
北　京

内 容 简 介

本书是按照成本会计岗位要求和项目化教学要求编写而成的项目化教材，内容主要包括认识成本会计、要素费用的归集和分配、在产品和完工产品的成本核算、产品成本计算方法的运用以及成本报表的编制与成本分析。将成本会计的理论和技能嵌入岗位训练和拓展训练中，学习的过程中既能掌握成本会计的知识点和专业技能，又能锻炼实际操作能力和增强岗位体验，并增加了学习的趣味性。

本书既可作为高等职业院校、高等专科院校、成人高校及本科院校开办的二级学院和民办高校的财经专业及相关专业的会计类教材，也适合作为在职人员的培训教材及经济管理领域工作人员的参考用书。

本书封面贴有清华大学出版社防伪标签，无标签者不得销售。

版权所有，侵权必究。举报：010-62782989，beiqinquan@tup.tsinghua.edu.cn。

图书在版编目(CIP)数据

成本会计：微课版/王冲冲，艾洪娟主编. —北京：清华大学出版社，2020.8

ISBN 978-7-302-56202-3

Ⅰ. ①成… Ⅱ. ①王… ②艾… Ⅲ. ①成本会计—教材 Ⅳ. ①F234.2

中国版本图书馆 CIP 数据核字(2020)第 143449 号

责任编辑：梁媛媛
封面设计：刘孝琼
责任校对：李玉茹
责任印制：杨 艳

出版发行：清华大学出版社

  网 址：http://www.tup.com.cn, http://www.wqbook.com
  地 址：北京清华大学学研大厦 A 座 邮 编：100084
  社 总 机：010-62770175 邮 购：010-62786544
  投稿与读者服务：010-62776969, c-service@tup.tsinghua.edu.cn
  质量反馈：010-62772015, zhiliang@tup.tsinghua.edu.cn
  课件下载：http://www.tup.com.cn, 010-62791865

印 装 者：三河市宏图印务有限公司

经 销：全国新华书店

开 本：185mm×260mm 印 张：13.75 字 数：337 千字

版 次：2020 年 9 月第 1 版 印 次：2020 年 9 月第 1 次印刷

定 价：39.00 元

产品编号：086778-01

前　言

　　本书是根据国家最新财税和会计法规，吸收当前成本会计的理论研究成果、教学改革成果，按照成本会计岗位要求和项目化教学要求编写而成的项目化教材。本书将成本会计岗位所需技能和理论知识按照项目进行讲解，系统地阐述了成本会计的核算内容和方法，同时也概述性地阐述了成本会计的一些基本理论。本书共分六个项目，分别是认识成本会计、要素费用的归集和分配、在产品与完工产品的成本核算、产品成本计算方法的运用、成本报表的编制和成本分析。

　　本书每个项目前有"岗位要求"和"学习目标"板块，并以生动有趣的案例或者相关知识背景引导出项目的主要教学内容；正文中设计了"练习"和"例题"板块；为了检验学习效果是否符合岗位技能要求，本书还设计了"拓展训练"和"岗位训练"；为了方便教学，每个项目后安排了丰富的项目训练题。由于项目四是成本计算的重点章节，并且是对每种方法的具体运用，因此在项目四中三种基本方法的后面增加了任务小练，加大了训练力度。

　　本书既可作为高等职业院校、高等专科院校、成人高校及本科院校开办的二级学院和民办高校的财经专业及相关专业的会计类教材，也适合作为在职人员的培训教材及经济管理领域工作人员的参考用书。

　　本书由两个院校、五位会计专业教师共同编写完成，由王冲冲、艾洪娟任主编，并负责全书的整体结构设计、最终的总纂及定稿工作；杨应杰、陆红霞和赵丹任副主编。具体分工如下：王冲冲负责大纲及编写项目一、二、三、六和拓展训练及岗位训练，并完成本书的统稿和校审；艾洪娟负责顶层设计及编写项目四、五；杨应杰编写项目四；赵丹编写项目五并负责全书的内容校对；陆红霞负责项目六。其中项目四、五、六是分小节合作完成的。

　　本书在编写过程中得到了各位编写人员及所在院校的大力支持，在此一并表示感谢。由于水平、时间所限，书中难免有疏漏之处，恳望广大读者和同行大力斧正。

编　者

目　　录

项目一

认识成本会计

任务导图

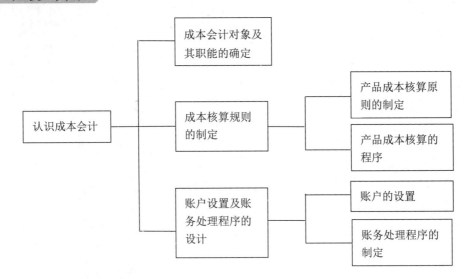

项目导读

成本会计重要吗?

在当今的市场经济条件下,企业管理的重心逐渐由企业内部转向外部,由重生产管理转向重经营决策管理,研究分析各种决策成本也就成为企业成本管理的一项至关重要的内容,如相关成本、差量成本、机会成本、边际成本、付现成本、重置成本、可避免成本、可递延成本、未来成本等。在企业的成本管理中,重视和加强对这些管理决策成本范畴的研究分析,可以避免决策失误给企业带来的巨大损失,为保证企业作出最优决策、获取最佳经济效益提供基础。因此成本会计的地位和作用越发地突出和重要。

一个企业的盈利和亏损,就是通过会计工作来反映的。企业主要以营利为目的,如果一个企业连最基本的成本会计账都算不清楚,还如何来断定企业应该投入多少,收益多少,怎样才能达到最终的目的!

理论认知

任务一　成本会计对象及职能的确定

一、成本与成本会计

1. 成本的含义

成本是会计理论中的一个重要概念。学习成本会计首先遇到的问题是成本是什么。成本的概念,不同学科对其有不同的解释。经济学中的成本是指商品价值中已经消耗的需要在其收入中获得补偿的那部分价值,即已消耗的生产资料的转移价值和活劳动消耗的价值;

而在管理学中，成本则被理解为是一种企业生产、技术、经营活动的综合指标。产品产量的多少，品种的变动，质量的优劣，工时、台时的利用，资源、能源的消耗，资金周转得快慢等，都会直接或间接地在成本中有所反映。但就会计学学科而言，成本则被认为是为了取得资产或为了获得某种利益或实现一定目的所发生的支出，例如，购买原材料是为了取得其使用效益的支出，属于成本；雇用工人是为了取得其服务的支出，也属于成本。至于支出，可以为现金，也可以为其他等价物。所获利益可以为有形资产，也可以为无形劳务。这种支出如果是为了获得某种利益或实现一定目的，都代表一项成本。由此可见，成本是一个广泛的概念。

2. 成本会计的含义

成本会计是会计学科体系的重要分支，是主要运用于生产企业的一种专业会计。成本会计具有广义与狭义之分。狭义的成本会计是指进行成本核算与分析的成本会计；广义的成本会计则指进行成本预测、决策、计划、控制、核算、分析及考评的成本会计，即成本管理。

成本会计是随着商品经济的发展而逐步形成和完善起来的。成本会计最早起源于英国，经历了早期成本会计阶段(1880—1920)、近代成本会计阶段(1921—1945)、现代成本会计阶段(1945年以后)，逐步扩充了成本会计的职能和作用。

二、成本会计的对象

成本会计的对象是指成本会计反映和监督的内容。具体来看如下。

首先，从工业企业生产经营的特点和现行会计制度出发，工业企业成本会计的对象为工业企业生产经营过程中发生的产品成本和期间费用。

其次，从各行业生产经营的特点和现行会计制度出发，成本会计的对象为企业生产经营过程中发生的生产经营业务成本和期间费用。

按照现行企业会计制度的有关规定所计算的成本(包括生产经营业务成本和期间费用)可称为财务成本；为企业内部经营管理的需要所计算的成本可称为管理成本。

可以看出，不同企业成本会计核算和监督的内容基本相同，总的来说，成本会计的对象是企业生产经营过程中所发生的生产经营成本和期间费用，简称为成本、费用。也可以说成本会计实际上是成本、费用会计。

【练习1-1】工业企业为了生产一定种类和数量的产品所支出的各种费用的总和是(   )。

    A. 产品成本   B. 期间费用   C. 业务成本   D. 经营管理费用

【练习1-2】成本会计的对象简单地说是(   )。

    A. 成本   B. 费用   C. 成本与费用   D. 以上均不对

【练习1-3】成本会计的对象是指成本会计_____和_____的内容。

三、成本会计的职能

成本会计的职能是指成本会计作为一种管理活动，在生产经营过程中所能发挥的功能，可以简单理解为成本会计在经济管理中的功能。一是反映职能，从价值补充的角度考虑，反映生产经营过程中各种费用的支出，以及生产经营业务成本和期间费用等的形成情况，为经营管理提供各种成本信息的功能。反映职能是成本会计的首要职能和最基本的职能。二是监督职能，按照一定的目的和要求，通过控制、调节、指导和考核等，监督各项生产经营耗费的合理性、合法性和有效性，以达到预期的成本管理目标的功能，包括事前、事中和事后监督。成本会计的反映和监督两大职能是辩证统一、相辅相成的。

现代会计制度，将成本会计的职能归纳为成本预测、成本决策、成本计划、成本控制、成本核算、成本分析和成本考核七项。其中，成本核算是基础职能。以下是具体内容。

1. 成本预测

成本预测是指根据成本的有关数据，以及可能发生的企业内外环境变化和可能采取的各项措施，运用一定的技术方法对未来的成本水平及其发展趋势所作出的科学估计。通过成本预测，可以减少生产经营管理的盲目性，提高成本管理的科学性和预见性。

2. 成本决策

成本决策是在成本预测的基础上，根据其他有关资料，在若干个与生产经营和成本有关的方案中，选择最优方案以确定目标成本。作出最优化的成本决策是编制成本计划的前提，也是提高经济效益的途径。

3. 成本计划

成本计划是根据成本决策方案所确定的目标成本，将决策方案具体化，提出计划期内所应达到的具体目标和水平，并提出相应实施措施的一种管理活动。成本计划是企业进行成本控制、成本考核和成本分析的依据。

4. 成本控制

成本控制是依据成本计划，对成本计划实施过程中的各项因素进行控制和监督，以保证成本计划得以实施的一种管理活动。通过成本控制可以保证计划和目标的实现，并为成本核算提供真实可靠的成本资料。成本控制包括事前控制和事后控制。

5. 成本核算

成本核算是根据一定的成本计算对象，采用适当的成本计算方法，按规定的成本项目、各费用要素的归集和分配，计算出各成本计算对象的总成本和单位成本。成本核算既是对生产经营过程中发生的生产耗费进行如实反映的过程，也是进行反馈和控制的过程。通过成本核算可以反映成本计划的完成情况，并为进行成本预测、编制下一期成本计划提供可靠的资料，同时也为以后的成本分析和成本考核提供必要的依据。

6. 成本分析

成本分析是采用专门的分析方法，利用成本核算资料与本期成本计划、上年同期实际成本、本企业历史先进水平、国内外同类产品先进水平进行比较，揭示产品成本的差异，分析产生差异的原因，以便提出改进措施，改善成本管理，降低成本耗费，提高经济效益的一种管理活动。

7. 成本考核

成本考核是定期对成本计划及其有关指标实际完成情况进行总结和评价，以监督和促使企业加强成本管理责任制，履行经济责任，提高成本管理水平。成本考核一般与奖惩制度结合，以调动各责任人努力完成目标成本的积极性。

成本会计的各项职能是相互联系、相互依存的。成本预测是成本决策的前提，成本决策是成本预测的结果；成本计划是成本决策所确定目标的具体化；成本控制是对成本计划实施进行的监督；成本核算是对成本计划是否完成的检验；成本分析能够查明计划完成与否的原因。成本考核则是实现成本计划的重要手段。这七项职能中，成本核算是基础，没有成本核算，其他各项职能都无法进行。

【练习1-4】在成本会计的诸多职能中，_____是成本会计的基础职能。

【练习1-5】成本会计的职能包括(　　)。

A. 成本预测、决策　　　　B. 成本核算、分析

C. 成本计划　　　　　　　D. 成本控制　　　　　　E. 成本考核

四、成本会计的任务

成本会计的任务是指成本会计职能的具体化，即根据成本会计的职能，成本会计在企业的生产经营活动的各个环节都应做哪些方面的工作。成本会计的任务主要取决于企业经营管理的要求。

(1) 进行成本预测，参与经营决策，编制成本计划，为企业有计划地进行成本管理提供基本依据。

(2) 严格审核和控制各项费用支出，努力节约开支，不断降低成本。

(3) 及时、正确地进行成本核算，为企业的经营管理提供有用的信息。

(4) 考核成本计划的完成情况，开展成本分析。

五、成本会计工作的组织

企业应根据本单位生产经营业务的特点、生产规模的大小、企业机构设置和成本管理的要求等具体情况与条件来组织成本会计工作。

1. 成本会计的机构设置

成本会计机构是指在企业中直接从事成本会计工作的机构。成本会计机构的分工包括成本会计机构内部的组织分工和企业内部各级成本会计机构之间的组织分工。成本会计机构内部的组织分工既可以按成本会计的职能分工，也可以按成本会计的对象分工。各级成本会计机构之间的组织分工有集中工作和分散工作两种方式。

集中工作方式，是指由企业的成本会计机构集中负责成本会计核算、成本计划编制、成本分析等各方面工作，车间等其他部门中的成本会计机构或人员(一般只配备成本核算人员)只负责登记原始记录和填制原始凭证，并对它们进行初步的审核、整理和汇总，为企业的进一步工作提供资料，这种方式的特点是有利于企业管理当局及时掌握企业有关成本的全面信息，便于集中使用电子计算机进行成本数据处理，还可以减少成本会计机构的层次

和成本会计人员的数量。但这种方式不便于直接从事生产经营活动的基层单位及时掌握成本信息，不利于调动他们自我控制成本和费用的积极性。因此，它一般适用于成本会计工作较为简单的企业。

分散工作方式也称非集中工作方式，它是指将成本会计中的各项具体工作，分散给车间等基层单位的成本会计机构或人员来进行，企业的成本会计机构只负责成本数据的最后汇总以及处理那些不便于分散到车间等部门进行的成本工作。这种方式的特点与集中工作方式相反。

企业在确定组织工作形式时，要以企业自身规模的大小和内部有关单位管理的要求为依据，从有利于充分发挥成本会计工作的职能作用以及提高成本会计工作效率去考虑。一般来说，大型企业采用分散工作方式，中小企业采用集中工作方式为宜。也可以根据企业实际情况，将两种方式结合起来运用，即对某些部门采用分散工作方式，而对另一些部门则采用集中工作方式。

【练习1-6】成本会计机构内部的组织分工有(　　)。

  A. 按成本会计的职能分工   B. 按成本会计的对象分工

  C. 集中工作方式   D. 分散工作方式

  E. 统一工作方式

2. 成本会计的人员配备

在企业的成本会计机构中，配备足够数量、能够胜任工作的成本会计人员，是做好成本会计工作的关键。成本会计人员应该认真履行自己的职责、遵守职业道德，坚持原则，遵纪守法，正确行使自己的职权。

3. 成本会计的制度规定

成本会计的法规和制度是组织和从事成本会计工作必须遵守的规范，是会计法规和制度的重要组成部分。成本会计法规和制度的制定，应该按照统一领导、分级管理的原则。每一家企业都应根据国家的有关规定，结合本企业生产经营的特点和管理要求，具体制定本企业的成本会计制度、规程和办法。

任务二　成本核算规则的制定

子任务一　产品成本核算原则的制定

一、产品成本核算的原则

为了使产品成本信息资料符合规定，达到正确、真实和及时的要求，核算必须讲究质量，而要提高成本核算质量，又必须遵守成本核算的原则。就产品成本核算来说，主要有以下几条原则。

(一)合法性原则

合法性原则是指计入成本的费用都必须符合相关政策法规和制度的规定，严格遵守成本开支范围的要求，正确划分生产经营性支出和非生产经营性支出。如企业购置和建造固定资产性质的支出、生产的支出、购入无形资产的支出、对外投资的支出、被没收的财物、各项罚款性质的支出、捐赠和赞助性质的支出等非生产经营性支出都不能列入成本开支。如果出现违反规定的开支，必须在纳税申报时予以调整，以保证成本指标的合法性。

(二)实际成本核算原则

企业进行成本核算时，可以采用不同的计价方法，如计划成本、定额成本、标准成本等，但在最终计算产品成本时，必须调整为实际成本。这是成本核算的基本原则，只有按实际成本核算，才能减少成本计算的随意性，使成本信息保持其客观性和可验证性。实际成本核算原则在应用上主要体现为三个方面的要求，一是各项成本费用发生时按实际发生数确认，二是完工产品成本按实际成本计价结转，三是产品销售成本按实际数额入账。

(三)可靠性原则

可靠性原则包括真实性和可核实性。真实性是指所提供的成本信息或核算的数据与客观的经济事项相一致。可核实性是指成本核算资料按一定的原则由不同的会计人员加以核算，都能得到相同的结果。

(四)重要性原则

重要性原则是指对成本有重大影响的项目应作为重点，力求精确，单独设立成本项目进行核算与反映；而对于那些不太重要的、琐碎的、次要的、在成本项目中所占比例很小的内容，则可以从简处理，合并反映。如构成产品实体或主要成分的原材料、生产工人的工资就直接计入产品成本的"直接材料""直接人工"项目单独进行反映，对于一般性耗用的、数额不大的材料费用就计入制造费用或管理费用，在综合项目中合并反映。

(五)一致性原则

一致性原则是指成本核算所涉及的成本核算对象、成本项目、成本核算方法以及会计处理方法前后各期应当一致，保证前后各期成本信息的可比性，提高成本信息的利用程度。一致性原则的要求包括四方面内容：一是某项成本要素发生时，确认该要素水平的方法前后期应当一致，如发出材料的计价方法、固定资产计提折旧的方法等；二是成本计算过程中所采用的费用分配方法前后期应当一致，如制造费用的分配方法、材料费用的分配方法、人工费用的分配方法等；三是同一种产品的成本核算方法前后各期应当一致，如品种法、分批法、分步法等，前期选定一种核算方法后，后期不得随意变更；四是成本核算对象、成本项目的确定前后期应保持一致。

也就是成本核算所采用的方法，前后各期必须一致，以使各期的成本资料有统一的口径，前后连贯，互相可比。

(六)权责发生制原则

应由本期成本负担的费用，不论是否已经支付，都要计入本期成本；不应由本期成本负担的费用，即使在本期支付，也不应计入本期成本。

(七)分期核算的原则

企业为了取得一定期间所生产产品的成本，进行分期，分别计算各期产品的成本。企业的经营活动在连续不断地进行，为了及时准确地核算产品生产成本，企业必须将连续不断的生产经营期间划分为若干个相等的成本核算期间，按期计算产品生产成本。为降低成本核算的成本，顺利进行各项成本核算工作，成本核算期间的划分必须与会计年度的划分一致。成本核算中，费用的归集与分配都是按月进行的，与会计报告期一致；而产品成本的成本计算期则与生产类型有关，可能与生产周期一致，与会计报告期不一致。成本分期核算的原则，主要是分清当月发生和当月负担的成本费用的界限，从时间上确定各个成本计算期的费用和产品成本的界限，保证成本核算的正确性。

(八)相关性原则

相关性原则包括成本信息的有用性和及时性。有用性是指成本核算要为管理当局提供有用的信息，为成本管理、预测、决策服务。及时性是强调信息取得的时间性。及时的信息反馈，可及时地采取措施，改进工作。具体表现在成本项目发生时，及时进行会计处理；为相关的内部管理人员及时提供信息；及时提供财务成本报表。

【练习 1-7】在成本核算中，必须正确核算待摊费用和预提费用，这是贯彻了会计核算的( )原则。

　　A. 历史成本　　　　B. 权责发生制　　　　C. 配比　　　　D. 重要性

二、产品成本核算的要求

(一)算管结合，算为管用

"算管结合，算为管用"就是成本核算应当与加强企业经营管理相结合，所提供的成本信息应当满足企业经营管理和决策的需要，也就是要采用适应生产特点和管理要求的成本计算方法。

(二)对费用进行合理分类

1. 按经济内容分类

产品的生产过程，也是物化劳动(包括劳动对象和劳动手段)和活劳动的耗费过程。因而生产过程中发生的生产费用，按其经济内容分类，可划归为劳动对象方面的费用、劳动手段方面的费用和活劳动方面的费用三大类。生产费用按照经济内容分类，就是在这一划分的基础上，将生产费用划分为若干要素费用。

(1) 外购材料。外购材料费用是指企业为生产经营而耗用的一切从外部购入的原材料、半成品、辅助材料、包装物、修理用备品备件和低值易耗品等。

(2) 外购燃料。外购燃料是企业耗用的一切从外部购进的各种燃料，包括固体、液体、气体燃料。

(3) 外购动力。外购动力费用是指企业在生产经营、管理过程中耗用的从外部购进的各种动力，本企业自产的动力不包括在内。

(4) 工资。工资是指以货币形式对员工的劳动所支付的报酬。工资可以以时薪、月薪、年薪等不同形式计算。

(5) 计提的福利费。计提的福利费是指企业按工资的一定比例提取出来的专门用于职工医疗、补助以及其他福利事业的经费。

(6) 折旧费。折旧费通常按资产原来成本的固定百分比来计算，该金额须定期记入支出账户内或从总收入中扣除，以弥补该资产的贬值。

(7) 利息。从其形式上看，利息是货币所有者因为发出货币资金而从借款者手中获得的报酬；从另一方面看，它是借贷者使用货币资金必须支付的代价。利息实质上是利润的一部分，是利润的特殊转化形式。

(8) 税金。税金是指企业发生的除企业所得税和允许抵扣的增值税以外的企业缴纳的各项税金及其附加。

(9) 其他支出。其他的各项支出。

2. 按经济用途分类

工业企业在生产经营中发生的费用，按照经济用途可以分为计入产品成本的生产费用和直接计入当期损益的期间费用两类。

(1) 生产费用按经济用途进行分类。为具体反映计入产品成本的生产费用的各种用途，提供产品成本构成情况的资料，还应将其进一步划分为若干个项目，即产品生产成本项目(简称产品成本项目或成本项目)。工业企业一般应设置以下几个成本项目：①原材料，也称直接材料。②燃料及动力，也称直接燃料及动力。③工资及福利费，也称直接人工。④制造费用。

企业可根据生产特点和管理要求对上述成本项目做适当调整。对于管理上需要单独反映、控制和考核的费用，以及产品成本中比重较大的费用，应专设成本项目；否则，为了简化核算，不必专设成本项目。

(2) 期间费用按经济用途进行分类。

① 销售费用。销售费用是指企业在销售产品和提供劳务等日常经营过程中发生的各项费用以及专设销售机构的各项经费，包括运输费、装卸费、包装费、保险费、广告费、展览费、租赁费(不包括融资租赁费)，以及为销售本公司商品而专设销售机构的职工工资、福利费、办公费、差旅费、折旧费、修理费、物料消耗、低值易耗品的摊销等。旧会计准则叫营业费用，新会计准则叫销售费用，即在新会计准则下：销售费用=营业费用。

② 管理费用。管理费用是指企业行政管理部门为组织和管理生产经营活动而发生的各项费用。管理费用属于期间费用，在发生的当期就计入当期的损失或是利益。

③ 财务费用。财务费用是指企业在生产经营过程中为筹集资金而发生的筹资费用，包括企业生产经营期间发生的利息支出(减利息收入)、汇兑损益(有的企业如商品流通企业、

保险企业进行单独核算，不包括在财务费用中)、金融机构手续费，企业发生的现金折扣或收到的现金折扣等。但在企业筹建期间发生的利息支出，应计入开办费；为购建或生产满足资本化条件的资产发生的应予以资本化的借款费用，在"在建工程""制造费用"等账户核算。

【练习1-8】 不计入产品成本的费用是(　　)。

A. 工人工资　　　　　　B. 营业费用　　　　　　C. 财务费用

D. 管理费用　　　　　　E. 产品劳动力费用

3. 按计入产品成本的方法分类

(1) 直接计入费用。直接计入费用是指企业为生产某种产品(成本核算对象)而发生的费用。

在计算成本时，该类费用可以根据费用发生的原始凭证直接计入这种产品(成本核算对象)的成本。如直接用于某种产品生产的原材料、生产工人的薪酬等，就可以根据有关领料单和职工薪酬结算单等原始凭证直接计入这种产品的成本。

(2) 间接计入费用。间接计入费用是指不能直接计入产品生产成本，而是辅助生产发生的费用，区别于制造费用，制造费用不能以合理有效的方式追溯其对象。而这里的间接计入费用可以通过合理有效的方式分配，其本质就是直接费用，经过二次分配后计入基本生产成本中。

【练习1-9】 下列费用中，属于直接计入费用的是(　　)。

A. 几种产品负担的制造费用　　　　B. 几种产品共同耗用的原材料费用

C. 一种产品耗用的生产工人工资　　D. 几种产品共同耗用的机器设备折旧费

4. 按费用与生产工艺的关系分类

(1) 基本费用。基本费用是指保证业务正常开展的必需费用，其数额是不随业务量在一定时期和一定范围内增减变动而变动的，始终保持不变的有关费用，应作为固定费用。

(2) 一般费用。一般费用是"基本费用"的对称。产品(劳务或作业)生产中，并非由于工艺过程直接引起，而是由于管理和组织生产以及为生产服务而发生的各项费用。例如，管理人员的工资和工资附加费、房屋的折旧和修理费、照明用电力和取暖用燃料的费用、仓库费用等。一般费用不同于间接费用。一般费用和基本费用是基于费用与工艺过程的关系而言的。

5. 按其与产品产量的关系分类

(1) 变动费用。变动费用也称劳动成本，是指随着产品产量或商品流转量的变化而按比例增减的那部分费用，如原材料费、包装费、运输费等。

(2) 固定费用。固定费用是相对于变动费用来说的，短期内不随企业(或单一工程、单一设备)产量(工作量)的变化而变化的费用，如固定资产折旧费等。

由上可知，生产费用可以按不同的标准分类，但其中最基本的是按生产费用的经济内容和经济用途进行分类。其基本内容如表1-1所示。

表 1-1 生产费用分类表

按费用经济内容分类	费用项目	外购材料、外购动力、外购燃料、工资费用、计提的职工福利费用、折旧费、税金、利息净支出、其他费用
按费用的经济用途分类	产品成本项目	原材料、燃料及动力、工资及福利费、制造费用
	期间费用	管理费用，财务费用，营业费用

【练习 1-10】生产费用可以按不同的标准分类，其中最基本的是按生产费用的_____和_____分类。

【练习 1-11】下列各项中，属于产品成本项目的是( )。

A. 外购动力费用　　B. 制造费用　　C. 工资费用　　D. 折旧费用

【练习 1-12】下列各项中，属于产品成本项目的是( )。

A. 材料费用　　B. 原材料　　C. 折旧费　　D. 燃料费用

【练习 1-13】工资及福利费成本项目是指( )。

A. 全体职工的工资和按规定比例计提的福利费

B. 直接参加产品生产的工人工资及福利费

C. 计入成本的原材料节约奖

D. 车间管理人员的工资及福利费

(三)正确划分各种费用界限

1. 正确划分应计入产品成本费用和不应计入产品成本费用的界限

企业经济活动的广泛性，决定了发生各种耗费的用途是多方面的，有的是用于生产经营活动，有的则是用于生产经营活动以外的其他方面。因此，在成本核算时，不能把企业所有的费用支出都计入产品成本和期间费用(即生产经营管理费用)，而必须按其用途进行合理的划分，以保证成本费用的真实性、客观性。划分的原则是用于产品生产和销售、用于组织和管理生产经营活动以及用于筹集生产经营资金的各种费用，即收益性支出，应计入成本、费用；而对于资本性支出或不是由于企业日常生产经营活动而发生的费用支出，如企业购建固定资产、无形资产、固定资产盈亏和清理损失，非正常原因的停工损失、支付的滞纳金、违约金、罚款以及企业的捐赠、赞助支出等都不应计入产品成本、费用，企业不能乱计成本、费用，将不属于生产经营管理的费用列入成本、费用，也不得将应计入成本、费用的生产经营管理费用不计入或少计入成本、费用。乱计成本、费用，会减少企业利润，进而减少国家财政收入；少计成本、费用，则会虚增企业利润，造成超额分配，使企业的生产经营管理耗费得不到补偿，进而影响企业生产的顺利进行。

2. 正确划分生产费用与期间费用的界限

费用都要计入产品的生产成本。但当月产品的生产成本，并不一定都能成为当月产品的销售成本而从利润中扣除。因为当月投入生产的产品不一定当月就能完工成为成品，并实现销售；当月完工并销售出去的成品也不一定都是当月投入生产的。所以，计入产品成本的费用与计入期间费用的费用对一定时期内的利润影响是不一样的。为了正确计算企业各个会计期间的利润，还要将计入成本、费用的耗费在产品成本和期间费用之间进行正确划分。划分的原则是：用于产品生产的原材料费用、生产工人的人工费用和制造费用等应该计入生产费用，并据以计算产品成本；用于产品销售、组织和管理生产经营活动以及为筹集生产经营资金而发生的费用归集为期间费用，直接计入当期损益。正确划分生产费用和期间费用的界限，是保证正确计算产品成本和核算各期损益的基础。因此，在成本核算过程中，要防止混淆成本费用的界限，将应计入产品成本的费用列入期间费用，或将期间费用列入产品成本，借以调节会计期间成本、费用的错误做法。

3. 正确划分各个会计期间的费用界限

成本核算是建立在权责发生制的基础之上的，凡是应由本期负担的成本、费用，不论其是否在本期支付，都应计入本期成本、费用；凡是不应由本期负担的成本、费用，即使在本期支付，也不能计入本期成本、费用。企业必须将已发生的成本、费用在各个会计期间之间进行正确划分，不得任意摊提、人为调节各个期间的成本、费用。正确划分各个会计期间的费用界限，可以从时间上正确反映产品成本和期间费用的水平，便于分析考核企业成本、费用计划的完成情况，是保证成本核算正确的重要环节。

4. 正确划分各种产品应负担的费用界限

如果企业生产的产品不止一种，那么为了正确计算各种产品的生产成本，必须将应计入本月产品成本的生产费用在各种产品之间正确地进行划分。凡属于某种产品单独发生，能够直接计入这种产品的生产费用，应直接计入该种产品成本；凡属于几种产品共同发生，不能直接计入某种产品的生产费用，则应采用合理的分配方法，分别计入这几种产品的成本，以正确反映不同产品的成本水平。企业应如实反映各种产品的耗费，不能人为地在不同的产品之间，特别是在亏损产品和盈利产品、可比产品和不可比产品之间任意转移生产费用，以防止以盈补亏、瞒报利润等弄虚作假行为的发生。

5. 正确划分完工产品和在产品成本的界限

通过以上费用界限的划分，确定了各成本对象本期应负担的成本费用。在月末计算产品成本时，如果某种产品全部完工，那么，这种产品的各项生产费用之和就是这种产品的完工产品成本。如果某种产品均未完工，那么这种产品的各项生产费用之和就是这种产品的在产品成本。如果某种产品既有完工产品又有在产品，期末为了正确计算完工产品的实际总成本和单位成本，还必须划分本期完工产品与期末在产品的成本界限。应将这种产品所归集的生产费用，采用适当的分配方法在完工产品与期末在产品之间进行分配，分别计算完工产品成本和月末在产品成本。企业不得人为提高或降低在产品成本，也不得随意调节完工产品成本水平。

以上五个方面费用界限的划分过程，也就是产品生产成本的计算和各项期间费用的归集过程，可用图 1-1 表示如下。在这一过程中，应贯彻受益原则，即何者受益何者负担费用，何时受益何时负担费用；负担费用的多少应与受益程度的大小成正比。

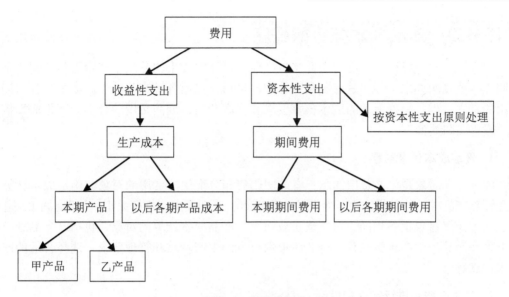

图 1-1　费用的划分

(四)正确确定财产物资的计价和价值结转的方法

企业财产物资计价和价值结转方法主要包括：固定资产原值的计算方法、折旧方法、折旧率的种类和高低，固定资产修理费用是否采用待摊或预提方法以及摊提期限的长短；固定资产与低值易耗品的划分标准；材料成本的组成内容、材料按实际成本进行核算时发出材料单位成本的计算方法、材料按计划成本进行核算时材料成本差异率的种类、采用分类差异时材料类距的大小等；低值易耗品和包装物价值的摊销方法、摊销率的高低及摊销期限的长短等。为了正确计算成本，对于各种财产物资的计价和价值的结转，应严格执行国家统一的会计制度。各种方法一经确定，应保持相对稳定，不能随意改变，以保证成本信息的可比性。

(五)做好各项基础工作

(1) 做好定额的制定和修订工作。

(2) 建立和健全材料物资的计量、收发、领退和盘点制度。

(3) 建立和健全原始记录工作。

(4) 做好厂内计划价格的制定和修订工作。

(六)适应生产特点和管理要求，采用适当的成本计算方法

由于企业生产工艺、生产组织和管理要求的不同，因而各个企业在进行成本核算时，会选用不同的成本核算方法进行成本的核算与管理。但是，每个企业必须根据生产特点和管理要求选择适合本企业的成本核算方法，以保证成本核算信息的正确性。

【练习 1-14】企业只有按照_____和_____，选用适当的成本计算方法，才能正确及时地计算出产品成本。

子任务二　产品成本核算的程序

成本核算的一般程序是指对企业在生产经营过程中发生的各项生产费用和期间费用，按照成本核算的要求，逐步进行归集和分配，最后计算出各种产品的生产成本和各项期间费用的基本过程。根据前述的成本核算要求和生产费用、期间费用的分类，可将成本核算的一般程序归纳如下。

1. 确定成本计算对象

成本计算对象是生产费用的承担者，即归集和分配生产费用的对象。确定成本计算对象是计算产品成本的前提。由于企业的生产特点、管理要求、规模大小、管理水平的不同，企业成本计算对象也不相同。对制造企业而言，产品成本计算的对象，包括产品品种、产品批别和产品的生产步骤三种。企业应根据自身的生产特点和管理要求，选择合适的产品成本计算对象。

2. 对生产费用进行审核和控制

对生产费用进行审核，按照国家统一会计制度确定其应否计入生产费用、期间费用，以及应计入生产费用还是期间费用。主要是确定各项费用是否应该开支，允许开支的费用是否应该计入产品成本。对于不符合规定的费用支出加以控制，制止其发生；对于符合规定的支出，应确定哪些应计入生产成本，哪些应计入期间费用。企业既不能挤兑成本，也不能少计成本，同时企业还应遵循会计准则的规定，划清应计入本期和不应计入本期的成本费用界限。

3. 将生产费用在各种产品之间进行归集与分配

将本期发生的应计入产品成本的生产费用，按经济用途在各种产品之间进行归集与分配。对于能根据原始凭证正确确定其成本对象的直接费用直接计入"有关产品成本"的成本项目中。不能直接计入的其他要素费用则先归集到"制造费用"等账户中，然后再分配计入产品成本。

4. 计算完工产品与月末在产品成本

对于既有完工产品又有在产品的产品，还应将月初的在产品成本加上本月的生产费用，在完工产品和在产品之间进行分配，以便计算出完工产品的总成本和单位成本，可用流程图 1-2 表示如下。

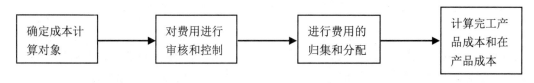

图 1-2　成本核算的一般程序

【思考 1-1】简述成本核算的一般程序。

任务三 账户设置及账务处理程序的设计

子任务一 账户的设置

产品成本核算时应设置的主要会计账户如下。

1. "生产成本——基本生产成本"明细账户

该账户的性质为成本类账户，是用于计算和核算产品成本的主要账户。基本生产是指为完成企业主要生产目的而进行的生产活动。其借方登记为基本生产而发生的各项费用，即用于归集和分配生产费用，贷方登记完工产品成本的结转数，余额在借方，表示在产品成本。该账户可以按成本核算的对象设置明细账进行明细分类核算。实务中，基本生产成本明细账户格式如表 1-2 所示。

表 1-2 基本生产成本明细账

单位：元

年		摘 要	直接材料	直接人工	制造费用	合 计
月	日					
3	1	月初在产品成本	18 000	4 500	6 750	29 250
	31	本月生产费用	82 800	11 250	29 250	123 300
	31	生产费用合计	100 800	15 750	36 000	152 550
	31	结转完工产品成本	57 000	10 500	25 800	93 300
	31	月末在产品成本	43 800	5 250	10 200	59 250

2. "生产成本——辅助生产成本"明细账户

辅助生产是指为基本生产部门、企业管理部门和其他部门提供产品或劳务而进行的生产，例如，水、电、气、工具、模具、修理用备件等产品的生产和修理、运输等劳务的供应等。辅助生产提供的产品和劳务，有时也对外销售，但这不是它的主要目的。该账户的借方登记为进行辅助生产而发生的各种费用；贷方登记完工入库产品的成本或分配转出的生产费用。该账户的余额在借方，表示辅助生产在产品的成本。该账户的性质为成本类账户，借方用于归集辅助生产车间发生的费用数，贷方用于分配和结转辅助生产车间的费用数，期末余额在借方，表示在产品的成本数。该账户可以按辅助生产车间的成本核算对象或辅助生产车间设置明细账进行明细分类核算。

为了简化会计核算手续，可以将两个二级账户提升为一级账户，不再设置"生产成本"总账账户，分设两个总账账户，即"基本生产成本"和"辅助生产成本"。实务中，辅助生产成本明细账户的格式如表 1-3 所示。

表 1-3　辅助生产成本明细账

辅助车间：供水　　　　　　　　　　　　2019 年 9 月　　　　　　　　　　　　单位：元

摘　要	原材料	动力	职工薪酬	折旧费	修理费	保险费	其他	合计	转出	余额
原材料费用分配表	650							650		650
动力费用分配表		600						600		1 250
职工薪酬分配表			228					228		1 478
折旧费用分配表				200				200		1 678
摊销保险费						60		60		1 738
修理办公等费用支出					160		167	327		2 065
辅助生产成本分配表									2 065	0
	650	600	228	200	160	60	167	2 065	2 065	0

3. "制造费用"账户

该账户的性质是成本类账户，用来核算企业为生产产品和提供劳务而发生的各项间接费用，包括职工工资、福利费、折旧费、修理费、机物料消耗、水电费、办公费、劳动保护费、设计制图费、试验检验费、季节性和修理期间的停工损失等。该账户的借方登记生产车间为生产产品和提供劳务所发生的各项间接费用；贷方登记分配转出的制造费用，除季节性的生产企业外，该账户一般月末无余额。该账户应按不同的生产车间、部门设置明细账户，并按费用项目设置专栏进行明细分类核算。制造费用明细账借方登记制造费用的增加数，即用于归集本月生产车间发生不能直接计入产品成本的费用数，贷方用于分配和结转计入产品成本的费用数，期末一般没有余额。该账户可以按照制造费用的明细项目设置明细账进行明细分类核算；也可以按生产车间设置明细账进行明细分类核算。

实务中，制造费用明细账户的格式如表 1-4 所示。

表 1-4　制造费用明细账

名称：基本生产车间

凭证字号	摘要	材料费	人工费	折旧费	水电费	修理费	办公费	辅助生产	其他	发生额合计		余额
										借方	贷方	
	分配材料费	5 000								5 000		5 000
	人工费用		9 120							9 120		14 120
	计提折旧			30 000						30 000		44 120
	分配修理费					2 000				2 000		46 120
	分配办公用品费						1 000			1 000		47 120
	分配水电费				2 200					2 200		49 320
	分配辅助生产成本							60 080		60 080		109 400
	分配制造费用											
	本月合计											

为了归集和结转产品销售费用、管理费用和财务费用，应该分别设立"销售费用""管理费用"和"财务费用"账户。企业如果单独核算废品损失和停工损失，还应增设"废品损失"和"停工损失"总账账户。

【练习1-15】制造费用应分配计入(　　　)账户。

A. 基本生产成本和辅助生产成本　　　B. 基本生产成本和期间费用

C. 生产成本和管理费用　　　　　　　D. 财务费用和营业费用

子任务二　账务处理程序的制定

产品成本核算的账务处理程序，是从费用的发生、归集、分配至产品成本、期间费用的计算。实际上表现为整个产品成本形成过程的会计核算步骤。结合前面所讲述的成本核算的一般程序和成本核算所需设置的主要账户，其账务处理的基本程序如图1-3所示。

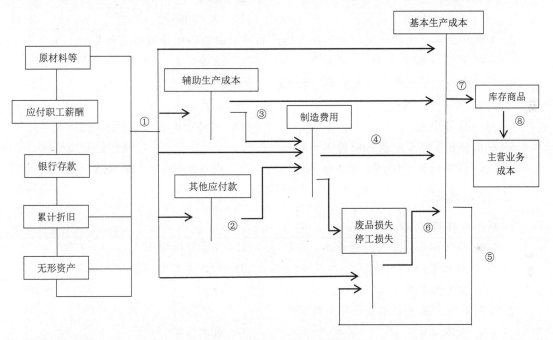

图1-3　账务处理的基本程序

说明：

① 各项要素费用的分配。

② 待摊费用和预提费用的分配。

③ 辅助生产费用的分配。

④ 制造费用的分配。

⑤ 结转不可修复废品损失。

⑥ 废品损失和停工损失的分配。

⑦ 完工产品和月末在产品之间的费用分配。

⑧ 已销产品成本的结转。

【思考1-2】为了正确计算产品成本，应做好哪些基础工作？

【解析】应做好定额的制定和修订，做好原始记录工作以及材料物资的计量、收发、领退和盘点等工作。

项目训练

一、单项选择题

1. 企业在一定时期内发生的、用货币额表现的生产耗费称为( )。

    A. 产品成本　　　B. 生产费用　　　　　C. 业务成本　　　D. 经营管理费用

2. 成本会计的对象简单地说就是( )。

    A. 成本　　　　　　　　　　　　　B. 费用

    C. 成本与费用　　　　　　　　　　D. 以上均不对

3. 工业企业为了生产一定种类和数量的产品所支出的各种费用的总和是( )。

    A. 产品成本　　　B. 生产费用　　　　　C. 业务成本　　　D. 经营管理费用

4. 下列各项中不属于"理论成本"的是( )。

    A. 原材料费用　　　　　　　　　　B. 生产工人工资

    C. 废品损失　　　　　　　　　　　D. 期间费用

5. 成本会计各环节中最基础的环节是( )。

    A. 成本计划　　　B. 成本核算　　　　　C. 成本控制　　　D. 成本考核

二、多项选择题

1. 成本会计的对象包括( )。

    A. 各行业生产经营业务成本　　　　B. 经营管理费用

    C. 营业税金　　　　　　　　　　　D. 营业外支出

    E. 损失性费用

2. 下列各项中属于成本会计环节的有( )。

    A. 成本决策　　　　　　　　　　　B. 成本核算

    C. 成本控制　　　　　　　　　　　D. 成本分析

    E. 成本计划

3. 商品的理论成本是由生产商品所耗用的( )构成的。

    A. 生产资料转移价值　　　　　　　B. 劳动者为自己所创造的价值

    C. 劳动者为社会所创造的价值　　　D. 必要劳动

    E. 废品损失

4. 企业成本会计工作的组织可以采取( )。

    A. 集中核算方式

    B. 分散核算方式

    C. 集中核算与分散核算相结合的方式

D. 有时集中核算有时分散核算

E. 一个企业中，有的单位采用集中核算，有的单位采用分散核算

三、判断题

1. 现代成本会计实际上是成本管理。　　　　　　　　　　　　　（　　）
2. 理论成本应包括不形成产品价值的废品损失。　　　　　　　　（　　）
3. 从理论上讲，商品价值的补偿部分就是商品的理论成本。　　　（　　）
4. 成本控制应包括事前成本控制和事中成本控制。　　　　　　　（　　）

1.1 成本会计对象及其职能.mp4

1.2 产品成本核算的基本程序.mp4

1.3 产品成本核算的账户设置及账务处理程序.mp4

项目二

要素费用的归集和分配

【岗位要求】

◆ 正确进行各要素费用的归集和分配。

◆ 正确编制分配表。

◆ 正确编制会计分录。

【学习目标】

◆ 理解各有关费用各种分配方法的优缺点和适用范围。

◆ 掌握各成本构成要素的分配方法和费用分配表的编制。

◆ 熟练运用各种方法解决各要素费用的分配问题。

◆ 能够根据费用分配表编制会计分录。

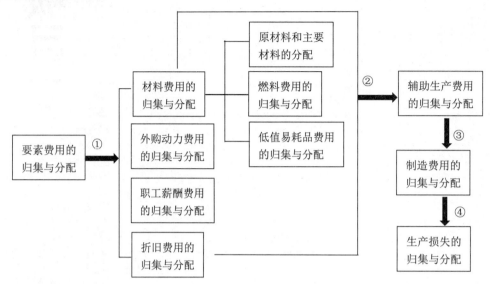

项目导读

材料成本有哪些?

材料成本,又叫材料采购成本,是指企业从外部购入原材料等实际所发生的全部支出,包括购入材料支付的买价和采购费用(如材料购入过程中的运输费、装卸费、保险费,运输途中的合理损耗,入库前的整理挑选费等)。

那么,材料成本又包括哪些要素呢?

材料成本包括企业生产经营过程中耗费的原材料、辅助材料、设备配件、外购半成品、燃料、低值易耗品和包装物等费用。材料成本的核算就是把这些费用归集到相关对象中去。能明确其成本计算对象的直接归集到该对象中去,不能明确成本计算对象(共同耗用的材料)的分配计入各有关产品成本中。

理论认知

任务一　材料费用的归集与分配

材料费用主要包括原料及主要材料(经过加工后构成产品主要实体的各种原料和材料)、辅助材料(在生产中不构成产品主要实体,只起一定辅助作用的各种材料)、燃料(生产过程中用来燃烧发热的各种材料,燃烧时能产生热能或动力和光能的可燃物质)、修理用备件(为修理本企业机器设备和运输工具所专用的各种备品备件)、包装物(为包装本企业产品,随同产品一起出售或者在销售产品时租给、借给购货单位使用的各种包装物品)、低值易耗品(单项价值在规定限额以下,或使用期限不满一年,不能作为固定资产管理的各种物品)。

子任务一 原材料的分配

一、原材料费用分配对象的确定

原材料(原料和主要材料)费用的分配对象应根据企业产品生产特点和管理要求来确定。对于主要产品，要按照每种产品或每批产品单独作为分配对象，计算其实际总成本和单位成本；对于一些次要产品或零星产品，则可以合并为一个分配对象，计算其实际总成本，然后再按一定比例进行分配，计算出各种产品的单位成本。

原材料费用的分配是按用途、部门和受益对象来分配的。具体来说，用于产品生产的材料费用由基本生产的各种产品负担，应记入"基本生产成本"总账账户及其明细账的有关成本项目；用于辅助生产的材料费用由辅助产品或劳务承担，应记入"辅助生产成本"总账账户及明细账中的有关成本项目；而用于产品销售以及企业行政部门组织和管理生产的材料费用，则由销售费用和管理费用负担，记入"销售费用"和"管理费用"账户的有关费用项目。总之，原材料费用的分配对象要视企业的生产特点和管理要求而定，不能随意确定。

二、分配方法

对于直接用于产品生产、构成产品实体的原材料，通常分产品领用，专门设有"直接材料"成本项目，可根据领料凭证直接计入某种产品的成本及其"直接材料"成本项目。

对于由几种产品共同耗用的原料，应采用适当的分配方法，分配计入各有关产品成本的"原材料"成本项目。原材料费用的分配标准一般是按产品的重量比例、体积比例分配。如果难以确定适当的分配方法，或者作为分配标准的资料不易取得，而原料或主要材料的消耗定额比较准确，可以按照材料的材料定额消耗量或材料定额费用比例分配。

常用的方法有材料定额消耗量比例法和材料定额费用比例法。消耗定额是单位产品可以消耗的数量限额。定额消耗量是指一定产量下按照消耗定额计算的可以消耗的数量，费用定额和定额费用是消耗定额和定额消耗量的货币表现。

1. 材料定额消耗量比例法

材料定额消耗量比例法是指按各种产品原材料消耗定额比例分配材料费用的一种方法。这种方法一般在各项材料消耗定额健全且准确的情况下采用。其中，消耗定额是指单位产品可以消耗的数量。限额定额消耗量是指一定产量下按照消耗定额计算的可以消耗的材料数量。

按材料定额耗用量比例分配材料费用的计算公式如下。

某种产品材料定额耗用量=该种产品实际产量×单位产品材料消耗定额

材料耗用量分配率=实际消耗材料总量/各种产品材料定额耗用总量

某种产品应分配的材料数量=该种产品的材料定额耗用量×材料耗用量分配率

某种产品应分配的材料费用=该种产品应分配的材料数量×材料单价

【练习2-1】计入产品成本的材料成本包括生产过程中耗用的(　　)。

A. 原材料、辅助材料　　　　　　B. 设备配件、外购半成品

C. 燃料　　　　　　　　　　　D. 低值易耗品和包装物

【例 2-1】某企业生产甲、乙两种产品，共同耗用某种材料 1200 千克，每千克 4 元。甲产品的实际产量为 140 件，单件产品材料消耗定额为 4 千克；乙产品的实际产量为 80 件，单件产品材料消耗定额为 5.5 千克。求甲、乙产品各自分配的材料费用。

【解析】甲产品材料定额消耗量=140×4=560(千克)

乙产品材料定额消耗量=80×5.5 =440(千克)

材料消耗量分配率=1 200÷(560+440)=1.2

甲产品应分配的材料数量=560×1.2=672(千克)

乙产品应分配的材料数量=440×1.2=528(千克)

甲产品应分配的材料费用=672×4=2 688(元)

乙产品应分配的材料费用=528×4=2 112(元)

这种计算程序是先按材料定额消耗量分配计算各种产品的材料实际消耗量，再乘以材料单价，计算各种产品的实际材料费用，这样分配可以考核材料消耗定额的执行情况，有利于进行材料消耗的实物管理，但分配计算的工作量较大。为了简化分配计算工作，也可以按材料定额消耗量的比例直接分配材料费用，即材料定额比例分配法。

2. 材料定额费用比例法

材料定额费用比例法是指以一定数量的产品按材料的费用定额计算的材料费用的限额为比例，进行材料费用分配的方法。

按各种材料的定额费用的比例分配材料实际费用(材料定额比例分配法)的计算公式如下。

某种产品某种材料定额费用=该种产品实际产量×单位产品该种材料费用定额

=该种产品实际产量×单位产品该种材料消耗定额×该种材料计划单价

$$材料费用分配率=\frac{各种材料实际费用总额}{各种产品各种材料定额费用之和}$$

某种产品分配负担的材料费用=该种产品各种材料定额费用之和×材料费用分配率

【例 2-2】某企业生产甲、乙两种产品，2019 年 5 月耗用 A 材料 3 000 千克，每千克 6 元。甲产品实际产量为 350 件，单位产品材料定额成本为 20 元。乙产品实际产量为 620 件，单位产品材料定额成本为 25 元。采用材料定额费用比例分配法分配材料费用，过程如下。

(1) 计算材料定额成本分配率。

甲产品材料定额成本=350×20=7 000(元)

乙产品材料定额成本=620×25=15 500(元)

材料定额费用分配率=3 000 × 6/(7 000+15 500)=0.8

(2) 计算甲、乙产品应分配的材料费用。

甲产品应分配的材料费用=7 000×0.8=5 600(元)

乙产品应分配的材料费用=15 500×0.8=12 400(元)

原材料费用的分配通过原材料费用分配表进行，原材料费用分配表应根据领退料凭证

和有关资料编制。编制方法如表 2-1 所示。

表 2-1 原材料费用分配表

2019 年 5 月   金额单位：元

应借账户		成本或费用明细项目	间接计入			直接计入	合计
			分配标准	分配率	分配额		
基本生产成本	甲产品	直接材料	7 000	0.8	5 600		5 600
	乙产品	直接材料	15 500	0.8	12 400		12 400
	小计						
辅助生产成本	机修车间	直接材料					
	供电车间	直接材料					
	小计						
制造费用	基本生产车间	修理费					
		机物料消耗					
	小计						
管理费用		机物料消耗					
合　计						18 000	18 000

编制原材料费用分配表后，可进行如下会计处理。

借：基本生产成本——甲产品　　　　5 600

　　　　　　　　　——乙产品　　　　12 400

　　贷：原材料　　　　　　　　　　　　　18 000

【练习 2-2】某企业生产甲、乙两种产品，耗用原材料费用共计 64 000 元。本月投产甲产品 100 件，乙产品 200 件。单件原材料费用定额：甲产品 120 元，乙产品 100 元。

要求：采用原材料定额费用比例分配甲、乙产品实际耗用的原材料费用。

【练习 2-3】若基本车间用燃料 120 千克，单位成本 60 元；基本车间修理用配件 50 只，单位成本 6 元；管理部门用燃料 10 千克，单位成本 60 元。请编制分配表。

【练习 2-4】某企业生产 A、B 两种产品，共同耗用甲种材料，其实际成本为 4 000 元。两种产品的原材料费用定额为：A 产品 4 元、B 产品 2 元；当月的实际产量为：A 产品 300 件、B 产品 400 件。

要求：采用定额费用比例法分配材料费用。

子任务二 燃料费用的分配

在进行燃料费用的分配时，在燃料费用比重较大并与动力费用一起专设"燃料及动力"成本项目的情况下，应增设"燃料"一级账户，并将燃料费用单独进行分配。直接用于产品生产的燃料费用，应记入"基本生产成本"总账和所属明细账借方的"燃料及动力"成本项目。车间管理消耗的燃料费用、辅助生产消耗的燃料费用、厂部进行生产经营管理消耗的燃料费用、进行产品销售消耗的燃料费用等，应分别记入"制造费用(基本生产车间)"

"辅助生产成本""管理费用""营业费用"等账户的费用(或成本)项目。已领用的燃料费用总额，应记入"燃料"账户的贷方。

【例2-3】假定光明工厂2020年8月直接用于甲、乙两种产品生产的燃料费用共11 340元，按甲、乙两种产品所耗原材料费用比例分配。甲产品材料费用52 500元，乙产品材料费用73 500元。计算甲、乙两种产品应分配的燃料费用。

燃料费用分配率=11 340/(52 500+ 73 500)=0.09

甲产品应分配燃料费用=52 500 ×0.09=4 725(元)

乙产品应分配燃料费用=73 500 ×0.09=6 615(元)

根据有关凭证和上述燃料费用分配的结果，编制燃料费用分配表(见表2-2)。

表2-2　燃料费用分配表

2020年8月　　　　　　　　　　　　　　　　　　　单位：元

应借科目		成本或费用项目	直接计入	分配计入		合计
				定额燃料费用	分配金额(分配率0.09)	
基本生产成本	甲产品	燃料及动力		52 500	4 725	4 725
	乙产品	燃料及动力		73 500	6 615	6 615
	小计			126 000	11 340	11 340
辅助生产成本	供电车间	燃料及动力	2 200			2 200
	修理车间	燃料及动力	800			800
	小计		3 000			3 000
合计			3 000		11 340	14 340

编制会计分录如下。

借：基本生产成本——甲产品　　　　　　4 725

　　　　　　——乙产品　　　　　　6 615

　　辅助生产成本——供电车间　　　　　2 200

　　　　　　——修理车间　　　　　　 800

　　贷：燃料　　　　　　　　　　　　14 340

【练习2-5】某企业9月26日通过银行支付外购电费24 000元。9月末查明各车间、各部门耗电度数为：基本生产车间35 000度，其中车间照明用电5 000度；辅助生产车间8 900度，其中车间照明用电1 900度；企业行政管理部门6 000度。该月应付外购电力费共计24 950度。

(1) 按所耗电度数分配电力费用，A、B产品按生产工时分配电力费。A产品生产工时为36 000小时，B产品生产工时为24 000小时。

(2) 编制该月份支付、分配外购电力费的会计分录。该企业基本生产成本和辅助生产成本设有燃料及动力成本项目。

子任务三　低值易耗品费用的分配

低值易耗品是指不作为固定资产核算的各种工具、管理用具、玻璃器皿，以及在经营过程中周转使用的包装容器等各种用具物品。

低值易耗品在领用以后，其价值应该摊销计入成本费用。低值易耗品计入产品成本的方式主要有两种，一是直接为某种产品生产耗用的，直接计入"基本生产成本"的直接材料，为生产某产品所领用的专用工具；二是按发生地点先计入综合费用内，然后通过对综合费用的分配再计入产品成本，如基本生产车间生产几种产品共同使用的低值易耗品费用以及辅助生产部门领用的低值易耗品等。

低值易耗品费用的分配也可以通过编制"低值易耗品分配表"进行。

低值易耗品的摊销方法有三种：一次摊销法、分次摊销法和五五摊销法。

1. 一次摊销法

采用这种方法，在领用低值易耗品时，就将其全部价值一次计入当月成本、费用，借记"制造费用"和"管理费用"等账户，贷记"低值易耗品"账户。在低值易耗品报废时，应将报废的残料价值冲减有关的成本、费用，借记"原材料"等账户，贷记"制造费用"或"管理费用"等账户。

在按计划成本计价进行低值易耗品日常核算的情况下，领用低值易耗品的会计分录应按其计划成本编制，月末，还应比照材料成本差异的核算，调整领用低值易耗品的成本差异：借记"制造费用"和"管理费用"等账户，贷记"材料成本差异—低值易耗品成本差异"账户(调整超支的成本差异用蓝字编制分录以补加差额，调整节约的成本差异用红字编制分录，以冲减差额)。

2. 分次摊销法

分次摊销法适用于单位价值较高、使用期限较长的低值易耗品，或者那些单位价值虽然不高，使用期限虽然不长，但一次领用的数量较多的低值易耗品。采用分次摊销法，各月成本、费用负担的低值易耗品摊销额合理，但核算工作量较大。

3. 五五摊销法

五五摊销法适用于单位价值较高的低值易耗品。五五摊销法即五成摊销法，是指在领用低值易耗品时摊销一半，废弃时再摊销一半的摊销方法。这种方法计算简便，但在报废时摊销额较大，均衡性较差。

【例2-4】(思考)低值易耗品的摊销方法有哪几种？每种低值易耗品费用的摊销方法的优缺点是什么？

【解析】低值易耗品的摊销方法有三种：一次摊销法、分次摊销法和五五摊销法。

一次摊销法：适用于价值较低，使用期短，一次领用不多的物品。

分次摊销法：这种摊销方法费用负担比较均衡，适用于单位价值较高、使用期限较长的低值易耗品，或者那些单位价值虽然不高，使用期限虽然不长，但一次领用的数量较多的低值易耗品。

五五摊销法：计算简便，但在报废时的摊销额较大，均衡性较差。适用于单位价值较高的低值易耗品。

【例2-5】某企业2019年5月基本生产车间领用生产甲产品的专用工具一批，价值850元，采用一次摊销法；上期领用管理用具2000元，本月报废，残值收入100元，采用五五摊销法；锅炉车间领用劳保用品250元，采用一次摊销法，据此编制的低值易耗品费用分配表如表2-3所示。

表2-3　低值易耗品分配表

2019年5月   金额单位：元

应借账户		成本或费用明细项目	摊销方法	领用额	报废额	残值	摊销额
基本生产成本	甲产品	直接材料	一次摊销法	850			850
	乙产品	直接材料					
	小　计						
辅助生产成本	机修车间	机物料消耗					
	供电车间	机物料消耗					
	小　计						
制造费用	基本生产车间	低值易耗品摊销	五五摊销法	2000	1000	100	900
		机物料消耗					
	小　计						
管理费用		机物料消耗					
合　计							1750

据此编制会计分录如下。

借：基本生产成本——甲产品　　　　　　　　　850

　　贷：低值易耗品——专用工具　　　　　　　　　850

借：制造费用——基本生产车间　　　　　　　　900

　　原材料　　　　　　　　　　　　　　　　　100

　　贷：低值易耗品——低值易耗品摊销　　　　　1000

【例2-6】某企业低值易耗品采用一次摊销法。本月基本生产车间领用生产工具一批，计划成本为600元，本月材料成本差异率为-4%，另有一批生产工具在该月报废，残料入库作价30元。

【解析】(1) 领用生产工具：

借：制造费用　　　　　　　　　　　　　　　600

　　贷：低值易耗品　　　　　　　　　　　　　　600

(2) 结转成本差异：

借：制造费用　　　　　　　　　　　　　　　24 (600×4%)

　　　　贷：材料成本差异——低值易耗品成本差异　　　24

　　(3) 报废生产工具：

借：原材料　　　　　　　　　　　　　　　　　　　40

　　　　贷：制造费用　　　　　　　　　　　　　　40

【练习 2-6】某企业低值易耗品采用分次摊销法。本月生产车间领用专业工具一批，计划成本为 36 000 元，低值易耗品成本差异为超支 2%，若该批低值易耗品在两年内分月平均摊销，请进行相关计算。

任务二　外购动力费用的归集与分配

外购动力主要指外购的电力、热力等。外购动力实际上也是外购的材料。

1. 外购动力费用支出的核算

外购动力费用支出的核算一般分为两种情况。

(1) 每月支付动力费用的日期基本固定，而且每月付款日到月末的应付动力费用相差不多，将每月支付的动力费用作为应付动力费用，在付款时直接借记各成本、费用账户，贷记"银行存款"账户。

(2) 一般情况下要通过"应付账款"账户核算，即在付款时先作为暂付款处理，借记"应付账款"账户，贷记"银行存款"账户，月末按照外购动力的用途分配费用时再借记各成本、费用账户，贷记"应付账款"账户，冲销原来记入"应付账款"账户借方的暂付款。"应付账款"账户借方所记本月所付动力费用与贷方所记本月应付动力费用，往往不相等。如果是借方余额，为本月支付款大于应付款的多付动力费用，可以抵冲下月应付费用；如果是贷方余额，为本月应付款大于支付款的应付未付动力费用，可以在下月支付。

【练习 2-7】外购动力费用总额应根据有关的转账凭证或付款凭证记入＿＿＿＿＿＿＿或＿＿＿＿＿＿＿账户的贷方。

2. 外购动力费用分配的核算

直接用于产品生产的动力费用应该单独记入产品成本的"燃料及动力"成本项目。

外购动力费用的分配，在有仪表记录的情况下，应根据仪表所示耗用动力的数量以及动力的单价计算；在没有仪表的情况下，可按生产工时比例、机器工时比例、定额耗电量比例分配。

外购动力费用的分配通过编制外购动力费用分配表进行。直接用于产品生产，设有"燃料及动力"成本项目的动力费用，应单独记入"基本生产成本"总账账户和所属有关的产品成本明细账和借方；直接用于辅助生产的动力费用，用于基本生产和辅助生产但未专设成本项目的动力费用、用于组织和管理生产经营活动的动力费用，则应分别记入"辅助生产成本""制造费用"和"管理费用"总账账户和所属明细账的借方。外购动力费用总额应根据有关转账凭证或付款凭证记入"应付账款"或"银行存款"账户的贷方。应作如下会计分录。

借：基本生产成本——甲产品   ×××
　　　　　　　　——乙产品   ×××
　　制造费用   ×××
　　辅助生产成本——机修车间   ×××
　　　　　　　　——运输车间   ×××
　　管理费用   ×××
　贷：应付账款(银行存款)   ×××××

【例2-7】某企业2019年5月份耗用外购电力共60 000度，每度电成本为1.0元，其中基本生产车间生产甲、乙两种产品耗电40 000度，锅炉车间耗电9 000度，机修车间耗电6 000度，基本生产车间照明用电3 000度，公司管理部门用电2 000度。该公司对产品生产用电按机器功率时数在甲、乙之间进行分配，甲、乙两种产品的机器功率时数分别为4 000小时和6 000小时。根据上述资料编制外购动力费用分配表，如表2-4所示。

表2-4　外购动力费用分配表

2019年5月   金额：元

应借账户		成本或费用项目	耗用电量分配			每度电费	分配金额
			机械时数/小时	分配率	分配量/度		
基本生产成本	甲产品	燃料及动力	4 000		16 000		16 000
	乙产品	燃料及动力	6 000		24 000		24 000
	小　计		10 000	4	40 000		40 000
辅助生产成本	锅炉车间	燃料及动力			9 000		9 000
	机修车间	燃料及动力			6 000		6 000
	小　计				15 000		15 000
制造费用	基本生产车间	水电费			3 000		3 000
管理费用		水电费			2 000		2 000
合计					60 000	1.0	60 000

根据上述资料编制会计分录如下。

借：基本生产成本——甲产品   6 000
　　　　　　　　——乙产品   24 000
　　辅助生产成本——锅炉   9 000
　　　　　　　　——机修   6 000
　　制造费用——基本生产车间   3 000

```
管理费用                                    2 000
    贷：应付账款                                60 000
```

【例 2-8】(思考)外购动力分配的原则是什么？

【解析】在有仪表记录的情况下，应根据仪表所示耗用动力的数量以及动力的单价计算；在没有仪表的情况下，可按生产工时比例、机器工时比例、定额耗电量比例分配。

如果生产工艺用的燃料和动力没有专门设立成本项目，直接用于产品生产的燃料费用和动力费用，可以分别记入"原材料"成本项目和"制造费用"成本项目，作为原材料费用和制造费用进行核算。

岗 位 训 练

【资料】某企业有一个基本生产车间，生产甲、乙两种产品，两个辅助生产车间为机修和供电车间，为基本生产车间和管理部门提供劳务。某月甲产品产量为 80 件，乙产品产量为 100 件，根据领料单汇总各单位领料情况(见表 2-5)。

表 2-5　领料汇总表

领料部门	金额/元
甲产品直接领料	7 000
乙产品直接领料	8 500
甲、乙产品共同领料	1 800
机修车间领料	500
供电车间领料	300
基本生产车间领料	200
管理部门领料	200

该企业日常收发材料采用实际成本核算，甲、乙两种产品共同耗用的材料按产品产量比例分配。要求：根据资料编制材料费用分配表(见表 2-6)，并编制有关的会计分录。

表 2-6　材料费用分配表

应借账户		成本或费用明细项目	间接计入			直接计入	合计
			分配标准	分配率	分配额		
基本生产成本	甲产品	直接材料					
	乙产品	直接材料					
	小计						
辅助生产成本	机修车间	直接材料					
	供电车间	直接材料					
	小计						

续表

应借账户		成本或费用明细项目	间接计入			直接计入	合计
			分配标准	分配率	分配额		
制造费用	基本生产车间	修理费					
		机物料消耗					
	小　计						
	管理费用	机物料消耗					
合　计							

任务三　职工薪酬费用的归集与分配

一、职工薪酬的内容

(一)职工薪酬的含义

职工薪酬是指企业为获得职工提供的服务或解除劳动关系而给予各种形式的报酬或补偿。企业提供给职工配偶、子女、受赡养人、已故员工遗属及其他受益人等的福利，也属于职工薪酬。

(二)职工薪酬的内容

根据《企业会计准则》的规定，职工薪酬是企业根据有关规定应付给职工的各种薪酬，包括职工工资，奖金，津贴和补贴，职工福利费，医疗、失业、工伤、生育等社会保险费，住房公积金，工会经费和职工教育经费，非货币性福利等因职工提供服务而产生的义务。职工薪酬是企业必须付出的人力成本，既是职工对企业投入劳动获得的报酬，也是企业的成本费用。具体而言，职工薪酬主要包括以下内容。

(1) 职工工资、奖金、津贴和补贴，是指按照国家统计局的规定构成工资总额的计时工资、计件工资、支付给职工的超额劳动报酬和增收节支的劳动报酬、为了补偿职工特殊或额外的劳动消耗和因其他特殊原因支付给职工的津贴，以及为了保证职工工资水平不受物价影响支付给职工的物价补贴等。

(2) 职工福利费，包括发放给职工或为职工支付的各项现金补贴和非货币性集体福利，如企业内设医务室、职工浴室、理发室、托儿所等集体福利机构人员的工资、医务经费、职工因公负伤赴外地就医路费、职工生活困难补助，以及按照国家规定开支的其他职工福利支出。

(3) 医疗保险费、养老保险费、失业保险费、工伤保险费和生育保险费等社会保险费，是指企业按照国务院、各地方政府或企业年金计划规定的基准和比例计算，向社会保险经办机构缴纳的医疗保险费、养老保险费(包括向社会保险经办机构缴纳的基本养老保险费和向企业年金基金相关管理人缴纳的补充养老保险费)、失业保险费、工伤保险费和生育保险费。企业以购买商业保险形式提供给职工的各种保险待遇属于企业提供的职工薪酬，应当按照职工薪酬的原则进行确认、计量和披露。

(4) 住房公积金，是指企业按照国务院《住房公积金管理条例》规定的基准和比例计算，向住房公积金管理机构缴存的住房公积金。住房公积金是住房分配社会化、货币化和法制化的主要形式。住房公积金制度是国家法律规定的重要的住房社会保障制度，具有强制性、互助性、保障性，单位和职工个人必须依法履行缴存住房公积金的义务。职工个人缴存的住房公积金以及单位为其缴存的住房公积金，实行专户存储，归职工个人所有。

(5) 工会经费和职工教育经费，是指企业为了改善职工文化生活、为职工学习先进技术和提高文化水平及业务素质，用于开展工会活动和职工教育及职业技能培训等的相关支出。

(6) 非货币性福利，是指企业以自己的产品或外购商品发放给职工作为福利，企业提供给职工无偿使用自己拥有的资产或租赁资产供职工无偿使用，如提供给企业高级管理人员使用的住房等，免费为职工提供诸如医疗保健服务或向职工提供企业支付了一定补贴的商品或服务等，如以低于成本的价格向职工出售住房等。

(7) 因解除与职工的劳动关系给予的补偿。解除职工劳动关系补偿是指企业在职工劳动合同到期之前解除与职工的劳动关系，或者为鼓励职工自愿接受裁减而提出的补偿建议中给予职工的经济补偿。

(8) 其他相关支出。其他相关支出是指其他与获得职工提供的服务相关的支出。

二、职工薪酬的计算

企业可根据具体情况采用各种不同的工资制度，其中最基本的工资制度是计时工资制度和计件工资制度。

1. 计时工资的计算

计时工资是根据考勤记录登记的每一职工出勤或缺勤天数，按照规定的工资标准计算的，工资标准按其计算的时间不同，有按月计算的、按日计算的或按小时计算的。

2. 计件工资的计算

计件工资的计算包括个人计件工资和集体计件工资的计算。

三、职工薪酬费用的分配

根据会计期间假设和权责发生制的要求，企业成本核算员每月终了时，应在会计部门根据计算出的职工薪酬，按车间、部门分别编制出职工薪酬结算单的基础上，按受益对象来分配职工薪酬费用。首先要明确哪些职工薪酬计入成本、费用。

(一)职工薪酬费用的分配对象

职工薪酬费用分配对象的确定依据谁受益谁负担的原则进行分配。具体来说，为产品生产而发生的人员工资应由基本生产部门的各产品负担；为基本生产提供产品或劳务所发生的人员工资应由辅助生产部门生产的各产品或劳务负担；各生产部门的管理人员发生的工资应由各生产部门的制造费用负担；企业行政管理部门发生的工资则由管理费用负担。

(二)职工薪酬费用的分配方法

职工薪酬费用的分配方法指的是职工薪酬费用计入产品成本的方法。职工薪酬费用计入产品成本的方法因工资的计算形式不同而有所区别。

1. 计时工资形式下的分配

在计时工资形式下，基本生产部门的生产工人工资计入产品成本的方法是如果该生产部门只生产一种产品，则直接记入基本生产成本账户"直接人工"成本项目，如果生产两种或两种以上的产品，则要把生产工人的工资按适当的分配方法分配记入基本生产成本账户的直接人工成本项目。可选择两个标准进行分配：一是产品生产的实际工时，二是产品生产的定额工时。比较而言，按实际工时比例分配比较合理，因为它能够将产品所分配的工资与劳动生产率联系起来。但如果取得各种产品实际生产工时的数据比较困难，而各种产品的单价工时定额比较准确，也可以按产品的定额工时比例分配人工成本。

工资分配的计算公式如下：

工资费用分配率=生产工人工资总额÷各种产品实际工时(或定额工时)之和×100%

某种产品应分配的工资费用=该产品实际工时(或定额工时)×工资费用分配率

2. 计件工资形式下的分配

生产工人的计件工资与产品生产直接联系，因此，发生时直接记入基本生产成本账户的"直接人工"成本项目。对于基本生产工人的奖金、津贴，则要采用一定的标准分配记入产品成本的"直接人工"成本项目，其分配方法一般是按直接计入产品成本的生产工人计件工资额比例进行分配。在实际工作中，工资费用的分配一般是通过编制职工薪酬分配表进行，编制的依据是工资结算单。根据工资结算单等有关资料编制。根据工资费用分配表，进行如下会计处理：

借：基本生产成本——甲产品　　　×××
　　　　　　　　——乙产品　　　×××
　　辅助生产成本——供电车间　　×××
　　　　　　　　——机修车间　　×××
　　制造费用　　　　　　　　　　×××
　　管理费用　　　　　　　　　　×××
　　贷：应付职工薪酬——工资　　　××××

【练习2-8】管理部门人员的工资费用，应借记的科目是(　　)。

A. "基本生产成本"　　　　　　B. "管理费用"

C. "制造费用"　　　　　　　　D. "辅助生产成本"

职工福利费主要用于职工的医药费、医疗经费、职工生产困难补助以及福利部门职工的工资等，实际发生职工福利费时，应作如下会计分录：

借：应付福利费　　　　×××
　　贷：现金(银行存款) 等　　　×××

【例2-9】某工业企业2019年5月的基本生产车间生产A、B、C三种产品，其工时定额为：A产品15分钟，B产品18分钟，C产品12分钟；本月产量为：A产品14 000件，

B产品 10 000 件，C产品 13 500 件。本月该企业工资总额为：基本生产车间工人计时工资 23 000 元，管理人员工资 1 500 元；辅助车间(锅炉)工人工资 2 800 元，管理人员工资 1 200 元；企业管理人员工资 2 600。

要求：

(1) 按定额工时比例将基本生产车间工人的工资在 A、B、C 三种产品间进行分配。

(2) 编制工资费用分配的会计分录。(辅助车间的制造费用不通过"制造费用"科目核算)(分录列示明细科目及成本项目)

【解析】

(1) 产品定额工时：

A产品=15/60×14 000=3 500(小时)

B产品=18/60×10 000=3 000(小时)

C产品=12/60×13 500=2 700(小时)

分配率=23 000/(3 500×3 000×2 700)=2.5

各产品分配工资费用：

A产品=2.5×3 500=8 750(元)

B产品=2.5×3 000=7 500(元)

C产品=2.5×2 700=6 750(元)

(2) 会计分录：

借：基本生产成本

    ——A产品(直接人工)   8 750

    ——B产品(直接人工)   7 500

    ——C产品(直接人工)   6 750

  辅助生产成本——锅炉车间   4 000

  制造费用——基本车间   1 500

  管理费用   2 600

  贷：应付职工薪酬   31 100

编制职工薪酬费用分配表，如表 2-7 所示。

表 2-7 职工薪酬费用分配表

2019 年 5 月   金额：元

应借账户		成本或费用项目	分配标准	分配率	应分配工资
基本生产成本	A产品	直接人工	3 500	2.5	8 750
	B产品	直接人工	3 000	2.5	7 500
	C产品	直接人工	2 700	2.5	6 750
	小 计		9 200	2.5	23 000
辅助生产成本	锅炉车间				4 000
制造费用		基本生产车间			1 500
管理费用		工资			2 600
合 计					31 100

【练习2-9】某企业基本生产车间生产甲、乙、丙三种产品。6月份发生的生产工人计时工资共计29 400元；甲产品完工1 000件，乙产品完工400件，丙产品完工450件；单件产品工时定额：甲产品2.5小时，乙产品2.45小时，丙产品1.6小时。

要求：按定额工时比例分配甲、乙、丙产品生产工人工资及福利费。(将计算结果填入表2-8中)

表2-8 生产工人工资及福利费分配表

产品名称	定额工时	分配率	生产工人计时工资	计提比例	职工福利费
甲产品					
乙产品					
丙产品					
合　计					

任务四　折旧费用的归集与分配

一、固定资产折旧费用的归集

折旧费用是指企业固定资产在使用过程中发生的耗费。这种耗费最终都要计入各有关产品成本或费用。但由于各企业生产单位或部门使用固定资产的用途不同，因而核算上先是按各使用单位进行归集，然后采用一定的方法分配计入有关产品成本及费用。折旧费用的归集通常是采用"固定资产折旧计算表"形式进行的。

我国目前采用的折旧计算方法，主要是使用年限平均法和工作量(或工作时数)法。此外，我国会计制度还允许采用双倍余额递减法、年数总和法等加速折旧法。

1. 年限平均法

年限平均法又称直线法，是将固定资产的应计折旧额均衡地分摊到固定资产预计使用寿命内的一种方法。采用这种方法计算的每期折旧额均是等额的。

计算公式如下：

年折旧率=(1-预计净残值率)/预计使用寿命(年)

年折旧额=年折旧率×固定资产原价

月折旧率=年折旧率/12

月折旧额=固定资产原价×月折旧率

【例2-10】某企业使用年限平均法计提折旧。某项固定资产原价为80 000元，预计净残值率为5%，预计使用年限为10年。该固定资产1986年购入并开始使用，1997年8月报废。

要求：计算该设备的年折旧额和月折旧额。

【解析】年折旧率=(1-5%)/10=0.095

年折旧额=0.095×80 000=7 600(元)

月折旧率=0.095/12=0.007 917

月折旧额=0.007 917×80 000=633.3(元)

2. 工作量法

作量法，是根据实际工作量计提固定资产折旧额的一种方法。其计算公式如下：

单位工作量折旧额=固定资产原价×(1-预计净残值率)/预计总工作量

某项固定资产月折旧额=该项固定资产当月工作量×单位工作量折旧额

【例 2-11】 甲公司的一台机器设备原价为 680 000 元，预计生产产品产量为 2 000 000 件，预计净残值率为 3%，本月生产产品 34 000 件。

要求：计算该台机器设备的月折旧额。

【解析】 单件折旧额=680 000×(1-3%)/2000 000=0.329 8(元/件)

月折旧额=34 000×0.329 8=11 213.2(元)

3. 双倍余额递减法

双倍余额递减法，是在不考虑固定资产预计净残值的情况下，根据每年年初固定资产净值和双倍的直线法折旧率计算固定资产折旧额的一种方法。应用这种方法计算折旧额时，由于每年年初固定资产净值没有扣除预计净残值，所以在计算固定资产折旧额时，应在其折旧年限到期前两年内，将固定资产的净值扣除预计净残值后的余额平均摊销。其计算公式如下：

年折旧率=2/预计的使用年限

月折旧率=年折旧率/12

月折旧额=固定资产年初账面余额×月折旧率

【例 2-12】 乙公司有一台机器设备原价为 600 000 元，预计使用寿命为 5 年，预计净残值率为 4%。按双倍余额递减法计算折旧。

要求：计算每年折旧额。

【解析】 年折旧率=2/5=40%

第一年应提的折旧额=600 000×40%=240 000(元)

第二年应提的折旧额=(600 000-240 000)×40%=144 000(元)

第三年应提的折旧额=(360 000-144 000)×40%=86 400(元)

从第四年起改按年限平均法(直线法)计提折旧：

第四、五年应提的折旧额=(129 600-600 000×4%)/2=52 800(元)

4. 年数总和法

年数总和法，又称合计年限法，是将固定资产的原价减去预计净残值后的余额，乘以一个以固定资产尚可使用寿命为分子，以预计使用寿命逐年数字之和为分母的逐年递减的分数计算每年的折旧额。其计算公式如下：

年折旧率=尚可使用寿命/预计使用寿命的年数总和

月折旧率=年折旧率/12

月折旧额=(固定资产原价-预计净残值)×月折旧率

应注意的是：固定资产每月折旧额按月初固定资产的原值和规定的折旧率计算。即月份内开始使用的固定资产，当月不计算折旧，从下月起计算折旧；月份内减少或停用的固定资产，当月仍计算折旧，从下月起停止计算折旧。

折旧的计提范围，未使用和不需要的固定资产，以及以经营租赁方式租入的固定资产(不是自有固定资产)不计算折旧；房屋和建筑物由于有自然损耗，不论使用与否都应计算折旧，已经计足折旧超龄使用的固定资产不再计算折旧；提前报废的固定资产，不补计折旧，其未计足折旧的净损失应计入营业外支出。

【练习 2-10】应在本月计算折旧费用的固定资产是(　　)。

A. 以经营租赁方式租入的房屋　　　　B. 本月内购进的机器设备

C. 未使用的设备　　　　　　　　　　D. 本月减少的设备

【练习 2-11】某企业固定资产使用年限平均法计提折旧，某类固定资产预计净残值率为 5%，预计使用 15 年，则年折旧率为(　　)。

A. 6.67%　　　　　　B. 6.33%　　　　　　C. 5.37%　　　　　　D. 6%

二、折旧费用的分配

折旧费用的分配一般通过编制折旧费用分配表进行。折旧费用一般应按固定资产使用的车间、部门分别记入"制造费用""辅助生产费用"和"管理费用"等总账账户和所属明细账的借方(在明细账中记入"折旧费"费用项目)。折旧总额应记入"累计折旧"账户的贷方。应编制如下会计分录：

借：制造费用　　　　　　　　　×××

　　辅助生产成本　　　　　　　×××

　　管理费用　　　　　　　　　×××

　　　贷：累计折旧　　　　　　　　××××

【练习 2-12】某企业使用年限平均法(直线法)计提折旧。某项固定资产原价为 10 000元，预计净残值率为 4%，预计使用年限为 10 年。该固定资产 1989 年 2 月份购入并开始使用，1999 年 6 月份报废。则报废时已提折旧额为(　　)。

A. 10 000 元　　　　B. 9 600 元　　　　C. 9 920 元　　　　D. 9 840 元

【练习 2-13】下列固定资产中，不计提折旧的有(　　)。

A. 未使用的房屋　　　　　　　　　　B. 大修理期间暂停使用的固定资产

C. 融资租入的固定资产　　　　　　　D. 经营性租入的固定资产

三、其他费用支出的核算

其他费用是指除了前面所述各要素以外的费用，包括邮电费、租赁费、印刷费、图书资料报刊办公用品订购费、试验检验费、排污费、差旅费、误餐补助费、交通费补贴、保险费、职工技术培训费等。这些费用应按照发生的车间、部门和用途，借记"制造费用""管理费用""预付账款"和"预提费用"等账户。贷记"银行存款"或"现金"等账户。

任务五　辅助生产费用的归集与分配

一、辅助生产费用核算的含义

工业企业的辅助生产，是指主要为基本生产车间、企业行政管理部门等单位提供服务而进行的产品生产和劳务供应。辅助生产车间为生产产品或提供劳务而发生的原材料费用、动力费用、工资及福利费用以及辅助生产车间的制造费用，被称为辅助生产费用。为生产和提供一定种类及一定数量的产品或劳务所耗的辅助生产费用之和，构成该种产品或劳务的辅助生产成本。辅助生产费用的核算包括辅助生产费用的归集和辅助生产费用的分配两个方面。

二、辅助生产费用的归集

辅助生产费用的归集是辅助生产费用按照辅助生产车间以及产品和劳务类别归集的过程，也是辅助生产产品和劳务成本计算的过程；辅助生产费用的归集是为辅助生产费用的分配做准备，因为只有先归集起来，才能够进行分配。

辅助生产费用的归集，是通过"辅助生产成本"账户进行的。该账户一般应按辅助生产车间、车间下再按产品或劳务种类设置明细账，账中按照成本项目或费用项目设立专栏进行明细核算。辅助生产发生的各项生产费用，应记入"辅助生产成本"账户的借方进行归集。辅助生产费用在发生时已经通过前面各节费用要素归集到了"辅助生产成本"总账户及其明细账户，核算方法不再赘述。

辅助生产费用归集的程序有两种，相应地，"辅助生产成本"明细账的设置方式也有两种。两者的区别在于辅助生产制造费用归集的程序不同。其一，在一般情况下，辅助生产车间的制造费用应先通过"制造费用——辅助生产车间"账户进行单独归集，然后将其转入相应的"辅助生产成本"明细账，从而计入辅助生产产品或劳务的成本。其二，在辅助生产车间规模很小、制造费用很少，而且辅助生产不对外提供商品，因而不需要按照规定的成本项目计算产品成本的情况下，为了简化核算工作，辅助生产的制造费用可以不通过"制造费用——辅助生产车间"明细账单独归集，而是直接记入"辅助生产成本"明细账。

【练习 2-14】辅助生产费用归集的程序有_____种。两者的区别在于辅助生产_____归集的程序不同。

【练习 2-15】"辅助生产成本"账户月末(　　)。

A. 一定没有余额　　　　　　　　　B. 如果有余额，余额一定在借方

C. 如果有余额，余额一定在贷方　　D. 可能有借余额或贷方余额

1. 设置"制造费用——辅助生产车间"账户的情况

(1) 对于在"辅助生产成本"明细账中设有专门成本项目的辅助生产费用，如原材料费用、动力费用、工资及福利费用等，发生时应记入"辅助生产成本"总账和所属明细账相应成本项目的借方，其中，直接计入费用应直接计入，间接计入费用则需分配计入。

(2) 对于未专设成本项目的辅助生产费用，发生时应先记入"制造费用——辅助生产车

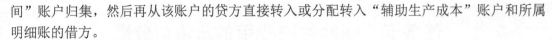

间"账户归集，然后再从该账户的贷方直接转入或分配转入"辅助生产成本"账户和所属明细账的借方。

2. 不设置"制造费用——辅助生产车间"账户的情况

"辅助生产成本"总账和明细账内按若干费用项目设置专栏。对于发生的各种辅助生产费用，可直接计入或间接分配计入"辅助生产成本"总账以及所属明细账的相应费用项目。当辅助车间发生了各种费用时，作如下会计处理。

借：辅助生产成本——机修车间　　　×××
　　　　　　　　　——供电车间　　　×××
　　贷：原材料　　　　　　　　　　×××
　　　　应付工资　　　　　　　　　×××
　　　　应付福利费　　　　　　　　×××
　　　　累计折旧　　　　　　　　　×××
　　　　预付账款　　　　　　　　　×××
　　　　预提费用等　　　　　　　　×××

三、辅助生产费用的分配

辅助费用的分配就是将归集的各辅助生产成本在其受益对象之间采用适当的分配方法进行分配，按受益对象耗用的数量计入基本生产成本或期间费用的过程。即辅助生产费用的分配是指按照一定的标准和方法，将辅助生产费用分配到各受益单位或产品上去的过程。分配的及时性和准确性，影响到基本生产产品成本、经营管理费用以及经营成果核算的及时性和准确性。辅助生产费用分配的核算，是辅助生产费用核算的关键。

辅助生产费用的分配是通过编制辅助生产费用分配表进行的。辅助生产部门提供的水、电、气、维修、运输等产品和劳务的受益对象，有企业基本生产部门、企业管理部门，也有辅助生产单位之间相互提供产品和劳务。如机修车间消耗供电车间提供的电力，而供电车间又需要机修车间提供维修劳务等。因此，辅助生产费用的分配比较复杂。在实际工作中，通常采用的辅助生产费用的分配方法有：直接分配法、交互分配法、计划成本分配法、顺序分配法和代数分配法。下面分别阐述这几种方法。

(一)直接分配法

直接分配法是将待分配的辅助生产费用直接分配给辅助生产车间以外的各受益产品、部门，而不考虑各辅助生产车间相互消耗的费用的一种分配方法。这种方法简便易行，但正确程度不高，适用于辅助生产车间相互不提供产品、劳务或提供产品、劳务较少的情况。其计算公式如下：

某种劳务费用的分配率=待分配的劳务费用÷(提供的该劳务总量-其他辅助生产车间
　　　　　　　　　　　　　　耗用该劳务量)

某受益单位应分配的劳务量=该劳务费用的分配率×该受益对象耗用的劳务量

【例2-13】某工业企业设有一车间、二车间两个基本生产车间，一车间生产 A、B 两种产品，二车间生产 C 产品，并设有机修和供电两个辅助生产车间。有关资料如下(见表2-9、

表 2-10)。

表 2-9　生产费用和劳务供应量

辅助车间	生产费用/元	劳务供应量
机　修	18 000	5 000 小时
供　电	90 000	100 000 度

表 2-10　各受益单位耗用劳务情况

受　益　单　位		耗　用　劳　务　量	
		修理工时	用电度数
机　修　车　间			10 000
供　电　车　间		500	
第一车间	A 产品		30 000
	B 产品		24 000
	一般耗用	2 800	9 000
第二车间	C 产品		18 000
	一般耗用	1 500	6 000
企业管理部门		200	3 000
合　　　计		5 000	100 000

要求：根据上述资料，采用直接分配法分配辅助生产费用，编制辅助生产费用分配表和相应的会计分录。

【解析】见表 2-11。

表 2-11　辅助生产费用分配表(直接分配法)

2019 年 5 月　　　　　　　　　　　　　　　　　金额：元

分配方向			对外分配		
辅助生产部门			机修车间	供电车间	合　计
待分配费用(元)			18 000	90 000	108 000
劳务供应数量			4 500	90 000	
单位成本(分配率)			4	1	
受益对象：					
辅助生产车间	机修车间	耗用数量			
		分配金额			
	供电车间	耗用数量			
		分配金额			
金　额　小　计					

分配方向			对外分配		
基本生产车间	A产品	耗用数量		30 000	
		分配金额		30 000	30 000
	B产品	耗用数量		24 000	
		分配金额		24 000	24 000
	C产品	耗用数量		18 000	
		分配金额		18 000	18 000
基本生产车间	一车间	耗用数量	2 800	9 000	
		分配金额	11 200	9 000	20 200
	二车间	耗用数量	1 500	6 000	
		分配金额	6 000	6 000	12 000
管理部门		耗用数量	200	3 000	
		分配金额	800	3 000	3 800
分配金额合计			18 000	90 000	108 000

会计分录: 借: 基本生产成本——A产品　　　　30 000
　　　　　　　　　　　——B产品　　　　24 000
　　　　　　　　　　　——C产品　　　　18 000
　　　　　　　制造费用——一车间　　　20 200
　　　　　　　　　　　——二车间　　　12 000
　　　　　　　管理费用　　　　　　　　3 800
　　　　　　贷: 辅助生产成本——机修车间　　18 000
　　　　　　　　　　　　　——供电车间　　90 000

【练习2-16】辅助生产费用直接分配法的特点是将辅助生产费用(　　　)。

　　A. 直接计入辅助生产提供的劳务成本

　　B. 直接分配给所有受益的车间、部门

　　C. 直接记入"辅助生产成本"账户

　　D. 直接分配给辅助生产以外的各受益单位

(二)交互分配法

交互分配法是在分配费用时，首先将费用在辅助生产车间之间进行分配，然后重新确认辅助生产车间待分配费用，之后再将费用按直接分配法在各收益单位之间进行分配。也就是说有两次分配，首先在辅助生产单位之间进行一次交互分配，然后计算出交互分配后待分配的辅助生产费用(即交互分配前的待分配费用加上交互分配转入的费用减去交互分配转出的费用)，再在辅助生产单位以外的各受益对象之间进行分配的方法。其特点是费用的分配分两个步骤进行，第一步是交互分配，第二步是对外分配。

1. 交互分配

首先计算交互分配率(即辅助生产单位产品或劳务的单位成本),其计算公式如下。

交互分配率=待分配费用÷该辅助生产车间提供的劳务总量

某辅助生产车间分配劳务量=该辅助生产车间耗用劳务量×交互分配率

2. 对外分配

某辅助生产车间的实际费用=交互分配前的费用+交互分配转入的费用-交互分配转出的费用

对外分配费用分配率=某辅助生产车间的实际费用÷(提供的该劳务总量-其他辅助生产车间耗用该劳务量)

某受益对象应负担的费用=该受益对象耗用的劳务量×对外分配费用分配率

【例2-14】资料:某企业本月供电车间归集的费用共14 295元,供水车间归集的费用共9 288元,供电车间和供水车间提供的劳务量信息如表2-12所示。

表2-12　供电车间和供水车间提供的劳务量

提供劳务单位	基本生产车间耗用劳务量			辅助生产车间耗用劳务量		管理部门耗用劳务量
	A产品	B产品	车间一般消耗	供电车间	供水车间	
供电车间(度)	50 000	34 000	1 000	—	4 500	8 500
供水车间(立方米)	4 000	12 000	2 000	6 500	—	4 000

要求:根据上述资料完成以下问题。

(1) 用交互分配法进行辅助生产费用分配。

(2) 编制辅助生产费用分配的会计分录。

【解析】交互分配:

计算分配率:供电车间分配率=14 295÷98 000=0.145 9(元)

供水车间分配率=9 288÷28 500=0.325 9(元)

供电车间的水费=0.325 9×6 500=2 118.35(元)

供水车间的电费=0.145 9×4 500=656.55(元)

对外分配:

确定辅助生产车间对外分配费用的分配额:

供电车间=14 295+2 118.35-656.55=15 756.8(元)

供水车间=9 288+656.55-2 118.35=7 826.2(元)

计算分配率:供电车间=15 756.8÷(98 000-4 500)=0.168 5

供水车间=7 826.2÷(28 500-6 500)=0.355 7

各受益单位的分配额计算:

基本生产车间的　A产品　电费=50 000×0.168 5=8 425(元)

$$水费＝4\ 000×0.355\ 7＝1\ 422.8(元)$$

B 产品　　　电费＝34 000×0.168 5＝5 729(元)

$$水费＝12\ 000×0.355\ 7＝4\ 268.4(元)$$

车间一般　　电费＝1 000×0.168 5＝168.5(元)

$$水费＝2\ 000×0.355\ 7＝711.4(元)$$

管理部门　　　电费＝8 500×0.168 5＝1 434.3(元)

$$水费＝4\ 000×0.355\ 7＝1\ 423.6(元)$$

据此，可以编制辅助生产费用分配表，具体如表 2-13 所示。

表 2-13　辅助生产费用分配表(交互分配法)

2019 年 5 月　　　　　　　　　　　　　　　　　　　金额：元

项　目		交互分配				对外分配			
		分配电费		分配水费		分配电费		分配水费	
		数量	金额	数量	金额	数量	金额	数量	金额
待分配费用			14 295		9 288		15 756.8		7 826.2
劳务供应总量		98 000		28 500		93 500		22 000	
费用分配率			0.149 5		0.325 9		0.168 5		0.355 7
受益部门：									
供电车间				6 500	2 118.35				
供水车间		4 500	656.55						
基本生产车间	A 产品					50 000	8 425	4 000	1 422.8
	B 产品					34 000	5 729	12 000	4 268.4
	一般					1 000	168.5	2 000	711.4
管理部门						8 500	1 434.3	4 000	1 423.6
合　计							15 756.8		7 826.2

交互分配的会计分录如下。

供电车间的水费：

借：辅助生产成本——供电车间　　　　　2 118.35

　　贷：辅助生产车间——供水车间　　　　　　2 118.35

供水车间的电费：

借：辅助生产成本——供水车间　　　　　656.55

　　贷：辅助生产车间——供电车间　　　　　　656.55

对外分配的分录：

借：基本生产成本——A 产品　　　　　　9 847.8

　　　　　　　　——B 产品　　　　　　9 997.4

　　制造费用　　　　　　　　　　　　879.9

　　管理费用　　　　　　　　　　　2 857.9

　　　贷：辅助生产成本——供电车间　　　15 756.8

　　　　　　　　　　　——供水车间　　　　7 826.2

【练习 2-17】辅助生产费用采用交互分配法，对外分配的费用总额是(　　)。

  A. 交互分配前的费用

  B. 交互分配前的费用加上交互分配转入的费用

  C. 交互分配前的费用减去交互分配转出的费用

  D. 交互分配前的费用加上交互分配转入的费用，减去交互分配转出的费用

【练习 2-18】辅助生产费用采用交互分配法分配辅助生产费用时，第一次交互分配是在(　　)之间进行的。

  A. 各受益的辅助生产车间   B. 辅助生产车间以外的各受益单位

  C. 各受益的基本生产车间   D. 各受益的企业管理部门

3. 计划成本分配法

计划成本分配法是指先按照辅助生产单位提供产品或劳务的计划单位成本(计划分配率)和各受益对象(包括辅助生产单位在内)的实际耗用量，在各受益对象(包括辅助生产单位)之间进行分配，然后计算各辅助生产单位实际发生的费用(待分配费用加上其他辅助生产单位按计划成本分配转入的费用)与各辅助生产单位按计划成本分配转出的费用之间的差额，即辅助生产单位产品或劳务的成本差异。为了简化分配工作，辅助生产的成本差异一般全部调整计入管理费用，不再分配给其他受益对象。

计划成本分配法的特点是企业首先制定辅助生产车间单位劳务的计划单价，并按计划单价计算各收益单位应负担的计划费用，然后计算各收益单位调整后的计划成本，并与实际成本进行比较，以确定其差异，再将差异按照直接分配法在各收益单位之间进行分配，也可以将差异全部转入管理费用。这种分配方法的关键在于确定实际成本与计划成本之间的差异。

【例 2-15】资料：某企业设置供电、供水两个辅助生产车间，本月发生的费用分别为4 800 元和 4 700 元，劳务供应情况如表 2-14 所示(每度电、每吨水的计划单价分别为 0.31元、0.55 元)。

表 2-14 劳务供应情况

受益单位	供电/度	供水/吨
供电车间		800
供水车间	800	
基本生产产品用	13 000	
基本车间一般用	1400	8 000
行政管理部门	800	600
合　计	16 000	9 400

要求：

(1) 根据有关资料，按计划成本法进行辅助生产费用的分配。

(2) 作出相应的会计分录。(差异额全部由管理费用负担)

【解析】根据资料计算如下。

供水车间负担的电费：800×0.31=248(元)

生产产品耗用的电费：13 000×0.31=4 030(元)

车间一般耗用的电费：1 400×0.31=434(元)

管理部门耗用的电费：800×0.31=248(元)

供电车间负担的水费：800×0.55=440(元)

车间一般耗用的水费：8 000×0.55=4 400(元)

管理部门耗用的水费：600×0.55=330(元)

据此，编制辅助生产费用分配表(见表2-15)。

表 2-15　辅助生产费用分配表(计划成本法)

2019 年 5 月　　　　　　　　　　　　　　　　单位：元

辅助车间名称			供电车间	供水车间	合　计
待分配费用(元)			4 800	4 700	9 500
劳务供应数量			16 000	9 400	
计划单位成本			0.31	0.55	
辅助车间	供电	耗用数量		800	
		分配金额		440	440
	供水	耗用数量	800		
		分配金额	248		248
	金　额　小　计		248	440	
基本生产车间	产品生产	耗用数量	13 000		
		分配金额	4 030		4 030
	一般消耗	耗用数量	1 400	8 000	
		分配金额	434	440	874
企业管理部门		耗用数量	800	600	
		分配金额	248	330	578
按计划成本分配金额			4 690	5 170	9 860
辅助生产实际成本			5 240	4 948	10 188
分配金额合计			550	−222	328

会计分录如下。

(1) 借：基本生产成本　　　　　　　　4 030

　　　　制造费用　　　　　　　　　　434

　　　　辅助生产成本(供水)　　　　　248

　　　　管理费用　　　　　　　　　　248

　　　　贷：辅助生产费用(供电)　　　　　　4 960

(2) 借：制造费用　　　　　　　　　4 400
　　　辅助生产成本(供电)　　　　440
　　　管理费用　　　　　　　　　330
　　　　贷：辅助生产费用(供水)　　　　5 170
(3) 借：管理费用　　　　　　　　　58
　　　　贷：辅助生产费用(供电)　　　　280
　　　　　　辅助生产费用(供水)　　　　-222

【练习2-19】辅助生产费用采用计划成本分配法，辅助车间实际发生的费用应该是（　　）。

A. 该车间待分配费用减去分配转出的费用
B. 该车间待分配费用加上分配转入的费用
C. 该车间待分配费用加上分配转入的费用，减去分配转出的费用
D. 该车间待分配费用加上分配转出的费用，减去分配转入的费用

4. 顺序分配法

顺序分配法又叫阶梯法，它是指各辅助生产部门分配费用按照受益多少的顺序排列，受益少的排在前面(下称前者)，先行分配，受益多的排在后面(下称后者)，再行分配的一种方法。其分配特点是前者分配给后者，而后者不分配给前者，后者的分配额等于其直接费用加上前者分配人的费用之和。

5. 代数分配法

代数分配法是运用代数中解联立方程式原理，求出辅助生产单位产品和劳务的实际单位成本以后，再按各个受益对象耗用产品或劳务的数量分配辅助生产费用的一种方法。其基本计算步骤如下。

(1) 设未知数，并根据辅助生产车间之间交互服务关系建立方程组。
(2) 解方程组，算出各种产品或劳务的单位成本。
(3) 用各单位成本乘以各受益部门的耗用量，求出各受益部门应分配计入的辅助生产费用。

代数分配法的特点是：运用辅助生产车间待分配的费用与所提供的劳务量之间的相关关系列方程，以求解辅助生产车间单位劳务成本，进而求得各受益单位应负担的费用金额的数学方法。

以上几种方法可列表加以区分，如表2-16所示。

表2-16　辅助生产费用分配方法

项　目	适用范围	优　点	缺　点	说　明
直接分配法	辅助生产车间相互不提供劳务，或提供劳务较少	计算工作简单，简便易行，计算的结果不准确	分配结果准确度不高	省略辅助生产车间之间分配工作
交互分配法	辅助生产车间相互提供劳务较多	计算结果较为准确	计算分配的手续较为复杂	先在辅助生产车间之间分配，然后再对外分配

项 目	适用范围	优 点	缺 点	说 明
计划成本分配法	有计划单价且比较符合实际	利于考核辅助生产车间经济利益	分配结果受计划单价影响较大	为简化核算,也可将差异直接转入"管理费用"
顺序分配法	相互提供劳务差别较大,且相互耗用有明显顺序	计算分配工作较简单	计算结果不够准确	收益少的排列在先,收益多的排列在后
代数分配法	实行电算化的企业	分配结果最准确	计算手续较复杂	联立多元一次方程式

【练习2-20】辅助生产费用采用交互分配法时,对外分配的费用应是(　　)。

　　A. 辅助生产交互分配前的费用

　　B. 辅助生产交互分配前的费用加上分配转入的费用

　　C. 交互分配前的费用加上分配转入的费用减去分配转出的费用

　　D. 交互分配前的费用减去分配转出的费用

【练习2-21】下列各项,能使辅助生产费用分配的结果最准确的方法是(　　)。

　　A. 计划成本分配法　　　　　　　　B. 直接分配法

　　C. 交互分配法　　　　　　　　　　D. 代数分配法

【练习2-22】某企业设有修理、供电两个辅助生产车间,本月发生辅助生产费用、提供劳务量等见表2-17。

表2-17　辅助生产费用、提供劳务量详情

辅助生产名称		修理车间	供电车间
待分配费用		5 850	9 200
劳务供应量		4 500(小时)	23 000(度)
计划单位成本		1.5	0.42
耗用劳务数量	修理车间		1 400
	供电车间	300	
	基本生产车间	3 800	20 000
	管理部门	400	1 600

　　要求: 采用计划成本分配法编制辅助生产费用分配表,编制有关的会计分录。(将分配结果填入表2-18中)

表 2-18 辅助生产费用分配表(计划成本分配法)

辅助车间名称			修理车间	供电车间	合 计
待分配费用/元					
劳务供应数量					
计划单位成本					
辅助车间	修理	耗用数量			
		分配金额			
	供电	耗用数量			
		分配金额			
	金 额 小 计				
基本生产车间		耗用数量			
		分配金额			
企业管理部门		耗用数量			
		分配金额			
按计划成本分配金额					
辅助生产实际成本					
分配金额合计					

任务六 制造费用的归集与分配

一、制造费用的内容

制造费用是指企业的各个生产单位为生产产品或提供劳务而发生的,应计入产品成本但没有专设成本项目的费用。其中,大部分属于间接用于产品生产的费用,还有一部分直接用于产品生产但没有专设成本项目的费用。也就是说,制造费用是企业各生产单位为组织和管理生产而发生的各项间接费用,主要包括工资和福利费、折旧费、修理费、办公费、水电费、机物料消耗、劳动保护费、租赁费、保险费、排污费、存货盘亏费(减盘盈)、季节性和修理期间的停工损失及其他制造费用。

【练习2-23】下列提法中,正确的是( )。

A. 制造费用中不包括直接生产费用

B. 制造费用均为间接生产费用

C. 制造费用一般应按产品制定定额

D. 制造费用项目一经确定,不应任意变更

【练习2-24】不属于制造费用的是( )。

A. 车间机物料消耗   B. 融资租入固定资产的租赁费

C. 劳动保护费   D. 季节性停工损失

二、制造费用的归集

企业发生的各项制造费用，应按其用途和发生地点，通过"制造费用"科目进行归集和分配，"制造费用"科目可以按生产车间开设明细账，账内按照费用项目开设专栏，进行明细核算。费用发生时，根据支出凭证借记"制造费用"科目及其所属有关明细账，但是材料、工资、折旧以及待摊和预提费用等，要在月末时根据汇总编制的各种费用分配表计入。材料、产品等存货的盘盈、盘亏数，则应根据盘点报告表登记。归集在"制造费用"科目借方的各项费用，月末时应全部分配转入"生产成本"科目，计入产品成本。"制造费用"科目一般月末没有余额。

1. 基本生产车间设置"制造费用"账户进行归集

基本生产车间所发生的制造费用一般应通过"制造费用"账户进行核算。平时在发生制造费用时，制造费用的归集按其记账依据不同可分为两种情况：一是一般费用发生时，根据付款凭证或据以编制的其他费用分配表，借记"制造费用"账户，贷记"银行存款"或其他有关账户。如办公费、差旅费、劳动保护费等。二是机物料消耗、外购动力费用、工资及福利费、折旧费、修理费等，在月末应根据转账凭证及汇总编制的各种费用分配表，借记"制造费用"账户，贷记"原材料""应付工资""应付福利费""累计折旧""预提费用"等账户。

2. 辅助生产车间设置"制造费用"账户进行归集

辅助生产车间所发生的制造费用一般可通过"制造费用"账户进行核算，也可不通过"制造费用"账户进行核算。如果设置"制造费用"账户，平时在发生制造费用时，应将发生的各种费用借记"制造费用"账户，贷记"原材料""材料成本差异""应付工资""应付福利费""累计折旧""预付账款""预提费用""银行存款"等账户。如果不设置"制造费用"账户，在发生制造费用有关费用内容时，可借记"辅助生产成本"账户，贷记有关的会计账户。

需要注意以下两点。

(1) 辅助生产车间发生的费用，如果辅助生产的制造费用是通过"制造费用"账户单独核算，则应比照基本生产车间制造费用的核算；如果辅助生产的制造费用不通过"制造费用"账户单独核算，应将其全部记入"辅助生产成本"账户。

(2) 归集在"制造费用"账户借方的各生产单位当月发生的制造费用，月末应将各项费用发生额的合计数，分别与其预算数进行比较，以查明制造费用预算的执行情况。

【练习2-25】 分配制造费用时，可能借记的账户有(　　)。

A. "生产费用"　　　　　　　　B. "营业费用"

C. "管理费用"　　　　　　　　D. "基本生产成本"

E. "辅助生产成本"

【练习2-26】 下面说法正确的有(　　)。

A. 在只生产一种产品的车间中，制造费用直接计入产品成本

B. 制造费用应按产品品种开设明细账

C. 制造费用应按车间开设明细账

D. 制造费用应从该账户贷方转至"基本生产成本"账户借方

E. "制造费用"总账账户下可以不按辅助车间开设明细账

三、制造费用的分配

制造费用分配是指在期末将已经归集的制造费用按照科学的方法分配到各个成本核算对象的会计工作。在只有产品的车间里，制造费用可直接计入其产品成本。在生产多种产品的车间中，就要采用既合理又简便的分配方法，将制造费用分配计入各种产品成本。

制造费用的大部分支出属于产品生产的直接费用，因而不能按照产品制定定额，而只能按照车间、部门和费用项目编制制造费用计划，加以控制。通过制造费用的归集和分配，能够反映和监督各项费用计划的执行情况，并将其正确、及时地计入产品成本。

相关的会计分录如下。

借：基本生产成本　　　×××

　　贷：制造费用　　　　×××

制造费用分配方法一般有生产工人工时比例分配法、生产工人工资比例分配法、机器工时比例分配法、年度计划分配率分配法。

1. 生产工人工时比例分配法

生产工人工时比例分配法是按照各种产品所用生产工人实际工时的比例分配费用的方法。这种方法适用于机械化程度不高的车间。其计算公式如下。

制造费用分配率=制造费用总额/车间产品生产工时总额

某种产品应分配的制造费用=该种产品生产工时×制造费用分配率

【例 2-16】某基本生产车间生产甲、乙、丙三种产品，共计生产工时 5 000 小时，其中，甲产品 3 000 小时，乙产品 1 000 小时，丙产品 1 000 小时。本月发生各种间接费用如下：

(1) 以银行存款支付劳动保护费 4 800 元。

(2) 车间管理人员工资 6 000 元。

(3) 按车间管理人员工资的 14%提取福利费。

(4) 车间消耗材料 4 000 元。

(5) 车间固定资产折旧费 3 600 元。

(6) 预提修理费 1 600 元。

(7) 本月摊销保险费 1 200 元。

(8) 辅助生产成本(修理、运输费)转入 4 800 元。

(9) 以银行存款支付办公费、水电费、邮电费及其他支出等共计 3 760 元。

要求：采用生产工时比例法在各种产品之间分配制造费用。根据上述资料编制制造费用发生和分配的会计分录。("基本生产成本"列明细账)

【解析】(1) 借：制造费用　　　　　　　　4 800

　　　　　　　贷：银行存款　　　　　　　　　4 800

(2) 借: 制造费用　　　　　　　　6 000

　　　贷: 应付工资　　　　　　　　　6 000

(3) 借: 制造费用　　　　　　　　840

　　　贷: 应付福利费　　　　　　　　840

(4) 借: 制造费用　　　　　　　　4 000

　　　贷: 原材料　　　　　　　　　　4 000

(5) 借: 制造费用　　　　　　　　3 600

　　　贷: 累计折旧　　　　　　　　　3 600

(6) 借: 制造费用　　　　　　　　1 600

　　　贷: 预提费用　　　　　　　　　1 600

(7) 借: 制造费用　　　　　　　　1 200

　　　贷: 预付账款　　　　　　　　　1 200

(8) 借: 制造费用　　　　　　　　2 800

　　　贷: 辅助生产成本　　　　　　　2 800

(9) 借: 制造费用　　　　　　　　3 760

　　　贷: 银行存款　　　　　　　　　3 760

(10) 制造费用分配率=28 600/5 000=5.72

各种产品应分配制造费用:

甲产品: 3 000×5.72=17 160(元)

乙产品: 1 000×5.72=5 720(元)

丙产品: 1 000×5.72=5 720(元)

据此,制造费用分配表如表 2-19 所示。

表 2-19　制造费用分配表

2019 年 5 月　　　　　　　　　　　　　　　　　　　金额: 元

分配对象	分配标准	分配率	应分配金额
甲	3 000	5.72	17 160
乙	1 000	5.72	5 720
丙	1 000	5.72	5 720
合计	5 000		28 600

会计分录如下。

借: 基本生产成本 ——甲产品　　　　　　17 160

　　　　　　　　　　——乙产品　　　　　　　5 720

　　　　　　　　　　——丙产品　　　　　　　5 720

　　　贷: 制造费用　　　　　　　　　　　　　　28 600

2. 生产工人工资比例分配法

生产工人工资比例分配法是按照计入各种产品成本的生产工人工资比例分配制造费用的一种方法。采用这一方法的前提是各种产品生产机械化的程度应该大致相同，否则机械化程度低的产品所用工资费用多，负担的制造费用也要多，而机械化程度高的产品则负担的制造费用较少，从而影响费用分配的合理性。即按照计入各种产品成本的生产工人实际工资的比例分配制造费用的方法。由于工资成本分配表可以直接提供生产工人工资资料，因而采用这种分配方法，核算工作比较简便。其计算公式如下：

制造费用分配率=制造费用总额÷各种产品生产工人工资总额

某种产品应分配的制造费用=该种产品生产工人工资×制造费用分配率

【练习 2-27】能够将劳动生产率和产品负担的费用水平联系起来，使分配结果比较合理的制造费用分配方法是(　　)。

    A. 生产工人工资比例分配法   B. 生产工人工时比例分配法

    C. 按年度计划分配率分配法   D. 机器工时比例分配法

3. 机器工时比例分配法

机器工时比例分配法即按照生产各种产品所用机器设备运转时间的比例分配制造费用的方法。采用这种方法，必须具备各种产品所用机器工时的原始记录。这种方法适用于产品生产的机械化程度较高的车间。其计算公式如下：

制造费用分配率=制造费用总额÷各种产品机器工时之和

某种产品应分配的制造费用=该种产品机器工时×制造费用分配率

4. 年度计划分配率分配法

年度计划分配率分配法是指按照年度开始前确定的全年适用的计划分配率分配费用的方法，各月制造费用按照年度计划确定的计划分配率分配，无论各月实际发生的制造费用是多少。这种方法适用于季节性生产企业。其计算公式如下：

制造费用分配率=全年计划制造费用总额÷全年各种产品计划产量的定额工时总数

某种产品应分配的制造费用=实际产量的定额工时×年度计划分配率

采用年度计划分配率分配法时应注意，对计划费用与实际费用产生的差异额，可在年终一次转入生产成本中，这样在每月月末，"制造费用"账户有余额，余额在借方，表示实际费用大于计划费用，本期实际发生的制造费用大于本期分配的计划费用；余额在贷方，表示实际费用小于计划费用，即本期实际发生的制造费用小于本期分配的计划费用。

【例 2-17】企业一车间全年预算制造费用额为 550 000 元，全年各种产品计划产量为：甲产品 26 000 件，乙产品 22 500 件；单位产品的工时定额为甲产品 5 小时，乙产品 4 小时。6 月份实际产量为：甲产品 240 件，乙产品 150 件；期初"制造费用"贷方余额为 300 元，本月实际发生制造费用 4 900 元。

要求：根据上述资料计算该车间制造费用年度计划分配率，并采用年度计划分配率法计算甲、乙两种产品应承担的制造费用。

【解析】制造费用年度计划分配率=550 000÷(26 000×5+22 500×4)=2.5

6 月份甲产品分配的制造费用=240×5×2.5=3 000(元)

6月份乙产品分配的制造费用=150×4×2.5=1 500(元)

该车间6月份按计划分配率分配转出的制造费用=3 000+1 500=4 500(元)

该车间6月份的实际制造费用4 900元(即制造费用明细账的借方发生额),大于按该月实际产量和年度计划分配率分配转出的制造费用 4 500 元(即制造费用明细账的贷方发生额)。可见,采用这种分配方法时,制造费用总账及明细账科目,不仅可能有月末余额,而且既可能有借方余额,也可能有贷方余额。借方余额表示超过计划的预付费用,属于待摊性质;贷方余额表示按计划应付而未付的费用,属于预提性质。

【练习2-28】按照生产工人工资比例分配法分配制造费用要求,(　　)。

  A. 各种产品生产的机械化程度相差悬殊

  B. 产品生产的机械化程度低

  C. 产品生产的机械化程度高

  D. 各种产品生产的机械化程度差别不大

【练习2-29】按年度计划分配率分配制造费用的方法适用于(　　)。

  A. 制造费用数额较大的企业

  B. 季节性生产企业

  C. 基本生产车间规模较小的企业

  D. 制造费用数额较小的企业

以上几种方法列示如下(见表2-20)。

表 2-20　制造费用分配法

项　目	分配标准	分配率	某产品应分配数	适用范围	特　征
实际工时比例分配法	实际生产工时	制造费用总额÷各种产品实际生产工时之和	该产品实际生产工时×分配率	制造费用的发生与生产工时有密切关系	制造费用账户期末没有余额
生产工人工资比例分配法	生产工人工资	制造费用总额÷各种产品生产工人工资总额	该产品生产工人工资×分配率	制造费用的发生与生产工资有密切关系	制造费用账户期末没有余额
机器工时比例分配法	机器工时	制造费用总额÷各种产品机器工时之和	该产品实际机器工时×分配率	制造费用的发生与机器工时有密切关系	制造费用账户期末没有余额
年度分配率分配法		全年计划制造费用总额÷全年各种产品计划产量的定额工时总数	实际产量的定额工时×年度计划分配率	季节性生产企业	制造费用账户期末有余额

【练习 2-30】某企业基本生产车间生产甲、乙、丙三种产品。本月已归集在"制造费

用——基本生产"账户借方的制造费用合计为21 670元。甲产品生产工时为3 260小时，乙产品生产工时为2 750小时，丙产品生产工时为2 658小时。按生产工人工时比例分配制造费用。

【练习2-31】(判断题)采用按年度计划分配率分配法分配制造费用，一般的月份，"制造费用"账户会有余额。

【练习2-32】(判断题)"制造费用"账户按生产单位设置明细账，并在账内按照费用项目设立专栏或专户，分别反映各生产单位各项制造费用的发生情况。

【练习2-33】(判断题)对机械化、自动化程度较高的车间，其制造费用可以按生产工人工时比例分配法进行分配。

【练习2-34】(判断题)采用按生产工人工资比例分配法分配制造费用，最适用于季节性生产的企业车间。

【练习2-35】(判断题)在生产多种产品的车间中，制造费用都是间接计入费用，应采用适当的分配方法，分配计入该车间各种产品的生产成本。

【练习2-36】(判断题)在生产工人工时、生产工人工资和按年度计划分配率分配法下，"制造费用"账户一般没有期末余额。

【练习2-37】(判断题)在进行制造费用核算时，对于辅助生产车间可根据具体情况决定是否设置"制造费用"账户。

【练习2-38】某企业基本生产车间全年制造费用计划为234 000元，全年各种产品的计划产量为甲产品19 000件，乙产品6 000件，丙产品8 000年。单件产品工时定额：甲产品5小时，乙产品7小时，丙产品7.25小时。本月份实际产量：甲产品1 800件，乙产品700件，丙产品500件，本月实际发生的制造费用为20 600元。

要求：

(1) 按年度计划分配率分配制造费用。

(2) 根据计算结果编制会计分录。

任务七　生产损失的归集与分配

一、废品损失的核算

(一)废品与废品损失的概念

1. 废品的含义

废品是指不符合规定的技术标准，不能按照原定用途使用，或者需要加工修理才能使用的在产品、半成品或产成品。不论是在生产过程中发现的废品，还是在入库后发现的废品，都应包括在内。

【练习2-39】废品，是指不符合规定的技术标准，不能按原定用途使用，或者需要加工修理才能使用的(　　)。

　　A. 原材料　　　　　　　　　　B. 在产品

　　C. 半成品　　　　　　　　　　D. 产成品

　　E. 低值易耗品

2. 废品的种类

废品分为可修复废品和不可修复废品两种。可修复废品，是指经过修理可以使用，而且所花费的修复费用在经济上合算的废品；不可修复废品，是指不能修复，或者所花费的修复费用在经济上不合算的废品。

3. 废品损失的含义

废品损失包括在生产过程中发现的和入库后发现的不可修复废品的生产成本，以及可修复废品的修复费用，扣除回收的废品残料价值和应由过失单位或个人赔款以后的损失。

注意：下列不属于废品损失的内容。

(1) 应由过失人赔偿的废品损失。

(2) 不需要修复可降价出售的不合格品的出售损失。

(3) 实行"三包"的产品，发生的三包损失(应该计入管理费用)。

(4) 产品入库后，发生的由于管理不善等原因而损坏变质的损失(应计入管理费用)。

质量检验部门发现废品时，应该填制废品通知单，列明废品的种类、数量、生产废品的原因和过失人等。成本会计人员应该会同检验人员对废品通知单所列废品生产的原因和过失人等项目加强审核。只有经过审核的废品通知单，才能作为废品损失核算的依据。

【练习 2-40】下列各项中，不应计入废品损失的是(　　)。

    A. 不可修复废品的生产成本　　　　B. 可修复废品的生产成本

    C. 用于修复废品的工人工资　　　　D. 用于修复废品的材料费用

(二)废品损失的归集和分配

1. 不可修复废品损失的核算

进行不可修复废品损失的核算，应先计算截至报废时已经发生的废品生产成本；然后扣除残值和应收赔款，算出废品损失。不可修复废品的生产成本，可按废品所耗实际费用计算，也可按废品所耗定额费用计算。

1) 按废品所耗实际费用计算

在采用按废品所耗实际费用计算的方法时，由于废品报废以前发生的各项费用是与合格产品一起计算的，因而要将废品报废以前与合格品计算在一起的各项费用，采用适当的分配方法，在合格品与废品之间进行分配，计算出废品的实际成本，从"基本生产成本"科目的贷方转入"废品损失"科目的借方。

如果废品是在完工以后发现的，这时单位废品负担的各项生产费用应与单位合格品完全相同，可按合格品产量和废品的数量比例分配各项生产费用，计算废品的实际成本。按废品的实际费用计算和分配废品损失，符合实际，但核算工作量较大。

【练习 2-41】在设置"废品损失"账户的情况下，回收废品残料价值时，应贷记的账户是(　　)。

    A. "废品损失"　　　　　　　　　　B. "制造费用"

    C. "原材料"　　　　　　　　　　　D. "基本生产成本"

【练习 2-42】 "废品损失" 账户月末(　　)。

    A. 如果有余额,一定在借方　　　　B. 如果有余额,一定在贷方

    C. 一定没有余额　　　　　　　　　D. 可能有借方余额或贷方余额

2) 按废品所耗定额费用计算

在按废品所耗定额费用计算不可修复废品的成本时,废品的生产成本则按废品的数量和各项费用定额计算。按废品的定额费用计算废品的定额成本,由于费用定额是事先规定的,不仅计算工作比较简便,而且还可以使计入产品成本的废品损失数额不受废品实际费用水平高低的影响。也就是说,废品损失大小只受废品数量差异(差量)的影响,不受废品成本差异(价差)的影响,从而有利于废品损失和产品成本的分析和考核。但是,采用这一方法计算废品生产成本,必须具备准确的消耗定额和费用定额资料。

【例 2-18】 某企业加工车间在产品质量检验中,发现 100 件 B 产品存在质量问题。技术部门鉴定该产品已无法修复,予以报废。本月生产 B 产品 4 000 件,其中合格品生产工时为 117 000 小时,废品工时为 3 000 小时。B 产品生产成本明细账所列合格品和废品的全部生产费用为直接材料 200 000 元、直接人工 121 200 元、制造费用 72 000 元,共计 393 200 元。废品残料回收入库价值 1 200 元。假定该产品所需原材料在生产开工时一次全部投入。

要求:计算不可修复废品的生产成本,编制相关的会计分录;计算并结转不可修复废品的生产成本。

【解析】 由于原材料在生产开工时,一次全部投入,故直接材料费用按合格品和废品数量的比例分配,其他费用按生产工时比例分配。

废品的直接材料费用=200 000÷4 000×100=5 000(元)

废品的直接人工费用=121 200÷120 000×3 000=3 030(元)

废品的制造费用=72 000÷120 000×3 000=1 800(元)

根据上列计算结果编制废品损失计算表,如表 2-21 所示。

表 2-21　废品损失计算表(按实际费用计算)

车间名称:加工车间　　　　　　　　　　2019 年 5 月　　　　　　　　　　产品名称:B 产品

废品数量:100 件　　　　　　　　　　　　　　　　　　　　　　　　　　　　单位:元

项　目	数量(件)	直接材料	生产工时	直接人工	制造费用	成本合计
费用总额	4 000	200 000	120 000	121 200	72 000	393 100
费用分配率		50		1.01	0.6	
废品成本	100	5 000	3 000	3 030	1 800	9 830
减:废品残料		1 200				1 200
废品损失	100	3 800	3 000	3 030	1 800	8 630

根据表 2-21,编制结转不可修复废品成本的会计分录:

    借:废品损失——B 产品　　　　　　　　　9 830

        贷:基本生产成本——B 产品　　　　　　　　　9 830

    借:原材料　　　　　　　　　　　　　　　1 200

        贷:废品损失——B 产品　　　　　　　　　　　1 200

借：基本生产成本——B产品   8 630
  贷：废品损失——B产品   8 630

2. 可修复废品损失的核算

可修复废品返修发生的各种费用，应根据各种费用分配表，记入"废品损失"科目的借方。其回收的残料价值和应收的赔款，应从"废品损失"科目的贷方，转入"原材料"和"其他应收款"科目的借方。废品修复费用减去残料和赔款后的废品净损失，也应从"废品损失"科目的贷方转入"基本生产成本"科目的借方，在所属有关的产品成本明细账中，记入"废品损失"成本科目。

在不单独核算废品损失的企业中，不设立"废品损失"科目和成本项目，只在回收废品残料时，借记"原材料"科目，贷记"基本生产成本"科目，并从所属有关产品成本明细账的"原材料"成本项目中扣除残值价值。"基本生产成本"科目和所属有关产品成本明细账归集的完工产品总成本，除以扣除废品数量以后的合格品数量，就是合格品的单位成本。

【例2-19】某工业企业一车间2019年5月生产甲产品200件，经查，可修复废品15件，在修复过程中发生了相关费用：原材料12 000元，直接人工8 000元，制造费用5 000元，回收残料价值800元，应收责任人赔款300元。根据上述资料，可编制可修复废品损失计算单，如表2-22所示。

表2-22　废品损失计算单

车间名称：一车间   2019年5月   产品名称：甲产品
废品数量：15件   单位：元

项目	数量(件)	直接材料	直接人工	制造费用	成本合计
废品成本	15	12 000	8 000	5 000	25 000
减：收回残值		800			800
责任人赔偿		300			300
废品净损失		10 900	8 000	5 000	23 900

根据表2-22，编制会计分录如下。

(1) 发生修复费用时

借：废品损失——甲产品   25 000
  贷：原材料   12 000
    应付职工薪酬   8 000
    制造费用   5 000

(2) 回收废品残料价值

借：原材料   800
  贷：废品损失——甲产品   800

(3) 应收过失人赔款

借：其他应收款   300

　　　　贷：废品损失——甲产品　　　　 300
(4) 结转废品净损失
借：基本生产成本——甲产品　　 23 900
　　　　贷：废品损失——甲产品　　　　　　 23 900

3. 废品损失核算的账务处理

(1) 不可修复废品的生产成本，应根据不可修复废品计算表编制会计分录。
借：废品损失
　　　　贷：基本生产成本
(2) 可修复废品的修复费用，应根据各种费用分配表编制会计分录。
借：废品损失
　　贷：原材料
　　　　应付工资
　　　　应付福利费
　　　　制造费用
(3) 废品残料的回收价值和应收的赔款，应从"废品损失"科目的贷方转出。
借：原材料(或其他应收款)
　　　　贷：废品损失
(4) "废品损失"科目上述借方发生额大于贷方发生额的差额，就是废品损失，分配转出由本月同种产品的成本负担。
借：基本生产成本
　　　　贷：废品损失
通过上述归集和分配，"废品损失"科目月末没有余额。

【练习 2-43】"废品损失"账户借方应反映(　　　)项目。
　　A. 可修复废品的生产成本　　　　　　　B. 不可修复废品的生产成本
　　C. 可修复废品的工资费用　　　　　　　D. 可修复废品的动力费用
　　E. 回收废料的价值

二、停工损失的核算

1. 停工损失的概念

停工损失是指生产车间或车间内某个班组在停工期间发生的各项费用，包括停工期间发生的原材料费用、工资及福利费和制造费用等。应由过失单位或保险公司负担的赔款，应从停工损失中扣除。为了简化核算工作，停工不满一个工作日的，一般不计算停工损失。

2. 停工损失的核算方法

为了单独核算停工损失，在会计科目中应增设"停工损失"科目；在成本项目中应增设"停工损失"项目。"停工损失"科目是为了归集和分配停工损失而设立的。该科目应按车间设立明细账，账内按成本项目分设专栏或专行，进行明细核算。停工期间发生、应该计入停工损失的各种费用，都应在该科目的借方归集：借记"停工损失"科目，贷记"原材料""应付工资""应付福利费"和"制造费用"等科目。归集在"停工损失"科目借方的停工损失,其中应取得赔偿的损失和应计入营业外支出的损失,应从该科目的贷方分别转入"其他应收款"和"营业外支出"科目的借方;应计入产品成本的损失,则应从该科目的贷方分别转入"基本生产成本"科目的借方。应计入产品成本的停工损失,如果停工的车间只生产一种产品,应直接记入该种产品成本明细账的"停工损失"成本项目;如果停工的车间生产多种产品,则应采用适当的分配方法(如采用类似于分配制造费用的方法),分配记入该车间各种产品成本明细账的"停工损失"成本项目。

注意区分季节性生产企业在季节性停工期间费用的归集和分配与非季节性生产企业在停工期间发生的费用。

【例 2-20】某企业本月生产甲产品,月初在产品费用与本月投入生产费用合计为 20 000元,月末在产品费用为 1 500 元。该产成品发生可修复废品损失 1 000 元;发生不可修复废品成本 2 000 元;废品残料作价 500 元入库;由过失人赔偿 300 元。甲产品合格品 187 件。

要求:

(1) 计算废品净损失。

(2) 计算合格品单位成本。

【解析】

(1) 废品净损失=1 000+200-500-300=2 200(元)

(2) 合格品单位成本=(20 000+1 000-500-300-1 500)/187=100(元)

【练习 2-44】下列各项损失中,不属于废品损失的有(　　)。

  A. 产品入库以后发现的生产中的废品的损失

  B. 产品入库以后发现的由于保管不善发生的废品的损失

  C. 降价出售不合格品的降价损失

  D. 产品销售后发现的废品由于包退发生的损失

  E. 产品销售后发现的废品由于包换发生的损失

【练习 2-45】核算废品损失过程中,可能贷记的账户有(　　)。

  A. "基本生产成本" B. "废品损失" C. "应付工资"

  D. "制造费用" E. "原材料"

【练习 2-46】某工业企业各种费用分配表中列示甲种产品可修复废品的修复费用为:原材料 2 130 元,应付生产工人工资 850 元,提取的生产工人福利费 119 元,制造费用 1 360元。不可修复废品成本按定额成本计价。不可修复废品的定额成本为:不可修复废品 5 件,每件原材料费用定额 100 元;每件定额工时为 30 小时。每小时工资及福利费 3 元,制造费用 4 元。

可修复废品和不可修复废品的残料价值按计划成本计价,共 160 元,作为辅助材料入库;应由过失人赔款 120 元。废品净损失由当月同种产品成本负担。

要求:

(1) 计算甲产品不可修复废品的定额成本和可修复废品的修复费用。

(2) 计算甲产品不可修复废品的净损失。

(3) 编制相关的会计分录。

【练习2-47】某工业企业生产A产品,本月发生可修复废品损失为:原材料1 000元,工资费用600元,制造费用400元。本月A产品投产500件,原材料开始一次性投入,实际费用为:直接材料31 250元,直接人工6 944元,制造费用7 688元。A产品合格品为490件,不可修复废品10件,其加工程度为60%,废品残料作价300元入库。

要求:根据上述资料结转可修复与不可修复废品损失,作相应的会计分录。

拓 展 训 练

小王新进入某机械制造公司,承担成本会计员工作。过去,该公司辅助生产车间主要是供电车间和修理车间,现在又新增加了一个辅助生产车间——供汽车间。该车间主要生产蒸汽,所耗用的原材料是原煤。生产的蒸汽主要供机械加工、冲压、供电、修理等车间使用。本月份供汽车间发生费用800 000元,供电车间发生费用1 200 000元,修理车间发生费用900 000元。各辅助生产车间提供的劳务和耗用单位情况如表2-23所示。

表2-23　各辅助生产车间提供的劳务和耗用单位情况表

耗用劳务单位		供汽车间(立方米)	供电车间(度)	修理车间(小时)
供汽车间		—	10 000	12 000
供电车间		20 000	—	4 000
修理车间		5 000	25 000	—
第一车间	产品耗用	30 000	50 000	68 000
	一般耗用	4 000	26 000	2 000
第二车间	产品耗用	1 000	60 000	13 000
	一般耗用	1 500	18 000	9 000
行政管理部门		2 000	17 000	7 000
设备自建工程		1 500	14 000	5 000
合　　计		65 000	220 000	120 000

财务部领导向小王提出了如下问题。

(1) 原来企业采用直接分配法分配辅助生产费用,这种分配方法是否合适?有什么优缺点?

(2) 新增加了一个辅助生产车间后,是否需要改变或调整辅助生产费用分配法?

(3) 若需要改变辅助生产费用分配方法,采用什么方法比较合适?请提供几种方案供领导决策时选择。

要求:请代小王回答上述问题。

项 目 训 练

一、单项选择题

1. 在各种产品共同耗用原材料的种类较多的情况下，为了进一步简化分配计算工作，也可以按照各种材料的(　　)的比例分配材料实际费用。

    A. 重量　　　　　　B. 定额消耗量　　　　C. 定额费用　　　D. 消耗定额

2. 低值易耗品采用分次摊销法时，若摊销期限在一年以上，应转为(　　)分月摊销。

    A. 长期待摊费用　　　　　　　　　B. 预提费用

    C. 预付账款　　　　　　　　　　　D. 待处理财产损溢

3. 生活福利部门人员的工资，应借记的科目是(　　)。

    A. "应付福利费"　　　　　　　　　B. "管理费用"

    C. "制造费用"　　　　　　　　　　D. "产品销售费用"

4. 某企业采用使用年限法(直线法)计提折旧。某项固定资产原价为 10 000 元，预计净残值率为 4%，预计使用年限为 10 年。该固定资产 2009 年 2 月份购入并开始使用，2019 年 6 月份报废。则报废时已提折旧额为(　　)。

    A. 10 000 元　　　B. 9 600 元　　　　C. 9 920 元　　　　D. 9 840 元

5. 下列固定资产中，不计提折旧的是(　　)。

    A. 未使用的房屋　　　　　　　　　B. 大修理期间暂停使用的固定资产

    C. 融资租入的固定资产　　　　　　D. 经营性租入的固定资产

6. 下列各项中，不必通过"应交税费"科目核算的是(　　)。

    A. 土地使用税　　B. 房产税　　　　C. 车船使用税　　D. 印花税

7. 辅助生产费用采用交互分配法时，对外分配的费用应是(　　)。

    A. 辅助生产交互分配前的费用

    B. 辅助生产交互分配前的费用加上分配转入的费用

    C. 交互分配前的费用加上分配转入的费用减去分配转出的费用

    D. 交互分配前的费用减去分配转出的费用

8. 下列各项中，能使辅助生产费用分配的结果最准确的方法是(　　)。

    A. 计划成本分配法　　B. 直接分配法　　C. 交互分配法　　D. 代数分配法

9. 结转辅助生产完工入库的修理用备件成本应借记账户是(　　)。

    A. 低值易耗品账户　　　　　　　　B. 原材料账户

    C. 制造费用账户　　　　　　　　　D. 辅助生产成本账户

10. (　　)是指工业企业为生产产品(或提供劳务)而发生，应该计入产品成本，但没有专设成本项目的各项生产费用。

    A. 制造费用　　　　B. 原材料　　　　C. 管理费用　　　D. 生产成本

11. 按照生产工人工资比例分配法分配制造费用要求(　　)。

    A. 各种产品生产的机械化程度相差悬殊

    B. 产品生产的机械化程度低

C. 产品生产的机械化程度高

D. 各种产品生产的机械化程度差别不大

12. 某车间采用按年度计划分配率分配法进行制造费用分配，年度计划分配率为 3.2 元/小时，5 月份"制造费用"科目月初贷方余额为 500 元，5 月份实际发生制造费用 4 530 元，实际产量的定额工时为 1 250 小时。该车间 5 月份分配的制造费用为(　　)元。

A. 4 530　　　　　　　B. 4 000　　　　　　　C. 4 152　　　　　　　D. 4 908

13. 按年度计划分配率分配制造费用，"制造费用"科目的月末借方余额属于(　　)。

A. 预提费用　　　　　B. 预付账款　　　　　C. 管理费用　　　　　D. 制造费用

14. 下列项目中，应作为"废品损失"核算的是(　　)。

A. 产品出售后，"三包"期间的修理费用

B. 生产过程中可修复废品的生产成本

C. 生产过程中可修复废品的修复费用

D. 因出售商品不合格而发生的降价损失

15. 属于可修复废品的废品损失的是(　　)。

A. 可修复废品的生产成本　　　　　　B. 返修发生的各种费用

C. 过失人赔款　　　　　　　　　　　D. A 和 B

16. 废品损失是指(　　)。

A. 不可修复废品的生产成本

B. 可修复废品的修复费用

C. 不可修复废品的净损失

D. 不可修复废品的净损失和可修复废品的修复费用

17. 企业可修复废品返修以前发生的生产费用，应留在(　　)科目和所属有关产品成本明细账中，不必转出。

A. "废品损失"　　　　　　　　　　　B. "制造费用"

C. "基本生产成本"　　　　　　　　　D. "产成品"

18. 如果按废品所耗定额费用计算和分配废品损失，则废品损失的大小只受(　　)的影响。

A. 废品实际费用　　　　　　　　　　B. 废品成本差异

C. 废品数量差异　　　　　　　　　　D. A、B、C 均不影响

19. 以下关于停工损失的表述，正确的是(　　)。

A. 凡是停工，均应核算停工损失　　　B. 停工损失均应计入营业外支出

C. 停工损失均应计入产品成本　　　　D. 以上三种均不正确

20. 季节性停工损失，应计入(　　)。

A. 产品成本　　　　　B. 管理费用　　　　　C. 营业外支出　　　　　D. 预付账款

二、多项选择题

1. 作为分配间接费用的标准应具备的条件有(　　)。

A. 与所分配的费用多少有比较密切的联系

B. 资料比较容易取得

    C. 发生的数额比较稳定

    D. 发生的数额较大

    E. 发生的数额较小

2. 分配间接费用的标准主要有(　　)。

    A. 成果类　　　　　　　B. 费用类　　　　　　C. 收益类

    D. 消耗类　　　　　　　E. 定额类

3. 下列固定资产中，当月不计算折旧的有(　　)。

    A. 本月增加的固定资产　　　　　　　B. 本月减少的固定资产

    C. 超龄使用的固定资产　　　　　　　D. 季节性停用的固定资产

    E. 报废的固定资产

4. 结转辅助生产完工产品成本和劳务成本时，可能借记的账户有(　　)。

    A. 原材料　　　　　　　B. 管理费用　　　　　C. 制造费用

    D. 预付账款　　　　　　E. 在建工程

5. 辅助生产费用不通过制造费用账户核算的理由有(　　)。

    A. 辅助生产不对外提供产品或劳务　　B. 为了简化核算工作

    C. 辅助生产车间规模很小　　　　　　D. 制造费用很少

    E. 辅助生产劳务成本准确

6. 制造费用可能包括(　　)。

    A. 直接生产费用　　　B. 间接生产费用　　　　　C. 直接计入费用

    D. 间接计入费用　　　E. 期间费用

7. 下列关于制造费用的表述，正确的有(　　)。

    A. 制造费用大多与产品生产工艺没有直接联系

    B. 某些制造费用有管理费用的性质

    C. 制造费用大部分是间接生产费用

    D. 在制造成本法下，全部制造费用最终都会计入企业主要产品成本

    E. 制造费用属于期间费用

8. 下列科目中，月末既可能有借方余额，也可能有贷方余额的有(　　)。

    A. "基本生产成本"　　　　　　　　B. "制造费用"

    C. "管理费用"　　　　　　　　　　D. "材料成本差异"

9. 废品损失包括(　　)。

    A. 生产过程中发现的不可修复废品的生产成本

    B. 可修复废品的修复费用，扣除回收的废品残料价值和应收赔款以后的损失

    C. 入库后发现的不可修复废品的生产成本

    D. 不合格品的降价损失

    E. 实行"三包"的企业，售后发现废品而发生的维修费用

10. 可修复废品，必须具备的条件为(　　)。

    A. 经过修理可以使用(技术上可行)

    B. 在生产过程中发现

    C. 所花费的修复费用在经济上合算

    D. 在入库之前发现

    E. 具备上述 A 和 C 之一即可

11. 停工损失包括生产车间(　　)。

    A. 停工期间发生的原材料费用　　　　B. 停工期间发生的制造费用

    C. 保险公司的赔款　　　　　　　　　D. 停工期间发生的工资费用

    E. 停工期间计提的福利费用

三、判断题

1. 生产所剩余料, 应该编制退料单, 据以退回仓库。对于车间已领未用, 下月需要继续耗用的材料, 为了加强管理, 应实际退回仓库。　　　　　　　　　　　　　　(　　)

2. 费用定额与定额费用的概念是相同的。　　　　　　　　　　　　　　　(　　)

3. 工资费用全部应计入产品成本和经营管理费用。　　　　　　　　　　　(　　)

4. 房屋等建筑物, 不论使用与否都应计提折旧。　　　　　　　　　　　　(　　)

5. 辅助生产成本账户期末余额是辅助生产在产品的成本。　　　　　　　　(　　)

6. 制造费用不包括车间用于组织和管理生产的费用, 因为这些费用具有管理费用的性质, 是管理费用的一部分。　　　　　　　　　　　　　　　　　　　　　　(　　)

7. 如果企业的组织机构分为车间、分厂和总厂等若干层次, 则分厂也与车间相似, 也是企业的生产单位, 因而分厂用于组织和管理生产的费用, 也作为制造费用核算。(　　)

8. 无论采用哪一种制造费用的分配方法, "制造费用"科目月末都没有余额。(　　)

9. 可修复废品是指经过修理后可以使用的废品。　　　　　　　　　　　　(　　)

10. 不可修复废品的生产成本和可修复废品的修复费用, 都应在"废品损失"科目借方归集, 贷记"基本生产成本"科目。　　　　　　　　　　　　　　　　　　(　　)

11. 季节性停工和固定资产修理期间的停工损失, 应计入产品成本。　　　(　　)

12. 可修复废品是指经过修理可以使用, 而且所花费的修复费用在经济上合算的废品。　　　　　　　　　　　　　　　　　　　　　　　　　　　　　　　(　　)

13. 产成品入库后, 由于保管不善等原因而损坏变质的损失, 应作为废品损失处理。

    (　　)

14. 废品损失是在生产过程中发现的和入库后发现的不可修复废品的生产成本, 扣除回收的废品残料价值以后的损失。　　　　　　　　　　　　　　　　　　(　　)

15. "废品损失"账户应按车间设立明细账, 账内按产品品种分设专户, 并按费用项目分设专栏或专行进行明细核算。　　　　　　　　　　　　　　　　　　(　　)

16. "废品损失"账户是为了归集和分配废品损失而设立的, 该账户期末应该有借方余额。　　　　　　　　　　　　　　　　　　　　　　　　　　　　　(　　)

17. 不可修复废品的生产成本, 可按废品所耗实际费用计算, 也可按废品所耗定额费用计算。　　　　　　　　　　　　　　　　　　　　　　　　　　　　　(　　)

18. 在按废品所耗定额费用计算不可修复废品的生产成本时, 废品的生产成本则按废品的数量和各项费用定额计算。　　　　　　　　　　　　　　　　　　(　　)

四、业务题

1. 某企业生产 A、B 两种产品，耗用原材料共计 10 000 元。本月投产 A 产品 100 件，B 产品 300 件。单件原材料费用定额：A 产品 60 元，B 产品 10 元。

要求：采用原材料定额费用比例分配 A、B 产品实际耗用原材料费用 (计算材料费用分配率、分配实际原材料费用)。

2. 某企业低值易耗品采用五五摊销法。本月企业行政管理部门领用管理用具一批，计划成本 10 000 元，本月低值易耗品成本差异率为超支 5%，本月报废另一批管理用具，计划成本 1 000 元，回收残料计价 100 元，已验收入库。

要求：编制领用、摊销、报废和调整成本差异等的会计分录。

3. 资料：某企业下设机修和供水两个辅助生产车间，三月份机修车间发生生产费用 20 000 元，提供劳务数量 1000 机修小时，其中：供水车间 300 小时；基本生产车间 600 小时；企业行政管理部门 100 小时。供水车间发生生产费用 4 000 元，提供劳务数量 2 000 吨水，其中：机修车间 800 吨 ；基本生产车间 1 000 吨；企业行政管理部门 200 吨。(辅助生产车间不设置制造费用账户)

要求：

(1) 采用交互分配法分配辅助生产费用，并编制相应的会计分录。

(2) 采用代数分配法分配辅助生产费用，并编制相应的会计分录。

(3) 机修车间计划单位成本 22 元/小时；供水车间计划单位成本 5 元/ 吨；采用计划成本分配法分配辅助生产费用，并编制相应的会计分录。

4. 某企业某车间全年制造费用计划为 55 000 元，全年各种产品的计划产量为：A 产品 2 600 件，B 产品 2250 件。单件产品的工时定额为：A 产品 5 小时，B 产品 4 小时。该车间 5 月份的实际产量为：A 产品 240 件，B 产品 150 件。该月实际制造费用为 4 900 元。

要求：采用年度计划分配率分配法分配制造费用，并编制相关的会计分录。

5. 某企业生产甲产品，本月投产 100 件，完工入库后发现 10 件为不可修复废品。该产品成本明细账所记合格产品和废品共同发生的费用为：原材料 30 000 元，工资及福利费 10 600 元，制造费用 15 900 元。原材料在生产开始时一次投入。合格品的生产工时为 1 000 小时，废品为 60 小时。废品回收的残料计价 150 元，应收过失人赔款 150 元。

要求：按废品所耗实际费用计算不可修复废品的报废成本及净损失，编制不可修复废品损失计算表及相关会计分录。

6. 本月 A 产品投产 600 件，原材料开始一次性投入，实际费用为：直接材料 60 000 元；直接人工 14 700 元，制造费用 14 210 元。A 产品合格品为 480 件，不可修复废品 20 件，其加工程度为 50%，废品残料作价 500 元入库。

要求：

(1) 计算与结转不可修复废品成本。

(2) 编制残料入库、结转废品净损失的会计分录。

7. 某企业某月份生产的 A 产品共 2 000 件，检验出有 10 件产品属于不可修复废品，并且收回残料作价 100 元入库。已知本月生产工时共 20 000 小时，其中不可修复废品 100 小时，A 产品生产费用合计为 139 920 元，其中原材料费用 90 000 元，工资及福利费 9 120 元，制造费用 40 800 元。原材料在生产开始时一次投料。根据所给的资料，按照合格品与废品数量分配原材料费用、按照生产工时分配加工费用。

要求：

(1) 编制不可修复废品费用分配表(见表2-24)。

(2) 编制废品损失的会计分录。

表2-24 不可修复废品费用分配表

项 目	原材料	工资及福利费	制造费用	成本合计
生产费用合计				
分配率				
不可修复废品				
减：废品残料				
废品损失				

2.1 原材料费用的分配核算.mp4

2.2 燃料费用的分配核算.mp4

2.3 低值易耗品费用的分配核算.mp4

2.4 外购动力费用的归集与分配.mp4

2.5 职工薪酬费用的归集与分配.mp4

2.6 折旧费用的归集和分配.mp4

2.7.1 辅助生产费用的归集与分配.mp4

2.7.2 直接分配法.mp4

2.7.3 交互分配法.mp4

2.7.4 计划成本分配法.mp4

2.7.5 顺序分配法.mp4

2.7.6 代数分配法.mp4

2.8.1 制造费用的归集与分配方法.mp4

2.8.2 生产工时比例法.mp4

2.8.3 生产工人工资比例法和机器工时比例法.mp4

2.8.4 年度计划分配率法.mp4

2.9 废品损失的核算.mp4

2.10 停工损失的核算.mp4

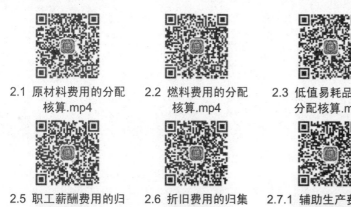

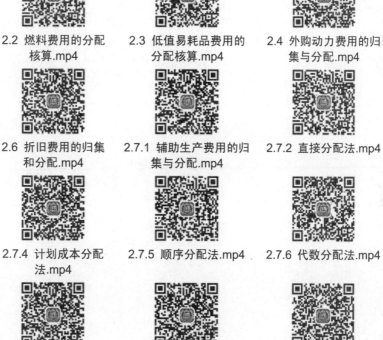

项目三 在产品和完工产品的成本核算

【岗位目标】

◆ 对在产品盘点清查结果进行账务处理。

◆ 运用"在产品按所耗原材料费用计价法"计算完工产品成本。

◆ 采用"约当产量比例法"计算完工产品成本。

◆ 运用"在产品按定额成本计价法"计算完工产品成本。

◆ 采用"定额成本法"计算完工产品成本。

【学习目标】

◆ 正确区分广义在产品与狭义在产品。

◆ 理解各种分配方法的特点、适用范围及优缺点。

◆ 熟悉在产品和完工产品的成本核算方法。

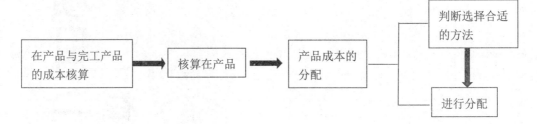

◉ 项目导读

成本费用由谁负担？

上市公司的一些成本费用，比如差旅费、考察费，以及一些应交的钱款，这些都是由持有该公司股票的股东们承担吗？还是公司自己承担？上市公司的股票价格是否包括公司的成本？

◉ 理论认知

任务一　在产品的核算

一、在产品数量的核算

在产品是指没有完成全部生产过程，不能作为商品销售的产品，在企业的生产过程中正处于加工或等待加工的产品。也就是说，在产品是企业正在制造尚未完工的生产物，包括正在各个生产工序加工的产品和已经加工完毕但尚未检验，或已检验但尚未办理入库手续的产品。

广义的在产品是指从原材料、外购物投入生产到制成成品出产前，存在于生产过程的各个阶段、各个环节上需要继续加工的产品，包括存在于车间之间的半成品和存在于车间内部的在制品。狭义的在产品是指车间内部处于加工、检验、运输等过程中的产品。

【练习3-1】下列各项中，不应列为在产品的是(　　)。

　　A. 等待返修的废品　　　　　　　　　B. 正在车间加工中的产品

　　C. 已入库对外销售的自制半成品　　　D. 未经验收入库的产品

企业在生产过程中发生的生产费用，经过在各种产品之间进行分配和归集，应计入本月各种产品成本的生产费用，都已集中反映在"基本生产成本"账户和所属各种产品成本明细账中。月末，企业生产的产品有三种情况：一是产品已全部完工，产品成本明细账中归集的生产费用(如果有月初在产品，还包括月初在产品费用)之和，就是该完工产品的成本；二是如果当月全部产品都没有完工，产品成本明细账中归集的生产费用之和，就是该在产品的成本；三是如果既有完工产品又有在产品，产品成本明细账中归集的生产费用之和，应在完工产品和月末在产品之间采用适当的分配方法，进行生产费用的归集和分配，以计算完工产品和月末在产品的成本。

月初在产品费用、本月生产费用与本月完工产品费用、月末在产品费用之间的关系，可以用下列公式表达：

月初在产品费用+本月生产费用=本月完工产品费用+月末在产品费用

公式的前两项是已知数，后两项是未知数，前两项的费用之和，在完工产品和月末在产品之间采用一定的方法进行分配。分配的方法有两种：一是先计算确定月末在产品成本，然后倒算出完工产品成本；二是将公式前两项之和按照一定比例在完工产品和月末在产品之间进行分配，同时求得完工产品成本和月末在产品成本。

无论采用哪一种方法，各月末在产品的数量和费用的大小以及数量或费用变化的大小，对于完工产品成本计算都有很大影响。欲计算完工产品的成本，需取得在产品增减动态和实际结存的数量资料，因而需正确组织在产品收发结存的数量核算。

二、在产品清查的核算

为了核实在产品的数量，保护在产品的安全完整，企业必须认真做好在产品的清查工作。清查可以定期进行，也可以不定期进行。清查时，应根据盘点结果和账面资料编制在产品盘存表，填制在产品的账面数、实存数和盘盈盘亏数，以及盈亏的原因和处理意见等；对于报废和毁损的在产品，还应登记其残值。成本核算人员应对在产品的清查结果进行审核，并进行如下账务处理。

清查中发现在产品盘盈时：

借：基本生产成本
　　贷：待处理财产损溢——待处理流动资产损溢

经过批准进行处理时：

借：待处理财产损溢——待处理流动资产损溢
　　贷：制造费用

清查中发现在产品盘亏和毁损时：

借：待处理财产损溢——待处理流动资产损溢
　　贷：基本生产成本

待查明原因后，经批准转销盘亏金额。其基本会计分录如下。

借：原材料(或银行存款)——毁损在产品的残值
　　其他应收——过失人或保险公司赔款
　　营业外支出——自然灾害造成的净损失
　　制造费用——正常生产净损耗
　　管理费用——经营性净损失
　　贷：待处理财产损溢

任务二　产品成本在完工产品和在产品之间的分配

通过上述核算方法，企业已将某产品所发生的费用归集在该核算对象的产品成本计算单中，根据产品成本金额四要素的关系，即：

月初在产品成本+本月生产成本=月末在产品成本+完工产品成本

在上述四要素中，等式左边是已知的，如何来确定等式右边的金额，这是本节核算的关键问题。通常有两种方法，一是先确定在产品成本，然后倒计出完工产品成本；二是将生产费用之和采用适当的比例分配法在完工产品和在产品之间分配。企业在选择生产费用在完工产品与在产品之间分配的方法时，应该考虑以下因素。

(1) 月末结存在产品数量的多少。

(2) 月末在产品数量变化的大小。

(3) 月末在产品价值的大小。

(4) 在产品成本中各项费用比重的大小。

(5) 定额管理基础工作的情况和水平。

其具体方法如下。

(一)不计算期末在产品成本法

不计算在产品成本法即假设在产品的成本为零，因而，全部生产费用由完工产品承担，即完工产品成本为月初在产品成本+本月生产费用发生额=完工产品成本。

特点：不计算月末在产品成本，又称在产品不计价法，其分配关系表现为：本月生产费用=本月完工产品成本。

优点：简化成本计算工作。

适用范围：各月末在产品数量很少，价值很低，且各月在产品数量比较稳定的产品。

(二)在产品成本按年初数固定计算

在产品成本按年初固定数计算法：假设月末在产品成本在一个会计年度内的各月是相等的，因而，每月末可以用一个固定的数额作为在产品的成本，完工产品成本按月初在产品成本+本月生产费用发生额-月末在产品成本固定数公式进行计算。

这种方法适用于各月月末在产品结存数量较少，或者虽然在产品结存数量较多，但各月月末在产品数量稳定、起伏不大的产品。采用在产品按年初数固定计算的方法，对于每年年末在产品，则需要根据实际盘存资料，采用其他方法计算在产品成本，以免在产品以固定不变的成本计价延续时间太长，使在产品成本与实际出入过大而影响产品成本计算的正确性和导致企业存货资产反映失实。

特点：月末在产品成本按年初固定的在产品成本计价，其分配关系表现为

本月生产费用=本月完工产品成本

优点：简化成本计算工作。

适用范围：各月末在产品数量较少，或虽然在产品数量较多，但各月之间在产品数量变化不大的产品。

(三)在产品成本按所耗原材料计算

在产品按原材料费用计价法：假设在产品的成本结构中，加工费用的结构占比比较低，因而，在计算在产品成本时，可以将加工费全部分配给完工产品，而在产品仅承担原材料费用。将原材料费用在完工产品和在产品之间进行分配时，采用的分配标准有完工产品和

在产品的产量、体积等。

这种方法适用于各月在产品数量多、数量变化较大，且原材料费用在产品成本中所占比重较大的产品。

特点：月末在产品成本只计算其所耗用的原材料费用，其余成本费用均由完工产品成本负担，其分配关系表现为

月初在产品直接材料费用+本月直接材料费用=本月完工产品直接材料费用+月末在产品直接材料费用

本月直接人工等其他生产费用=本月完工产品直接人工等其他生产费用

优点：突出了重点成本项目的分配计算工作，同时简化了非重点成本项目的计算工作。

其计算公式如下(假定原材料一开始全部投入)：

单位产品原材料成本=原材料费用总额÷(完工产品数量+月末在产品数量)

月末在产品成本=月末在产品数量×单位产品原材料成本

【例3-1】某企业生产丙产品，原材料在生产开始时一次投入，原材料费用在产品成本中占有较大比重，月末在产品成本按所耗原材料费用计价法。本月初在产品费用为3 000元，本月发生生产费用：直接材料费用13 500元，直接人工费3 100元，制造费用900元。本月完工成品300件，月末在产品100件。

要求：计算丙完工产品的总成本和单位产品成本以及月末在产品成本。

【解析】丙完工产品的总成本、单位产品成本和月末在产品成本计算如下。

材料费用分配率$=\dfrac{3\,000+13\,500}{300+100}=41.25$

丙完工产品直接材料=300×41.25=12 375(元)

月末在产品成本=100×41.25=4 125(元)

丙完工产品成本=12 375+3 100+900=16 375(元)

丙完工产品单位成本$=\dfrac{16\,375}{300}=54.58$(元)

根据费用分配结果编制产品成本计算单，如表3-1所示。

表3-1　产品成本计算单(在产品成本按所耗原材料费用计价法)

产品名称：丙产品　　　　　　　　　20××年9月　　　　　　　　　单位：元

摘　要	直接材料费	直接人工费	制造费用	合　计
月初在产品费用	3 000			3 000
本月生产费用	13 500	3 100	900	17 500
生产费用累计	16 500	3 100	900	20 500
本月完工产品成本	12 375	3 100	900	16 375
月末在产品成本	4 125			4 125

(四)约当产量比例法

约当产量比例法是指生产费用按照完工产品数量与月末产品约当产量的比例分配计算完工产品成本与月末在产品成本的一种方法。所谓约当产量，是指将月末在产品数量按其

投料程度和加工程度折算为相当于完工产品的数量，本月完工产品产量与月末在产品约当产量之和，称为约当总产量。

约当产量法：首先将在产品的产量按其完工程度折合为相当于完工产品的产量，然后按照在产品的约当产量和完工产品产量的比例关系对生产费用进行分配。由于生产产品时，企业采用的投料方式不同，因而，原材料费用和加工费用在折合约当产量时运用的完工程度系数不同。

特点：按照完工产品数量与月末在产品的约当产量的比例分配计算完工产品成本和月末在产品成本，其分配关系表现为

月初在产品成本+本月生产费用=本月完工产品成本+月末在产品成本

难点：月末在产品完工程度、投料程度的计算。

约当产量比例法适用范围较广，特别适用于月末在产品数量较大，各月末在产品数量变化也较大，产品成本中原材料费用和工资及福利费等加工费用所占的比重相差不多的产品。

约当产量比例法计算公式如下：

月末在产品约当产量=月末在产品数量×在产品完工程度(或投料程度)

费用分配率=(月初在产品成本+本月生产费用)÷(完工产品产量+月末在产品约当产量)

完工产品总成本=完工产品产量×费用分配率

月末在产品成本=月末在产品约当产量×费用分配率

约当产量法下，应分产品成本项目计算月末在产品的约当产量，根据不同的约当产量分配不同成本项目的费用，对于约当产量，直接材料费用按照投料程度计算约当产量，其他费用按照完工程度计算约当产量。

1. 直接材料费用的在产品约当产量计算

企业生产产品所耗用的原材料有可能是在生产开始时一次性投入的，有可能是在每道工序开始时一次性投入的，也有可能随着每道工序陆续投入，计算投料程度的方式不同。

1) 在生产开始时一次性投入

这时月末在产品都视同投料程度为100%的产品，在产品的约当产量就是在产品数量约当产量，即是完工产品数量与月末在产品数量之和。

月末在产品约当产量=在产品数量×在产品完工程度(或投料程度)

费用分配率=(月初在产品成本+本月生产费用)÷(本月完工产品数量+月末在产品约当产量)

完工产品应分配该项费用=本月完工产品数量×费用分配率

月末在产品应分配该项费用=月末在产品约当产量×费用分配率

【例3-2】某企业生产甲产品，本月份完工450件，月末在产品150件，原材料在生产开始时一次性投入。归集的费用为月初和本月发生的原材料费用48 000元，工资及其他费用31 680元，在产品完工程度测定为30%，完工产品和月末在产品原材料费用的计算如下。

分配原材料费用时：

在产品约当产量=150×100%=150(件)

原材料费用分配率=48 000÷(450+150)=80

完工产品应分配的原材料费用=450×80=36 000(元)

月末在产品应分配的原材料费用=150×80=12 000(元)

2) 原材料在生产过程中随加工进度陆续投入

如果原材料在生产过程中随加工进度陆续投入，当直接材料在生产过程中陆续投入且投入程度与加工程度一致时，可采用完工程度计算约当产量。如果直接材料在生产过程中陆续投入且原材料投入程度与加工进度不一致时，原材料的投料程度应按每道工序的原材料消耗定额计算。其计算公式为

某工序在产品投料程度=(前面各工序投料定额之和+本工序投料定额×50%)÷完工产品投料定额

公式中，本工序投料定额之所以乘以50%，是因为该工序内各件在产品的耗料程度不同，为简化该工序内每件在产品耗料程度的测算工作，在本工序内均按50%的耗料程度。在产品已经通过前面各工序的加工，所以前面各工序的耗料程度均按100%计算。

【例3-3】某企业加工甲产品，本月完工1 000件，原材料在生产过程中分工序陆续投入。各工序原材料消耗定额为第一道工序50千克，第二道工序30千克。各工序月末在产品数量为第一工序200件，第二工序100件。月初和本月发生的原材料费用为45 750元，分配材料费用如下。

计算在产品投料率：

第一道工序投料程度=50×50%÷(50+30)×100%=31.25%

第二道工序投料程度=(50+30×50%)÷(50+30)=81.25%

计算在产品约当产量：

第一道工序在产品约当产量=200×31.25%=62.5(件)

第二道工序在产品约当产量=100×81.25%=81.25(件)

月末在产品约当产量=62.5+81.25=143.75(件)

分配材料费用：

原材料费用分配率=45 750÷(1 000+143.75)=40

月末在产品应分配的原材料费用=143.75×40=5 750(元)

完工产品应分配的原材料费用=1 000×40=40 000(元)

3) 原材料在生产过程中的每道工序开始时一次性投入方式

生产过程中，原材料不是在生产开始时一次性投入，而是分工序投入，即在每道工序开始时一次性投入本工序所耗原材料。则月末在产品投料程度可按下列公式计算：

某工序在产品投料程度=截止到本工序为止的累计投料定额÷完工产品投料定额×100%

【例3-4】某企业加工甲产品，本月完工1000件，由两道工序加工制成，原材料在每道工序开始时一次性投入。各工序原材料消耗定额为第一道工序50千克，第二道工序30千克。各工序月末在产品数量为第一工序200件，第二工序100件。月初和本月发生的原材料费用为45 750元，分配材料费用如下。

计算在产品投料率：

第一道工序投料程度=50÷(50+30)×100%=62.5%

第二道工序投料程度=(50+30)÷(50+30)×100%=100%

计算在产品约当产量：

第一道工序在产品约当产量=200×62.5%=125(件)

第二道工序在产品约当产量=100×100%=100(件)

月末在产品约当产量=125+100=225(件)

4) 分配材料费用

原材料费用分配率=45 750÷(1 000+225)=37.35(元/件)

完工产品应分配的原材料费用=1 000×37.35=37 350(元)

月末在产品应分配的原材料费用=45 750-37 350=8 400(元)

2. 直接材料费用以外费用的在产品约当产量计算

对于除了直接材料费用以外的其他费用按照完工程度计算约当产量。要正确计算月末在产品的约当产量，而在产品约当产量正确与否，主要取决于在产品完工程度的测定，测定在产品完工程度的方法一般有两种：一种是平均计算完工率，即一律按50%作为各工序在产品的完工程度；另一种是各工序分别测算完工率。可以按照各工序的累计工时定额占完工产品工时定额的比率计算，事前确定各工序在产品的完工率。其计算公式如下：

某工序在产品完工程度=(前面各工序工时定额之和+本工序工时定额×50%)

÷产品工时定额

式中，本工序工时定额之所以乘以50%，是因为该工序中各件在产品的完工程度不同，为简化完工率的测算工作，在本工序一律按平均完工率50%计算。在产品在上一道工序转入下一道工序时，因为上一道工序已完工，所以前面各工序的工时定额应按100%计算。

【例3-5】某企业丁产品经过三道工序制成，第一工序工时定额为30小时，第二工序工时定额为10小时，第三工序工时定额为10小时，每道工序按本工序工时定额的50%计算。本月丁产品各工序在产品数是：第一工序为500件，第二工序为200件，第三工序为100件。

要求：分工序计算在产品的完工率；分工序计算在产品约当产量。

【解析】分工序计算在产品的完工率如下：

第一工序完工程度=30×50%/50×100%=30%

第二工序完工程度=30+10×50%/50×100%=70%

第三工序完工程度=30+10+10×50%/50×100%=90%

分工序计算在产品约当产量如下：

第一工序在产品约当产量=500×30%=150(件)

第二工序在产品约当产量=200×70%=140(件)

第三工序在产品约当产量=100×90%=90(件)

(五)定额比例法

定额比例法是产品的生产费用按照完工产品和月末在产品的定额消耗量或定额费用的比例，分配计算完工产品成本和月末在产品成本的方法。其中，原材料费用按照原材料定额消耗量或原材料定额费用比例分配；工资和福利费、制造费用等各项加工费，可以按定额工时的比例分配，也可以按定额费用比例分配。

定额比例法首先用本月投入产品的实际费用或实际消耗量与完工产品和在产品的定额费用或定额消耗量计算分配率，然后用分配率将完工产品和在产品的定额费用或定额消耗量调整成实际成本或实际消耗量。这种方法的关键是计算完工产品和在产品的分配率。其中：原材料费用按原材料费用定额消耗量或原材料定额费用比例分配；工资和福利费、制造费用等各项加工费用，按定额工时或定额费用比例分配。

优点：有利于分析和考核各项消耗定额的执行情况。

适用企业：定额管理工作较好，各项消耗定额或费用定额比较准确、稳定，且各月末在产品数量变化较大的企业。

特点：将当期各项生产费用总额按照定额消耗量或定额费用的比例进行分配，其分配关系表现为：

月初在产品成本+本月生产费用=本月完工产品成本+月末在产品成本

采用定额比例法时，如果原材料费用按定额原材料费用比例分配，各项加工费用均按定额工时比例分配，其分配计算公式如下：

费用分配率=(月初在产品费用+本月生产费用)÷(完工产品定额原材料费用或定额工时
+月末在产品定额原材料费用或定额工时)

或

费用分配率=(月初在产品费用+本月生产费用)÷(月初在产品定额原材料费用或
定额工时+本月投入原材料定额费用或定额工时)

注意：以定额原材料费用为分母算出的费用分配率，是原材料的费用分配率；以定额工时为分母算出的费用分配率，是工资及福利费等各项加工费用的分配率。

完工产品实际原材料费用=完工产品定额原材料费用×原材料费用分配率
月末在产品实际原材料费用=月末在产品定额原材料费用×原材料费用分配率
=月初在产品实际原材料费用+本月实际原材料费用-
完工产品实际原材料费用
完工产品某项加工费用=完工产品定额工时×该项费用分配率
月末在产品某项加工费用=月末在产品定额工时×该项费用分配率

【例3-6】某企业2019年9月生产乙产品采用定额比例法分配费用，原材料按定额费用比例分配，其他费用按定额工时比例分配。月末完工乙产品32 000件，单位产品直接材料成本定额为2元，单位产品工时定额为1.25小时，月末实际结存在产品8 000件，单位产品直接材料成本定额为2元，单位产品工时定额为1小时，乙产品9月初在产品成本和本月发生的实际生产费用如表3-2所示。

表3-2　月初在产品成本和本月发生的实际生产费用

产品名称：乙产品　　　　　　　　　　　2019年9月　　　　　　　　　　　单位：元

摘　要	直接材料	直接工人	制造费用	合　计
月初在产品成本	11 200	4 800	1 600	17 600
本月生产费用	65 600	24 000	8 000	97 600

要求：按定额比例分配完工产品成本和月末在产品成本。

【解析】分配率的计算如下：

原材料费用分配率=(11 200+65 600)÷(64 000+16 000)=0.96

直接人工费用分配率=(4 800+24 000)÷(40 000+8 000)=0.6

制造费用分配率=(1 600+8 000)÷(40 000+8 000)=0.2

按定额比例法分配完工产品成本和月末在产品成本可直接在产品成本计算单中进行，如表3-3所示。

表 3-3　产品成本计算单(定额比例法)

产品名称：乙产品　　　　　　　　　　　　2019 年 9 月　　　　　　　　　　　　单位：元

摘　要		直接材料	直接人工	制造费用	合　计
月初在产品成本		11 200	4 800	1 600	17 600
本月生产费用		65 600	24 000	8 000	97 600
生产费用累计		76 800	28 800	9 600	115 200
分配率		0.96	0.6	0.2	
完工产品成本	定额成本(分配标准)	64 000	40 000	40 000	
	实际成本	61 440	24 000	8 000	93 440
月末在产品	定额成本(分配标准)	16 000	8 000	8 000	
	实际成本	15 360	4 800	1 600	21 760
完工产品单位成本		1.92	0.75	0.25	2.92

(六)在产品按定额成本计价法

在产品按定额成本计价法是将月末在产品的各项费用按各该费用定额计算，亦即月末在产品成本按其数量和单位定额成本计算，实际的生产费用与定额费用的差异均计入当月完工产品成本。

采用在产品按定额成本计价法，月末在产品成本按定额成本计算，该种产品的全部成本(如果有月初在产品，包括月初在产品成本在内)减去按定额成本计算的月末在产品成本，余额作为完工产品成本；每月生产成本脱离定额的节约差异或超支差异全部计入当月完工产品成本。这种方法是事先经过调查研究，技术测定或按定额资料，对各个加工阶段上的在产品，直接确定一个单位定额成本。

特点：月末在产品按照定额成本计价，当期实际生产费用与定额成本的差异全部计入当月完工产品成本，其分配关系表现为

本月完工产品成本=月初在产品成本+本月生产费用-月末在产品成本

计算重点：要先计算出月末在产品的单位定额成本。

在产品直接材料定额成本=在产品实际数量×单位在产品消耗定额×材料计划单价

在产品直接人工定额成本=在产品实际数量×单位在产品定额工时×计划小时工资率

在产品制造费用定额成本=在产品实际数量×单位在产品工时定额×计划小时制造费用率

月末在产品定额成本=在产品材料定额成本+在产品直接人工定额成本+在产品制造费用定额成本

本月完工产品实际成本=月初在产品成本+本月生产费用-月末在产品定额成本

也就是说，每月生产费用脱离定额的差异，全部计入当月完工产品成本。

在各项消耗定额或费用定额比较准确、稳定的条件下，月初和月末单位在产品费用脱离定额的差异较小，如果各月末在产品数量变化不大，则月初和月末在产品费用脱离定额总额的差异就不会太大，因此，在产品按定额成本计算法适用于定额管理工作较好，各项消耗定额或费用定额比较准确、稳定，又不需要经常修订定额，并且各月末在产品数量较多但数量变化不大的企业。

【例3-7】华风工厂2019年6月基本生产车间生产甲产品，月初在产品定额成本为：直接材料费用29 700元，燃料及动力为11 648元，直接人工费20 063元，制造费用6 159元，共计67 570元；本月生产费用合计为129 512元，其中直接材料费用为53 780元，燃料和动力为31 056元，直接人工费为32 376元，制造费用为12 300元，该月甲产品完工255件，月末在产品盘存66件，甲产品所耗直接材料是在生产开始时一次投入的，月末在产品完成定额工时4 100小时；甲产品定额资料为：单位产品直接材料费用定额为385元，燃料及动力每小时费用定额为2.8元，直接工人费用定额每小时为5元，制造费用每小时费用定额为1.5元。

要求：采用在产品按定额成本计价法，计算月末完工产品与在产品的成本。

【解析】根据上述资料，其计算如下：

直接材料定额成本=66×385=25 410(元)

燃料和动力定额成本=4100×2.8=11 480(元)

直接人工定额成本=4 100×5=20 500(元)

制造费用定额成本=4 100×1.5=6 150(元)

月末在产品定额成本=25 410+11 480+20 500+6 150=63 540(元)

本月完工产品实际成本=67 570 +129 512-63 540=133 542(元)

【例3-8】某企业生产的丁产品月初在产品定额成本和本月发生的生产费用，如表3-4所示。

表3-4　产品成本资料

产品名称：丁产品　　　　　　　　　　2019年9月　　　　　　　　　　单位：元

摘　要	直接材料	直接人工	制造费用	合　计
月初在产品定额成本	105 296	25 684	13 250	144 230
本月生产费用	826 994	294 612	167 350	1 288 956

丁产品本月完工450件，月末在产品390件，其中第一工序160件，第二工序120件，第三工序110件。原材料分工序投放，在每道工序开始时一次投入，单位在产品直接材料费用定额为第一工序420元，第二工序350元，第三工序670元。丁产品单位工时定额为70小时，其中，第一工序20小时，第二工序32小时，第三工序18小时，月末在产品在各工序的完工程度均为50%。丁产品定额工时人工费用分配率为2元，定额工时制造费用分配率为1.5元。

要求：按定额成本计算月末在产品成本。

【解析】在产品定额工时计算如下：

第一工序累计消耗定额工时=20×50%×160=1 600(小时)

第二工序累计消耗定额工时=(20+32×50%)×120=4 320(小时)

第三工序累计消耗定额工时=(20+32+18×50%)×110=6 710(小时)

定额工时总和=1 600+4 320+6 710=12 630(小时)

在产品定额成本计算如下：

直接材料=160×420+120×(420+350)+110×(420+350+670)=318 000(元)

直接人工=12 630×2=25 260(元)

制造费用=12 630×1.5=18 945(元)

定额成本合计=318 000+25 260+18 945=362 205(元)

完工产品实际成本计算如下：

本月完工产品直接材料费用=(105 296+826 994)-318 000=614 290(元)

本月完工产品直接人工费用=(25 684+294 612)-25 260=295 036(元)

本月完工产品制造费用=(13 250+167 350)-18 945=161 655(元)

完工产品实际成本合计=614 290+295 036+161 655=1 070 981(元)

完工产品单位成本=107 0981÷450=2 379.96(元)

(七)在产品成本按完工产品成本计算法

在产品成本按完工产品成本计算法亦称在产品视同完工产品分配费用的方法，是将在产品视同已经完工的产品，按照月末在产品数量与本月完工产品数量的比例来分配生产费用，以确定月末在产品成本和本月完工产品成本的方法。

在产品成本按完工产品成本计算法是当在产品的完工程度接近完工产品时或在产品已经完工但未办理入库手续时，可以将在产品作为完工产品，将生产费用按在产品和完工产品的数量比例进行分配。

特点：月末在产品单位成本与完工产品单位成本相等。

其分配关系表现为

月初在产品成本+本月生产费用=本月完工产品成本+月末在产品成本

优点：简化成本计算工作。

适用企业：这种方法适用于月末在产品已经接近完工，只是尚未包装或尚未验收入库的产品。因为这种情况下的在产品成本已经接近完工产品成本，为了简化产品成本计算工作，在产品可以视同完工产品，按两者的数量比例分配直接材料费用和直接人工费用、制造费用等各项加工费用。

【例3-9】某企业乙产品月初在产品费用为：原材料费用35 145元，直接人工费用14 415元，制造费用19 335元，合计68 895元；本月生产费用为：原材料费用55 380元，直接人工费用32 760元，制造费用35 490元，合计123 630元；本月完工产品930件，月末在产品345件。月末在产品都已完工，尚未验收入库，可以视同完工产品分配各项费用。

要求：采用在产品按完工产品计算法，计算完工产品与月末产品的成本。

【解析】其分配计算结果如表3-5所示。

表 3-5　产品成本计算单(在产品按完工产品计算法)

产品名称：乙产品　　　　　　　　　　　2019 年 9 月　　　　　　　　　　　单位：元

摘　　要		直接材料	直接人工	制造费用	合　　计
月初在产品成本		35 145	14 415	19 335	68 895
本月生产费用		55 380	32 760	35 490	123 630
生产费用累计		90 525	47 175	54 825	192 525
费用分配率		71	37	43	
完工产品成本	930	930	930		
	66 030	34 410	39 990	140 430	93 440
月末在产品成本	345	345	345		
	24 495	12 765	14 835	52 095	21 760

【练习 3-2】如果某产品月末在产品数量较小，或者在产品数量较大，但各月末在产品数量变化不大，其生产费用在完工产品和月末在产品之间进行分配所应采用的方法是(　　)。

　　A. 在产品按所耗原材料费用计价法　　　B. 在产品不计算成本法

　　C. 在产品按完工产品计算法　　　　　　D. 在产品按固定成本计价法

【练习 3-3】定额比例法适用于定额管理基础较好，各项消耗定额或费用定额比较准确、稳定，并且各月末(　　)的产品。

　　A. 在产品数量较小　　　　　　　　　　B. 在产品数量变化较大

　　C. 在产品数量变化不大　　　　　　　　D. 在产品数量较小或较大

【练习 3-4】采用约当产量比例法分配生产费用时，影响费用分配正确性的关键因素是(　　)。

　　A. 各月末在产品数量变化较大　　　　　B. 在产品完工程度的测定

　　C. 各月末在产品数量较大　　　　　　　D. 产品加工工序较多

【练习 3-5】在某产品各月末在产品数量较大，但各月间变化很小的情况下，为了简化成本计算工作，其生产费用在该种产品的完工产品与在产品之间进行分配时，适宜采用的方法是(　　)。

　　A. 不计算在产品成本法　　　　　　　　B. 在产品按固定成本计价法

　　C. 在产品按完工产品计算法　　　　　　D. 在产品按定额成本计价法

　　根据"产品成本计算单"结转本期的完工产品成本。从整个企业来看，完工产品包括产成品、自制材料、半成品等。完工产品验收入库后，应将其生产成本从"基本生产成本"账户中转出，按照产品类别分别计入"库存商品""自制半成品""原材料""周转材料"等账户。

　　作会计分录如下。

　　借：库存商品(自制材料、周转材料、原材料)——甲产品　　　　　×××

　　　　　　　　　　　　　　　　　　　　——乙产品　　　　　×××

　　　　贷：基本生产成本——甲产品　　　　　　　　　　　　　　　×××

　　　　　　　　　　　——乙产品　　　　　　　　　　　　　　　×××

岗 位 训 练

1. 某车间生产 B 产品，本月完工产品 300 件，月初在产品 100 件，原材料是生产开始时一次性投入，月末在产品完工程度均为 50%，完工产品单位定额耗用量为 15 千克，定额工时为 10 小时，本月共发生材料费用 10 500 元，人工费用 5 250 元，制造费用 5 600 元。

要求：采用定额比例法分配计算完工产品成本和在产品成本。

2. 某企业某月份生产丙产品，本产品产量为 450 件，月末在产品盘存数量为 100 件，原材料在生产开始时一次投入，在产品完工程度为 50%，期初在产品成本和本期发生的费用如表 3-6 所示。

表 3-6　期初在产品成本和本期发生费用

项　　目	期初在产品成本	本期发生费用
直接材料	1 550	10 000
直接人工	1 000	3 500
制造费用	1 100	4 000
合　　计	3 650	17 500

要求：根据上述资料，采用约当产量法计算完工产品成本和期末在产品成本。

3. 某基本生产车间生产甲产品，采用约当产量比例法分配费用。甲产品单件工时定额 40 小时，经三道工序制造。各工序工时定额：第一工序 8 小时，第二工序 16 小时，第三工序 16 小时。各工序内均按 50% 的完工程度计算。本月完工 200 件，在产品 120 件，其中：第一工序 20 件，第二工序 40 件，第三工序 60 件。月初加本月发生费用合计分别为：原材料 8 000 元，工资及福利费 3 990 元，制造费用 4 256 元，原材料生产开始时一次投料。

要求：

(1) 计算各工序在产品完工率。

(2) 计算月末在产品的约当产量。

(3) 用约当产量比例分配计算完工产品和月末在产品成本。

拓 展 训 练

一、判断题

1. 在清查中发现在产品盘亏和毁损时，应借记"基本生产成本"科目，贷记"待处理财产损溢——待处理流动资产损溢"科目。　　　　　　　　　　　　　　　（　　）

2. 经过批准，对在产品盘盈进行处理时，应借记"待处理财产损溢——待处理流动资产损溢"科目，贷记"制造费用"科目。　　　　　　　　　　　　　　　（　　）

3. 在处理在产品盘亏和毁损时，一律应借记"营业外支出"科目，贷记"待处理财产损溢——待处理流动资产损溢"科目。　　　　　　　　　　　　　　　（　　）

4. 各月末的在产品数量变化不大的产品，可以不计算月末在产品成本。　（　　）

5. 采用按年初数固定计算在产品成本法时，某种产品本月发生的生产费用就是本月完工产品的成本。　　　　　　　　　　　　　　　　　　　　　　　　　（　　）

6. 约当产量比例法适用于月末在产品数量较小、各月在产品数量变化也较小、产品成本中原材料费用和工资等其他费用比重相差不多的产品。　　　　　　　　（　　）

7. 约当产量比例法适用于工资、制造费用等的分配，不适用于原材料费用的分配。
　　　　　　　　　　　　　　　　　　　　　　　　　　　　　　　　　　（　　）

8. 某工序在产品完工率=本工序工时定额+前面各工序工时定额之和×50%÷产品工时定额。　　　　　　　　　　　　　　　　　　　　　　　　　　　　　　（　　）

9. 根据月初在产品费用、本月生产费用和月末在产品费用的资料，完工产品费用=月初在产品费用+本月生产费用-月末在产品费用。　　　　　　　　　　　　　（　　）

10. 采用约当产量比例法，测定在产品完工程度的方法一般有两种：一种是平均计算完工率；另一种是各工序分别测算完工率。　　　　　　　　　　　　　　　（　　）

二、业务题

1. 某企业有关成本计算的资料如表 3-7 所示。

表 3-7　成本计算资料

项　目	第一道工序	第二道工序	第三道工序	第四道工序
单位产品每道工序定额工时	20	10	12	8
单位产品每道工序原材料定额成本(元)	300	220	200	80
月末在产品数量(件)	120	240	300	200

要求：

(1) 计算产品每道工序的完工程度。

(2) 在原材料陆续投料的方式下，计算产品每道工序上的投料程度。

(3) 分别计算在产品的原材料和加工费的约当产量。

2. 某企业某月份生产乙产品，本月完工产品产量为 1 000 件，期末在产品数量为 100 件。期初在产品成本为 2 600 元，本期发生费用共计 45 000 元。原材料在生产开始时一次投入，在产品单件材料费用定额为 20 元，单件产品工时定额为 40 小时，每小时直接人工费用为 0.05 元，每小时制造费用为 0.02 元。

要求：在产品采用定额成本法，计算完工产品成本和期末在产品成本。

项 目 训 练

一、单项选择题

1. 下列各项中，不应列为在产品的是(　　)。

　　A. 等待返修的废品　　　　　　　　　B. 正在车间加工中的产品

　　C. 入库对外销售的自制半成品　　　　D. 未经验收入库的产品

2. 如果某产品月末在产品数量较小，或者在产品数量较大，但各月末在产品数量变化不大，其生产费用在完工产品和月末在产品之间进行分配所应采用的方法是(　　)。

　　A. 在产品按所耗原材料费用计价法　　B. 在产品不计算成本法

　　C. 在产品按完工产品计算法　　　　　D. 在产品按固定成本计价法

3. 某产品经两道工序加工，第一、二道工序原材料消耗定额分别为 20 千克、30 千克。原材料不是生产开始时一次投入，而是在生产开始后陆续投入，其投入程度与工时投入进度不一致。则第一、二道工序在产品的完工率应分别为(　　)。

　　A. 20%、70%　　　B. 40%、100%　　　C. 20%、100%　　　D. 40%、70%

4. 定额比例法适用于定额管理基础较好，各项消耗定额或费用定额比较准确、稳定，并且各月末(　　)的产品。

　　A. 在产品数量较小　　　　　　　　　B. 在产品数量变化较大

　　C. 在产品数量变化不大　　　　　　　D. 在产品数量较小或较大

5. 采用约当产量比例法分配生产费用时，影响费用分配正确性的关键因素是(　　)。

　　A. 各月末在产品数量变化较大　　　　B. 在产品完工程度的测定

　　C. 各月末在产品数量较大　　　　　　D. 产品加工工序较多

6. 采用在产品按定额成本计价法，其生产费用差异应计入(　　)。

　　A. 完工产品成本　　　　　　　　　　B. 月末在产品成本

　　C. 管理费用　　　　　　　　　　　　D. 制造费用

二、多项选择题

1. 企业盘亏和毁损的在产品，在经过审批处理时，可能借记的会计科目有(　　)。

　　A. 管理费用　　　　　　　　　　　　B. 其他业务支出

　　C. 营业外支出　　　　　　　　　　　D. 制造费用

　　E. 其他应收款

2. 在选择完工产品与在产品费用分配方法时，应考虑的条件有(　　)。

　　A. 定额管理基础好坏　　　　　　　　B. 各月末在产品数量多少

　　C. 各月末在产品数量变化大小　　　　D. 各项费用比重的大小

　　E. 在产品是否接近完工

3. 某产品经三道工序加工而成，各工序的工时定额分别为 8 小时、7 小时和 5 小时，各工序在产品在本道工序的加工程度按工时定额的 50%计算。则各工序的完工率应为(　　)。

A. 20%   B. 40%   C. 57.5%

D. 75%   E. 87.5%

4. 在产品按定额成本计价法应具备的条件包括(　　)。

    A. 各月末在产品数量变化不大　　　B. 各项费用定额比较准确

    C. 定额管理基础较好　　　　　　　D. 各项费用定额比较稳定

    E. 各月末在产品数量变化较大

5. 在下列方法中,属于将月初在产品费用与本月生产费用之和,按照一定比例进行分配,同时计算出完工产品费用和月末在产品费用的方法有(　　)。

    A. 在产品按固定成本计价法　　　　B. 约当产量比例法

    C. 在产品按定额成本计价法　　　　D. 定额比例法

    E. 在产品按完工产品计算法

三、判断题

1. 采用在产品按定额成本计价法的企业,为了使各项消耗定额或费用定额比较准确,应经常修订定额。　　　　　　　　　　　　　　　　　　　　　　　　　　(　　)

2. 采用在产品按固定成本计价法,其每月发生的生产费用之和就是该月该种完工产品成本。　　　　　　　　　　　　　　　　　　　　　　　　　　　　　　　(　　)

3. 采用定额比例法分配生产费用,不仅分配结果比较合理,而且还可以考核和分析定额的执行情况。　　　　　　　　　　　　　　　　　　　　　　　　　　　　(　　)

四、业务题

1. 某工业企业生产甲产品经两道工序加工,原材料在生产开始时一次投入。完工产品工时定额为 50 小时,其中第一道工序工时定额为 28 小时,第二道工序工时定额为 22 小时。月初在产品和本月发生的生产费用共为:原材料 8 500 元,燃料及动力 2 604 元,工资及福利费 3 255 元,制造费用 3 906 元。甲产品本月完工 80 件,月末在产品为:第一道工序 40 件,第二道工序 50 件。

要求:

(1) 计算各工序在产品的完工率和该产品月末在产品约当产量。

(2) 采用约当产量比例法,分配计算甲产品的完工产品成本和月末在产品成本。

2. 某工业企业生产 N 产品经三道工序加工制成,原材料在生产开始后陆续投入,其投入程度与生产工时投入进度不一致。该产品月初及本月发生的生产费用如表 3-8 所示。

表 3-8 　月初及本月发生的生产费用

单位:元

项　　目	原材料	燃料及动力	工资及福利费	制造费用	合　计
月初在产品成本	38 890	4 306	7 863	10 485	61 544
本月生产费用	90 746	6 458	11 793	15 723	124 720

各工序材料消耗定额和工时定额,以及在产品数量如表 3-9 所示。

表 3-9　材料消耗定额和工时定额及在产品数量

工　序	本工序原材料消耗定额	本工序工时定额	月末在产品数量
1	20 千克	10 工时	200 件
2	16 千克	6 工时	200 件
3	14 千克	4 工时	100 件
合　计	50 千克	20 工时	500 件

本月 N 产品完工 230 件。

要求:

(1) 分别计算各工序在产品完工率。

(2) 分别计算月末在产品的约当产量(包括分配原材料费用和各加工费用的约当产量)。

(3) 采用约当产量法,分配计算完工产品和月末在产品应负担的各项生产费用。

3. 某工业企业生产 A 产品,原材料在生产开始时一次投入。该产品各项消耗定额比较准确、稳定,各月末在产品的数量变化不大,月末在产品按定额成本计价。A 产品本月完工 500 件,原材料费用定额为 180 元,工时定额为 80 小时;月初在产品及本月实际生产费用共计为: 原材料 124 000 元,工资及福利费 68 000 元,制造费用 84 000 元;月初在产品及本月投入的原材料定额费用共为 120 000 元,定额工时共为 60 000 小时;月末在产品的小时费用定额为: 工资及福利费 1.5 元,制造费用 1.2 元。

要求:

(1) 计算月末在产品的定额原材料费用。

(2) 计算月末在产品的定额工时和定额工资及福利费、定额制造费用。

(3) 计算月末在产品定额成本。

(4) 计算完工产品成本。

3.1 在产品核算.mp4

3.2.1 按所耗原材料
费用计价法.mp4

3.2.2 约当产量法.mp4

3.2.3 按定额成本计价
法.mp4

3.2.4 定额比例
法.mp4

项目四　产品成本计算方法的运用

【岗位要求】

◆ 准确划分企业各种费用界限，并审核各项成本的支出。

◆ 能正确分配共耗费用。

◆ 能根据生产特点和管理要求，选用适当的成本计算方法。

◆ 会评估成本方案，及时改进成本核算方法。

【学习目标】

◆ 掌握按生产组织和工艺过程对工业企业的生产进行分类及其特点。

◆ 熟悉工业企业成本计算三种基本方法的计算对象和适用范围。

◆ 能够根据企业生产类型特点和管理要求选择合适的成本计算方法。

◆ 能够运用各种方法解决生产实际问题。

◆ 能熟练运用逐步结转分步法和平行结转分步法计算产品成本。

◆ 了解分类法的概念和特点，熟悉分类法的适用范围与计算程序，掌握分类法的成本计算。

◆ 了解定额法的概念和特点，熟悉定额法的适用范围，理解定额法的计算程序。

◆ 能进行会计处理，登记有关明细账。

● 任务导图

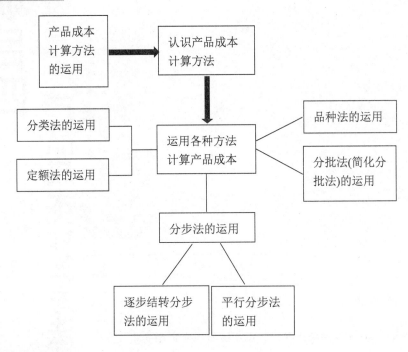

● 项目导读

成本是多少，怎么算？

我们办企业搞经营，目的就是追求经济效益，在现在商品经济社会，只有追求经济效益，企业才能生存发展，达到企业价值最大化的目标。要取得良好的经济效益，进行成本管理和控制是一项十分重要的措施。对一个企业来说，材料物资消耗和产量的多少、生产设备和资金利用是否合理、经营管理水平的好坏、劳动生产率的高低都会直接或间接地从成本指标中显示出来。如何来管理、分析和控制企业的成本呢？那么首要的问题，企业的成本是多少？怎么算？

● 理论认知

任务一 认识产品成本计算方法

子任务一 产品成本计算的影响因素分析

产品成本的计算，就是按照一定的方法系统地记录生产过程中所发生的费用，并按照一定的对象和标准进行归集与分配，确定各种产品的总成本和单位成本的过程。产品成本是在生产过程中形成的，不同企业、不同行业的生产特点各不相同。因此，生产的特点在很大程度上影响着产品成本的计算方法，只有根据不同生产类型的特点和管理要求，选择不同的成本计算方法，才能正确地计算产品成本。

一、产品成本计算方法

计算产品成本就是确定各种产品的总成本和单位成本，即按照一定的方法记录生产过程中所发生的费用，再按照一定的对象和标准进行归集与分配。产品成本计算方法，是指将一定会计期间发生的生产费用归集到产品成本计算对象上，据以确定各个产品总成本与单位成本的方法。确定产品成本计算对象是进行产品成本计算的前提，决定产品成本计算对象的因素主要是企业的生产类型和管理要求。

产品成本是在生产过程中形成的，不同企业、不同行业的生产特点各不相同；生产的特点在很大程度上影响着产品成本的计算方法，只有根据不同生产类型的特点和管理要求，选择不同的成本计算方法，才能正确地计算产品成本。

二、生产按工艺过程的特点分类

工艺过程是指产品从投料到完工的生产工艺、加工制造过程。其主要表现为从投料到完工是一步完成还是分步完成，生产过程是否可以间断，生产是否可以分散进行。

工业企业的生产，按照工艺过程划分，可以划分为单步骤生产和多步骤生产两种类型。

1. 单步骤生产

单步骤生产一般属于简单生产，其工艺过程不可能或者不需要划分为几个生产步骤，这种生产一般一步完成，技术上不可间断或生产地点不便分散进行，通常只能由一个企业整体进行，不可能或者不需要按照生产的步骤计算产品成本，而只要求按照产品的品种或批次计算成本，例如发电、采煤等工业生产。

2. 多步骤生产

多步骤生产其工艺过程由若干个可以间断的、分散在不同地点进行的生产步骤所组成，例如，机械制造和钢铁生产。多步骤生产按生产加工方式的不同，可以分为连续式多步骤生产和装配式多步骤生产。连续式多步骤生产是指从原材料投入生产到产品完工，要经过若干连续的生产步骤，前一步生产的半成品要转移到下一步继续加工，直到最后一步形成产成品。例如，纺织企业从籽棉到棉纱再到棉布的生产，钢铁企业从铁矿石到钢锭再到钢铁产品的生产。而装配式多步骤生产往往是将原材料进行平行加工，制成各种零部件，再装配成产成品的生产。各个步骤是同时或平行进行的，一般在会计期末各个步骤都有期末在产品，如机械、车辆、仪表制造等。为了计算各个生产步骤的成本，加强各个步骤的生产管理，往往不仅要求按照产品的品种或批别计算成本，而且还要求按照生产的步骤计算成本。但是，如果企业的规模较小，管理上又不要求按照生产的步骤考核生产耗费、计算产品成本，也可以不按照生产的步骤计算成本，而只按照产品的品种或批别计算成本。

三、生产按生产组织方式分类

生产组织一般是指企业生产的专业化程度，表现为在一定时期内的生产产品的品种多少，同种产品生产产量的大小及其重复程度。工业企业的生产，按照生产组织方式划分，可以分为大量生产、成批生产和单件生产三种类型。

1. 大量生产

大量生产是指不断地重复生产一种或者若干种产品的生产,其特点是生产的产品品种较少,而且比较稳定,生产具有不断重复性,因而管理上往往只要求按照产品的品种计算产品成本。而且,在一般情况下,也只能够按照产品的品种计算成本,例如甲材料、丁材料和化肥等工业生产。

2. 成批生产

成批生产是指按规定的规格和数量(通常称为"批"),每隔一定时期生产一种或若干种产品的生产。其特点是产品的品种较多,生产具有一定的重复性,专业化程度较高,管理上按批组织生产。成批生产又可按照批量大小,分为大批生产和小批生产两种类型。大批生产,由于产品批量大,往往在几个月内不断重复地生产一种或者若干种产品,因而往往也同大量生产一样,只要求按照产品品种计算成本,例如,属于这种生产类型的木器生产。

此外,大批生产的产品品种一般比较稳定,为了经济合理地组织生产,对耗用量较少的零部件,往往把几批产品所需相同的零部件集中起来,一次投产,以供应几批产品耗用;至于耗用量较多的零部件,则可以另行分批投产。这样,零部件生产的批别与产品生产的批别往往不一致,因而也就不可能按照产品的批别计算成本,而只能按照产品的品种计算成本。

小批生产,其生产的产品批量小,一批产品一般可以同时完工,类似于单件生产,因而有可能按照产品的批别归集费用、计算各批产品的成本。例如,属于这种类型的服装生产。同时,从管理要求看,为了分析和考核各批产品的成本水平,也有必要按照批别计算产品成本。

3. 单件生产

单件生产是指依据订货单位的要求,生产个别的、性质特殊的产品。其特点是产品的品种多而产量少,一般不重复或不定期重复生产,因而有可能而且也有必要按照产品件别计算成本,例如,造船和重型机械制造。单件生产,也可以说是小批生产;按件计算产品成本,也可以说是按批计算产品成本。

【练习 4-1】下列( )是按生产组织的特点来划分的。

    A. 大量生产、成批生产和单件生产

    B. 单步骤生产与多步骤生产

    C. 连续式加工生产和平行式加工生产

    D. 主产品生产和副产品生产

【练习 4-2】生产按组织的分类和按工艺过程的分类相结合,可形成下列( )生产类型。

    A. 大量大批单步骤生产

    B. 大量大批多步骤连续式生产

    C. 单件小批多步骤平行式生产

    D. 大量大批多步骤平行式生产

四、生产特点和管理要求对产品成本计算的影响

生产特点不同，对成本进行管理的要求也不一样，而生产特点和管理要求又必然对产品成本计算产生影响。

(一)生产特点对产品成本计算的影响

1. 对成本计算对象的影响

生产特点和管理要求对成本计算的影响集中表现在对成本计算对象确定的影响。

1) 从生产工艺过程特点看

① 单步骤生产由于工艺过程不能间断，必须以产品为成本计算对象，按产品品种分别计算成本。

② 多步骤连续加工式生产，需要以步骤为成本计算对象，既按步骤又按品种计算各步骤半成品成本和产品成本。

③ 多步骤平行式加工生产，不需要按步骤计算半成品成本，而以产品品种为成本计算对象。

2) 从产品生产组织特点看

① 在大量生产情况下，企业要求连续不断地重复生产一种或者若干种产品，因而管理上只要求，而且也只能按产品品种为成本计算对象计算产品成本。

② 在大批生产情况下，由于这种生产类型生产的产品批量大，往往在几个月内不断地重复生产一种或若干种产品，因而往往也同大量生产一样，不能按产品批别计算成本，而只能按产品品种为成本计算对象计算产品成本。

③ 如果大批生产的零件、部件按产品批别投产，也可按批别或件别为成本计算对象计算产品成本。

④ 小批、单件生产，由于产品批量小，一批产品一般可以同时完工，可按产品批别为成本计算对象计算产品成本。

综上所述，在产品成本计算工作中有三种不同的成本计算对象：

① 以产品品种为成本计算对象。

② 以产品批别为成本计算对象。

③ 以产品生产步骤为成本计算对象。

生产特点和管理要求对产品成本计算的影响主要表现在成本计算对象的确定上，成本计算对象的确定，是设置产品成本明细账、归集生产费用、计算产品成本的前提，也是构成成本计算方法和区分各种成本计算方法的主要标志。

2. 对产品成本计算期的影响

在不同生产类型中，产品成本计算期也不同，这主要决定于生产组织的特点。

1) 单件和小批生产

在单件和小批生产中，各批或各件产品的生产周期是一致的，每月也不一定都有完工产品，完工产品成本有可能在某件或某批产品完工以后计算，因而完工产品成本计算是不

定期的，其成本计算期与产品生产周期基本一致，而与核算报告期不一致。

2) 大量、大批生产

在大量、大批生产中，由于生产活动连续不断地进行，每月都要有产品完工并销售，为了计算各月产品销售成本和利润，就要求定期按月计算产品成本，因而产品成本要定期在每月月末进行。在这种情况下，成本计算期与产品生产周期不一致。

3. 对完工产品与在产品之间费用分配的影响

1) 单步骤生产

在单步骤生产中，生产过程不能间断，生产周期也短，一般没有在产品，或者在产品数量很少，因而计算产品成本时，生产费用不必在完工产品与在产品之间进行分配。

2) 多步骤生产

在多步骤生产中，是否需要在完工产品与在产品之间分配费用，很大程度上取决于生产组织的特点。在大量、大批生产中，由于生产不间断进行，而且月末经常有在产品，因而在计算成本时，就需要采用适当的方法，将生产费用在完工产品与在产品之间进行分配。

3) 单件和小批生产

在小批、单件生产中，如果成本计算期与生产周期一致，在每批、每件产品完工前，产品成本明细账中所登记的生产费用就是月末在产品的成本；完工后，所登记的费用就是完工产品的成本，因而不存在完工产品与在产品之间分配费用的问题。

上述三方面是相互联系、相互影响的，其中生产类型对成本计算对象的影响是主要的。不同的成本计算对象决定了不同的成本计算期和生产费用在完工产品与在产品之间的分配。因此，成本计算对象的确定，是正确计算产品成本的前提，也是区别各种成本计算方法的主要标志。

【练习4-3】生产类型对成本计算方法的影响，表现在( )等方面。
    A. 成本计算对象的确定
    B. 生产费用归集及计入产品成本的程序
    C. 成本计算期的确定
    D. 完工产品与月末在产品之间分配生产费用

(二)管理要求对产品成本计算的影响

管理要求对成本计算方法的影响主要有以下内容。

(1) 单步骤生产或管理上不要求分步骤计算成本的多步骤生产，以品种或批别为成本计算对象，采用品种法或分批法。

(2) 管理上要求分步骤计算成本的多步骤生产，以生产步骤为成本计算对象，采用分步法。

(3) 在产品品种、规格繁多的企业，管理上要求尽快提供成本资料，简化成本计算工作，可采用分类法计算产品成本。

(4) 在定额管理基础较好的企业，为加强定额管理工作，可采用定额法。

【练习4-4】选择产品成本计算基本方法时应考虑( )。
    A. 产品消耗定额是否计算准确、稳定

B. 产品品种、规格是否繁多

C. 是否能加速成本计算工作

D. 生产类型的特点及成本管理的要求不同

【练习4-5】企业在确定成本计算方法时，应重点考虑(　　)。

A. 生产类型的特点　　　　　　　B. 生产规模的大小

C. 有没有月末在产品　　　　　　D. 成本管理的要求

子任务二　产品成本计算方法的适用范围

一、产品成本计算的基本方法

企业的生产组织方式和工艺过程特点不同，形成不同的生产类型。为了适应各种类型生产的特点和管理要求，产品成本存在着不同的计算方法。它们的区别表现在产品成本计算对象的确定、成本计算期的确定与生产费用在完工产品与在产品之间的分配等方面，其中最主要的区别在于成本计算对象的不同。产品成本计算工作中有三种不同的产品成本计算对象：产品的品种、产品的批别和产品的生产步骤，由此形成三种基本的产品成本计算方法：品种法、分批法和分步法。

【练习4-6】(　　)是各种成本计算方法区分的主要标志。

A. 成本计算期

B. 生产费用计入成本的程序

C. 成本计算对象

D. 生产费用在完工产品和在产品之间的分配

1. 品种法

品种法是按照产品的品种(不分批、不分步)作为成本计算对象来归集生产费用，计算产品成本的方法。适用于大量大批单步骤生产的企业，如发电、采掘企业等，也适用于管理上不要求分步骤计算成本的大量大批多步骤生产的企业，如水泥厂等。

2. 分批法

分批法是指按照产品的批别(分批、不分步)作为成本计算对象归集生产费用，来计算产品成本的方法。适用于单件小批单步骤生产和管理上不要求分步骤计算成本的单件小批多步骤生产的企业，如机械、船舶制造等。

3. 分步法

分步法是指按照产品的品种和生产步骤(分步、不分批)作为成本计算对象归集生产费用，来计算产品成本的方法。适用于管理上要求分步骤计算产品成本的多步骤生产的企业，如纺织和冶金等。

以上各种产品成本计算方法的适用范围如表4-1所示。

表4-1 产品成本计算方法及适用范围

产品成本计算方法	成本计算对象	适用范围		
		生产组织	工艺过程	管理要求
品种法	产品品种	大量大批生产	单步骤生产	
			多步骤生产	管理上不要求分步骤计算成本
分批法	产品批别	小批单件生产	单步骤生产	
			多步骤生产	管理上不要求分步骤计算成本
分步法	产品品种和生产步骤	小批单件生产	多步骤生产	管理上要求分步骤计算成本
		大量大批生产	多步骤生产	管理上要求分步骤计算成本

以上三种方法是计算产品成本必不可少的方法,因为这三种方法与不同生产类型的特点有着直接关系,而且涉及成本计算对象的确定,因而是计算产品实际成本必不可少的方法。所有工业企业不论是哪一种生产类型,进行成本计算必然要采用其中一种或将其结合应用,因此以上三种方法是产品成本计算的基本方法。

在工业企业中,确定不同的成本计算对象,采用不同的成本计算方法,主要是为了适应企业的生产特点和管理要求,正确提供成本计算资料以加强成本管理。但是,不论是什么生产类型的企业,不论采用什么成本计算方法,最终都必须按照产品品种计算出产品成本。因此,按照产品品种计算成本是产品成本计算的最起码的要求。简言之,品种法是上述基本中最基本的成本计算方法。

【练习4-7】品种法适用的生产组织是( )。

  A. 大量成批生产   B. 大量大批生产

  C. 大量小批生产   D. 单件小批生产

【练习4-8】分批法的成本计算对象是( )。

  A. 产品批别   B. 产品类别   C. 产品步骤   D. 产品品种

二、产品成本计算的辅助方法

除上述基本方法,还有产品成本计算的辅助方法,产品成本计算辅助方法有:分类法、定额法、标准成本法等。这些方法与生产类型的特点没有直接联系,不涉及成本计算对象,它们的应用或者是为了简化成本计算工作,或者是为了加强成本管理,只要条件具备,在哪种生产型企业都能用。所以,从计算产品实际成本的角度来说,它们不是必不可少的。产品成本计算的辅助方法必须与产品成本计算的基本认识水平结合起来使用,不能单独使用。

1. 分类法

在产品品种、规格繁多的工业企业中,如针织厂、灯泡厂等,为了简化成本计算工作,还应用一种简便的产品成本计算方法——分类法。

分类法是按照产品类别归集生产费用,先计算各类产品的总成本,然后再按一定标准分配计算类内各种产品成本的一种方法。这种方法是为了简化某些企业的成本计算工作,在产品成本基本计算方法基础上发展起来的一种辅助方法。分类法必须和品种法或分批法、分步法结合应用。

2. 定额法

在定额管理工作基础好的工业企业中，为了配合和加强定额管理，加强成本控制，更有效地差异分别核算的分析和监督作用，还应用一种将符合定额的费用和脱离定额的差异分别核算的产品成本计算方法——定额法。

定额法是指以定额成本为基础，在基本成本计算方法的基础上以产品品种为对象，用现行定额乘计划单价计算的定额成本，再加、减实际成本，脱离定额的差异、材料成本差异和月初在产品成本定额变动的差异，求出实际成本的一种方法。

另外，在一些发达国家，为了加强成本控制、正确评价企业生产经营业绩，实现成本的标准化管理，还采用一种成本计算方法——标准成本法。

产品成本计算的基本方法与辅助方法的划分，是从计算产品实际成本的角度考虑的，并不是因为辅助方法不重要；相反，有的辅助方法，如定额法，对于控制生产费用、降低产品成本具有重要作用。

【练习4-9】将分类法和定额法归类为成本计算的辅助方法，是因为(　　)。
　　A. 与生产类型没有直接联系
　　B. 对于加强成本管理不重要
　　C. 成本计算工作繁重
　　D. 从计算成本的角度来看，不是必不可少的

任务二　品种法的运用

一、品种法的含义和分类

1. 品种法的含义

产品成本计算的品种法，是以产品品种为成本计算对象，归集生产费用，计算产品成本的一种方法。

品种法是基本方法中最基本的产品成本计算方法。不论是何种生产类型、何种生产工艺、何种成本管理要求，最终都必须计算出每种产品的成本。所以，按产品品种计算产品成本是进行产品成本核算最基本、最起码的要求。

2. 品种法分类

按照产品的生产类型和成本计算的繁简程度，可将品种法分为简单品种法和标准品种法。

简单品种法，即单一品种的品种法，是指企业最终只生产一种产品，生产过程中发生的应计入产品成本的各种生产费用都是直接费用，不存在生产费用在各种产品之间分配的问题，而只需根据有关原始凭证及费用汇总表登记产品成本明细账。适用于产品品种单一、生产周期较短的大量大批单步骤生产的企业。

标准品种法，即多品种的品种法，以每种产品作为成本计算对象，并按每种产品分别

设置产品成本明细账。在此法下对于生产过程中发生的生产费用，需要区分为直接费用和间接费用，凡是不能根据有关原始凭证确定应由某种产品成本负担的费用，均应在各种产品之间进行分配后才能计入各产品成本明细账的成本项目中。适用于生产两种或两种以上产品的大量大批单步骤生产或管理上不要求分步骤计算成本的大量大批多步骤生产的企业。

【练习 4-10】下列方法中，产品成本计算最基本的方法是(   )。

    A. 品种法   B. 分批法   C. 分步法   D. 分类法

二、品种法的特点

1. 品种法的成本计算对象是产品品种

品种法以产品品种作为成本计算对象，设置产品成本明细账或成本计算单，归集生产费用，计算产品成本。以品种法为成本计算方法的，往往是大量大批重复生产一种或几种产品的企业。采用品种法进行成本计算时，如果企业只生产一种产品，发生的生产费用全部是直接费用，可以直接计入产品成本明细账和成本计算单有关成本项目中，而不存在将生产费用在各种产品间分配问题。如果企业生产两种或两种以上产品，就需要按照每种产品分别开设成本明细账和成本计算单，直接费用应直接计入产品的成本明细账和成本计算单中；不能分清应由哪种产品负担的间接费用，则应采用适当的分配方法，分配计入各产品成本明细账和成本计算单中。

2. 成本计算期

品种法的成本计算期按月进行，与会计报告期一致，与产品生产周期不一致。

由于采用品种法计算产品成本的企业是大量大批连续不断进行的生产，不可能在产品生产完工时就计算其产品成本，只能定期在月末计算当月产出的完工产品成本。所以，品种法的成本计算期与会计报告期一致，但与生产周期不一致。

3. 月末一般要将生产费用在完工产品与在产品之间进行分配

大量大批生产的企业，由于产品是不断地产出，而成本计算期是固定的，因此，在月末计算成本时，就可能有完工产品与在产品。月末计算产品成本时，如果没有在产品或在产品数量很少时，则不需要计算在产品成本，成本明细账和计算单上所登记的全部生产费用，就是该产品的完工产品总成本，如采用简单品种法的企业。如果月末在产品数量较多，则将成本明细账和计算单上所归集的生产费用，采用适当的方法在完工产品与在产品之间进行分配，计算出完工产品和月末在产品成本，如多步骤生产且管理上不需要提供各步骤成本的企业。

【练习 4-11】下列选项中，成本计算期与会计报告期一致的是(   )。

    A. 品种法   B. 分批法   C. 分步法   D. 系数法

三、品种法的适用范围

品种法主要适用于以下范围。

(1) 主要适用于大量大批的单步骤生产的企业。如粮食加工、发电、采掘、供水、供汽、铸造等企业。

(2) 在大量大批多步骤生产的企业中，如果企业生产规模较小，或者车间是封闭的，也就是从材料投入到产品产出的全部生产过程都是在一个车间内进行的，或者生产按流水线组织，而且成本管理上又不要求提供各步骤的成本资料时，也可以采用品种法计算产品成本。如小型水泥厂、制砖厂、造纸厂等企业。

(3) 企业中供水、供电、供汽等辅助生产部门也可以采用品种法计算其产品或劳务的成本。

【练习4-12】品种法适用的生产组织是(　　)。

　　A. 大量成批生产　　　　　　　　B. 大量大批生产

　　C. 大量小批生产　　　　　　　　D. 单件小批生产

【练习4-13】适用于大量大批单步骤生产的成本计算方法是(　　)。

　　A. 品种法　　　　B. 分步法　　　　C. 分批法　　　　D. 定额法

四、品种法的计算程序

品种法是产品成本计算方法中的最基本方法，因而品种法的计算程序，体现着产品成本计算的一般程序。品种法计算产品成本有以下几个程序。

1) 设置产品成本明细账

按产品品种开设基本生产成本明细账或产品成本计算单，并按成本项目设置专栏，如直接材料、直接人工、制造费用等。

2) 设置"辅助生产成本""制造费用"等明细账

账内按成本项目或费用项目设置专栏。

3) 分配各种要素费用

根据各项费用的原始凭证及相关资料编制有关记账凭证，并编制各种费用分配表分配各种要素费用。将直接费用直接计入各种产品成本明细账，间接费用先按发生地点归集，然后通过分配计入各种产品成本明细账。

(1) 分配材料费用。根据领用材料的凭证和退料凭证及有关分配标准，编制材料费用分配表，分配材料费用，并据以登记有关明细账。

(2) 分配人工费用。根据各车间、部门人工费用结算凭证及人工费用的计提办法，编制人工费用分配表，分配人工费用，并据以登记有关明细账。

(3) 分配折旧费用。根据各车间、部门计提固定资产折旧的方法，编制折旧费用分配表，分配折旧费用，并据以登记有关明细账。

4) 分配辅助生产费用

对根据各种费用分配表和其他有关资料在"辅助生产成本明细账"上归集的辅助生产费用，按照受益原则，采用适当的方法(直接分配法、交互分配法、计划成本分配法等)在各个受益对象之间进行分配，编制辅助生产费用分配表，分配辅助生产费用，并据以登记有关的成本费用明细账。

5) 分配基本车间制造费用

根据基本生产车间"制造费用明细账"上归集的生产费用，采用一定的方法(生产工人工时比例分配法、生产工人工资比例分配法、机器工时比例分配法、按年度计划分配率分配法)在该车间生产的各种产品之间进行分配,编制制造费用分配表,并将分配结果登记在各种产品的"基本生产成本明细账"或"产品成本计算单"上。

6) 分配计算各种完工产品成本和在产品成本

对根据各种费用分配表和其他有关资料在"基本生产成本明细账"或"产品成本计算单"上归集的生产费用,月末,将计入产品成本明细账的各项生产费用汇总,应采用适当的方法,在完工产品和在产品(若存在)之间分配,计算出各种完工产品成本和在产品成本。如果月末没有在产品,则本月发生的生产费用就全都是完工产品成本。

7) 结转产成品成本

根据各成本计算单中计算出来的本月完工产品成本,汇总编制"完工产品成本汇总表",计算出完工产品总成本和单位成本,并进行结转。

品种法的计算程序如图4-1所示。

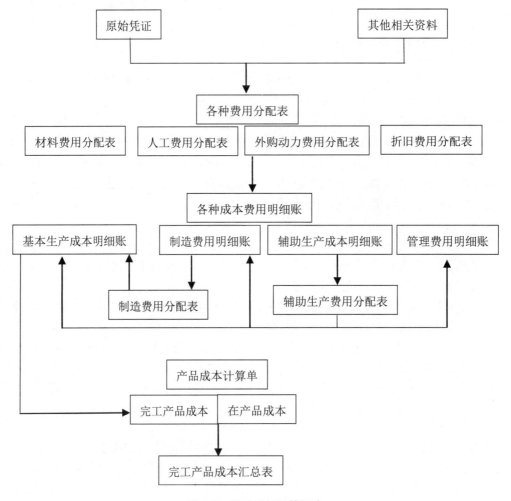

图4-1 品种法的计算程序

下面以完整的实例,把品种法所用的各种费用分配表和明细账都串起来,有利于深入地理解产品成本计算的基本原理。

五、品种法的计算方法

(一)简单品种法的成本计算

【例4-1】宏富电厂只生产甲产品,2019年12月份成本明细账中归集的生产费用见表4-2。

表4-2 基本生产成本明细账

产品名称:甲产品   单位:元

日期		凭证编号	摘 要	成本项目			合计
月	日			直接材料	直接人工	制造费用	
			月初余额	13 250	4 800	2 000	60 325
			原材料费用分配表	55 300			55 300
			燃料费用分配表	6 250			6 250
			人工费用分配表		26 400		26 400
			制造费用分配表			23 100	23 100
			合 计	74 800	31 200	25 100	111 100

11月份生产甲产品100台,全部完工。

根据明细账归集的生产费用编制完工产品成本计算单,如表4-3所示。

表4-3 产品成本计算单

产品名称:甲产品   2019年12月   产量:100台

成本项目	总成本(元)	单位成本(元/台)
直接材料	74 800	74.80
直接人工	31 200	31.20
制造费用	25 100	25.10
合 计	111 100	111.10

借:库存商品   111 100

    贷:基本生产成本   111 100

(二)标准品种法的成本计算

【例4-2】味美思蛋糕作坊是一家小型企业,主营蛋糕的生产与销售业务。该作坊的基本生产车间是蛋糕车间,大量生产奶油蛋糕和巧克力蛋糕两种产品,采用封闭式的流水线生产,蛋糕的主要原料为面粉、植物油、鸡蛋、糖等。还设有一个机修车间,为企业提供各种修理劳务。该企业的原材料根据生产需要领用,并在领用后一次投入(车间内期初期末均无材料余额),领用的鸡蛋按定额消耗比例分配,其定额为百千克奶油蛋糕消耗10千克鸡蛋,百千克巧克力蛋糕消耗鸡蛋6千克。其他原材料60%用于奶油蛋糕生产,40%用于巧克力蛋糕的生产。蛋糕车间工人的薪酬和制造费用按生产工时比例分配，机修车间费用按修理工时比例分配。两种蛋糕均采用约当产量法计算完工产品成本和月末在产品成本。企业发生的费用均用转账支票支付。

味美思蛋糕作坊 2019 年 7 月有关经济业务的原始凭证和相关资料如下。

(1) 上月末的相关资料如表 4-4、表 4-5 所示。

表 4-4　生产车间月末在产品盘存单

车间：蛋糕车间　　　　　　　　　　　2019 年 6 月 28 日　　　　　　　　　　　第 1 联

在产品名称	型号规格	单位	盘点数量	单位成本	总成本	在产品完工率
奶油蛋糕		千克	1 830			60%
巧克力蛋糕		千克	1 530			40%

主管：　　　　　审核：　　　　　保管：杨二　　　　　盘点：王三

表 4-5　月末在产品成本

2019 年 6 月 28 日　　　　　　　　　　　单位：元

产品	直接材料	直接人工	制造费用	合计
奶油蛋糕	9 754	1 226	2 068	13 048
巧克力蛋糕	7 476	1 601	1 105	10 182

(2) 本月的相关资料如表 4-6～表 4-23 所示。

表 4-6　领料汇总表(植物油)

部门：蛋糕车间　　　　　　　　　　　2019 年 7 月 31 日

用途＼项目	材料名称	单位	数量	单价/元	金额/元	备注
生产蛋糕用	植物油	千克	2 000	16.00	32 000	

②转财务科

主管：　　　　　领料人：孙五　　　　　审核：　　　　　发料人：周七

表 4-7　领料汇总表(泡打粉)

部门：蛋糕车间　　　　　　　　　　　2019 年 7 月 31 日

用途＼项目	材料名称	单位	数量	单价/元	金额/元	备注
生产蛋糕用	泡打粉	千克	500	10.00	5 000	

②转财务科

主管：　　　　　领料人：孙五　　　　　审核：　　　　　发料人：周七

表 4-8　领料汇总表(面粉)

部门：蛋糕车间　　　　　　　　　　　　　　　2019 年 7 月 31 日

项目 用途	材料名称	单位	数量	单价/元	金额/元	备注	② 转 财 务 科
生产蛋糕用	面粉	千克	20 000	2.00	40 000		

主管：　　　　　　领料人：孙五　　　　　　审核：　　　　　　发料人：周七

表 4-9　领料汇总表(鸡蛋)

部门：蛋糕车间　　　　　　　　　　　　　　　2019 年 7 月 31 日

项目 用途	材料名称	单位	数量	单价/元	金额/元	备注	② 转 财 务 科
生产蛋糕用	鸡蛋	千克	2 400	6.00	14 400		

主管：　　　　　　领料人：孙五　　　　　　审核：　　　　　　发料人：周七

表 4-10　领料汇总表(蔗糖)

部门：蛋糕车间　　　　　　　　　　　　　　　2019 年 7 月 31 日

项目 用途	材料名称	单位	数量	单价/元	金额/元	备注	② 转 财 务 科
生产蛋糕用	蔗糖	千克	5 000	3.80	19 000		

主管：　　　　　　领料人：孙五　　　　　　审核：　　　　　　发料人：周七

表 4-11　领料汇总表(牛奶)

部门：蛋糕车间　　　　　　　　　　　　　　　2019 年 7 月 31 日

项目 用途	材料名称	单位	数量	单价/元	金额/元	备注	② 转 财 务 科
生产蛋糕用	牛奶	千克	10 000	2.00	20 000		

主管：　　　　　　领料人：孙五　　　　　　审核：　　　　　　发料人：周七

表 4-12　领料汇总表(食用添加剂)

部门：蛋糕车间　　　　　　　　　　　2019 年 7 月 31 日

用途　　　　　　　项目	材料名称	单位	数量	单价/元	金额/元	备注
生产一般用	食用添加剂	千克	250	60.00	15 000	

②转财务科

主管：　　　　　领料人：孙五　　　　　　　审核：　　　　　发料人：周七

表 4-13　领料单(打蛋器)

部门：机修车间　　　　　　　　　　　2019 年 7 月 1 日

用途　　　　　　　项目	材料名称	单位	数量	单价/元	金额/元	备注
修理用	打蛋器	只	20	31.1	622	

②转财务科

主管：　　　　　领料人：孙五　　　　　　　审核：　　　　　发料人：周七

表 4-14　领料单(手套)

部门：机修车间　　　　　　　　　　　2019 年 7 月 1 日

用途　　　　　　　项目	材料名称	单位	数量	单价/元	金额/元	备注
一般用	手套	双	20	2	40	

②转财务科

主管：　　　　　领料人：孙五　　　　　　　审核：　　　　　发料人：周七

表 4-15　工资结算汇总表

2019 年 7 月 31 日　　　　　　　　　　　　　　　　单位：元

部　门	各类人员	基本工资	奖　金	津　贴	合　计
蛋糕车间	生产蛋糕工人	40 000	3 600	1 200	44 800
	管理人员	3 500	700		4 200
机修车间	修理工人	4 500	1 000	300	5 800
	管理人员	2 000	500		2 500
合　　计		50 000	5 800	1 500	57 300

会计主管：　　　　　审核：　　　　　　　　制表：陈六

表 4-16　社保费用计提表

2019 年 7 月 31 日　　　　　　　　　　　　　　　　单位：元

部　门	各类人员	工资总额	计提比例	计提金额
蛋糕车间	生产蛋糕工人	44 800	36%	16 128
	管理人员	4 200	36%	1 512
机修车间	修理工人	5 800	36%	2 088
	管理人员	2 500	36%	900
合　计		57 300	36%	20 628

会计主管：　　　　　　　审核：　　　　　　制表：陈六

表 4-17　固定资产折旧计算表

2019 年 7 月　　　　　　　　　　　　　　　　单位：元

使用单位和固定资产类别		原　值	年折旧率/%	上月计提折旧额	上月增加固定资产的原值	上月减少固定资产的原值	本月应计提折旧额
蛋糕车间	厂房	600 000	4	2 000			2 000
	设备	500 000	6	2 500			2 500
	合计	1 100 000		4 500			4 500
机修车间	厂房	180 000	4	600			600
	设备	50 000	6	250			250
	合计	230 000		850			850

会计主管：　　　　　　　审核：　　　　　　制表：陈六

表 4-18　外购动力费用分配表

供电单位：电力公司　　　　　　　2019 年 7 月　　　　　　　　　　单位：元

部　门	耗电量	单　价	金　额
蛋糕车间	14 200	1.00	14 200
机修车间	5 800	1.00	5 800
合　计	20 000		20 000

会计主管：　　　　　　　审核：　　　　　　制表：陈六

表 4-19　待摊费用分摊表

2019 年 7 月　　　　　　　　　　　　　　　　单位：元

部　门	应摊报刊费	应摊保险费	低值易耗品摊销	合　计
蛋糕车间	500	2 500	600	3 600
机修车间	200	800		1 000
合　计	700	3 300	600	4 600

会计主管：　　　　　　　审核：　　　　　　制表：陈六

表 4-20 办公费用及其他费用分配表

2019 年 7 月 单位：元

部 门	办公费用	其他费用	金 额
蛋糕车间	9 000	1 800	10 800
机修车间	3 000	500	3 500
合 计	12 000	2 300	14 300

会计主管： 审核： 制表：陈六

表 4-21 产品成本入库单

交库单位：蛋糕车间 2019 年 7 月 29 日 编号：

产成品名称	型号规格	单位	交付数量	检查结果		实收数量	备注
				合格	不合格		
奶油蛋糕		千克	16 300	16 300		16 300	
巧克力蛋糕		千克	10 800	10 800		10 800	

②转财务科

车间送库：(盖章)李一 检验：(盖章) 仓库经收：(盖章)赵四

表 4-22 生产车间月末在产品盘存单

车间：蛋糕车间 2019 年 7 月 31 日 第 1 联

在产品名称	型号规格	单位	盘点数量	单位成本	总成本	在产品完工率
奶油蛋糕		千克	3 050			60%
巧克力蛋糕		千克	2 250			40%

主管： 审核： 保管：杨二 盘点：王三

表 4-23 定额消耗量、工时记录

部 门		生产工时	修理工时	定额消耗比例
蛋糕车间	奶油蛋糕	7 360		60%
	巧克力蛋糕	5 440		40%
	一般		700	
企业管理部门			224	
合 计		12 800	924	100%

主管： 审核： 记录员：李一

要求：

(1) 开设奶油蛋糕和巧克力蛋糕的基本生产成本明细账、机修车间的辅助生产成本明细账和蛋糕车间的制造费用明细账。

(2) 对所给资料进行审核、整理与分析，编制各种费用分配表。

(3) 根据编制的费用分配表编制相应的记账凭证。

(4) 根据记账凭证登记开设的产品生产成本费用明细账。

(5) 对归集的辅助生产费用和制造费用按要求进行分配，并编制记账凭证。

(6) 根据归集的生产费用在完工产品与月末在产品之间进行分配，计算奶油蛋糕和巧克力蛋糕的总成本和单位成本。

【解析】(1) 编制材料费用分配表，并编制记账凭证，如表4-24、表4-25所示。

表4-24　记 账 凭 证　　　　　　　　第1号

2019 年 7 月 31 日　　　　　　　　　　附件 9 张

摘　要	总账科目	明细科目	借　方		√	贷　方		√
			百十万千百十元角分			百十万千百十元角分		
领用材料	基本生产成本	奶油蛋糕	8 8 9 3 1 0 0		√			
		巧克力蛋糕	5 6 4 6 9 0 0		√			
	辅助生产成本	机修车间	6 0 0 0 0		√			
	制造费用	机修车间	4 0 0 0		√			
	原材料	(见附件)				1 4 6 0 4 0 0 0		
合　计			￥1 4 6 0 4 0 0 0			￥1 4 6 0 4 0 0 0		

会计主管：　　　记账：　　　　复核：　　　　　制单：××

表4-25　材料费用分配表

2019 年 7 月 31 日　　　　　　　　　金额单位：元

应借账户		成本或费用项目	鸡蛋			其他材料		合计
总账账户	明细账户		定额耗量	分配率	分配额	分配率	金额	
基本生产成本	奶油蛋糕	直接材料	1 752		10 331	60%	78 600	88 931
	巧克力蛋糕	直接材料	690		4 069	40%	52 400	56 469
	小　计			5.896 8	14 400		131 000	145 400
辅助生产成本	机修车间	直接材料					600	600
	小　计						600	600
制造费用	蛋糕车间							
	机修车间						40	40
	小　计						40	40
合　计					14 400		131 640	146 040

会计主管：　　　复核：　　　　制单：××

奶油蛋糕本月投产数量=16 300+3050-1830=17 520(千克)

巧克力蛋糕本月投产数量=10 800+2 250-1 550=11 500(千克)

奶油蛋糕本月鸡蛋消耗定量=17 520×10÷100=1 752(千克)

巧克力蛋糕本月鸡蛋消耗定量=11 500×6÷100=690(千克)

鸡蛋费用分配率=14 400÷(1 752+690)=5.896 8

(2) 编制工资及社保费用分配表，并编制记账凭证，如表4-26至表4-28所示。

表 4-26 记 账 凭 证　　　　　　　　　第 2¹⁄₂ 号

2019 年 7 月 31 日　　　　　　　　　　　　　　附件 3 张

摘　要	总账科目	明细科目	借　方									√	贷　方									√
			百	十	万	千	百	十	元	角	分		百	十	万	千	百	十	元	角	分	
分配职工薪酬	基本生产成本	奶油蛋糕			3	5	0	3	4	0	0	√										
		巧克力蛋糕			2	5	8	9	4	0	0	√										
	辅助生产成本	机修车间				7	8	8	8	0	0	√										
	制造费用	蛋糕车间				5	7	1	2	0	0	√										
		机修车间				3	4	0	0	0	0	√										
合　　计																						

会计主管：　　记账：　　　　复核：　　　　　　制单：××

表 4-27 记 账 凭 证　　　　　　　　　第 2²⁄₂ 号

2019 年 7 月 31 日　　　　　　　　　　　　　　附件　张

摘　要	总账科目	明细科目	借　方									√	贷　方									√
			百	十	万	千	百	十	元	角	分		百	十	万	千	百	十	元	角	分	
分配职工薪酬	应付职工薪酬	略													7	7	9	2	8	0	0	
合　　计			¥	7	7	9	2	8	0	0			¥	7	7	9	2	8	0	0		

会计主管：　　记账：　　　　复核：　　　　　　制单：××

表 4-28 工资及社保费用分配表

2019 年 7 月 31 日　　　　　　　　　　　　　　金额单位：元

应借账户			成本项目或 费用项目	工　资			社保费	
总账账户	二级账户	明细账户		实际工时	分配率	分配金额	提取率	社保费
基本生产成本	基本生产成本	奶油蛋糕	直接人工	7 360		25 760		9 274
		巧克力蛋糕	直接人工	5 440		19 040		6 854
		小计		12 800	3.5	44 800		16 128
基本生产成本	辅助生产成本	机修车间	直接人工			5 800		2 088
		小计				5 800		2 088
制造费用		蛋糕车间	工　资			4 200		1 512
		机修车间	工　资			2 500		900
		小计				6 700		2 412
合　　计						57 300	36%	20 628

会计主管：　　　　复核：　　　　　　制单：××

(3) 编制固定资产折旧费用分配表，并编制记账凭证，如表 4-29 和表 4-30 所示。

表 4-29　记　账　凭　证

第 3 号

2019 年 7 月 31 日

附件 1 张

摘要	总账科目	明细科目	借　方 百 十 万 千 百 十 元 角 分	√	贷　方 百 十 万 千 百 十 元 角 分	√
计提固定资产折旧	制造费用	蛋糕车间	4 5 0 0 0 0	√		
		机修车间	8 5 0 0 0	√		
		累计折旧			5 2 5 0 0 0	
合　　计			￥5 3 5 0 0 0		￥5 3 5 0 0 0	

会计主管：　　　　记账：　　　　　　复核：　　　　　　　　制单：××

表 4-30　固定资产折旧费用分配表

2019 年 7 月 31 日

金额单位：元

应借账户			成本项目或 费用项目	费用金额
会计账户	二级账户	明细账户		
制造费用		蛋糕车间	折旧费	4 500
		机修车间	折旧费	850
折旧费用合计				5 350

会计主管：　　　　　　复核：　　　　　　　制单：××

(4) 编制外购动力费用分配表，并编制记账凭证，如表 4-31 和表 4-32 所示。

表 4-31　记　账　凭　证

第 4 号

2019 年 7 月 31 日

附件 1 张

摘要	总账科目	明细科目	借　方 百 十 万 千 百 十 元 角 分	√	贷　方 百 十 万 千 百 十 元 角 分	√
分配动力费用	制造费用	蛋糕车间	1 4 2 0 0 0 0	√		
		机修车间	5 8 0 0 0 0	√		
	应付账款	电力公司			2 0 0 0 0 0 0	
合　　计			￥2 0 0 0 0 0 0		￥2 0 0 0 0 0 0	

会计主管：　　　　记账：　　　　　　复核：　　　　　　　　制单：××

表 4-32　外购动力费用分配表

2019 年 7 月　　　　　　　　　　　　　　　　　　单位：元

应借账户			成本项目或 费用项目	费用金额
会计账户	二级账户	明细账户		
制造费用		蛋糕车间	电费	14 200
		机修车间	电费	5 800
外购动力费用合计				20 000

会计主管：　　　　　复核：　　　　　制单：××

(5) 编制待摊费用分配表，并编制记账凭证，如表 4-33 和表 4-34 所示。

表 4-33　记 账 凭 证　　　　　　　　　　　　第 5 号

2019 年 7 月 31 日　　　　　　　　　　　　附件 1 张

摘　要	总账科目	明细科目	借　方									√	贷　方									√
			百	十	万	千	百	十	元	角	分		百	十	万	千	百	十	元	角	分	
分配待摊费用	制造费用	蛋糕车间				3	6	0	0	0	0											
		机修车间				1	0	0	0	0	0											
	预付账款	报刊费															7	0	0	0	0	
		保险费														3	3	0	0	0	0	
	低值易耗品	摊销															6	0	0	0	0	
合　计					¥	4	6	0	0	0	0				¥	4	6	0	0	0	0	

会计主管：　　　记账：　　　　　复核：　　　　　制单：××

表 4-34　待摊费用及其他费用分配表

2019 年 7 月 31 日　　　　　　　　　　　　单位：元

应借科目		待摊费用			
总账科目	明细科目	应摊报刊费	应摊保险费	低值易耗品摊销	合　计
制造费用	蛋糕车间	500	2 500	600	3 600
	机修车间	200	800		1 000
合　计		700	3 300	600	4 600

会计主管：　　　　　复核：　　　　　制单：××

(6) 编制办公费用分配表，并编制记账凭证，如表 4-35 和表 4-36 所示。

表 4-35 记 账 凭 证

第 5 号

2019 年 7 月 31 日　　　　　　　　　　　　附件 1 张

摘　要	总账科目	明细科目	借　方 百 十 万 千 百 十 元 角 分	√	贷　方 百 十 万 千 百 十 元 角 分	√
分配办公及其他费用	制造费用	蛋糕车间	1 0 8 0 0 0 0	√		
		机修车间	3 5 0 0 0 0	√		
	银行存款				1 4 3 0 0 0 0	
合　　计			¥ 1 4 3 0 0 0 0		¥ 1 4 3 0 0 0 0	

会计主管：　　　记账：　　　　复核：　　　　　　制单：××

表 4-36 外购办公费用及其他费用分配表

2019 年 7 月 31 日　　　　　　　　　　　　单位：元

应借科目		支付费用项目		合　计
总账科目	明细科目	办公费用	其他费用	
制造费用	蛋糕车间	9 000	1 800	10 800
	机修车间	3 000	500	3 500
合　　计		12 000	2 300	14 300

会计主管：　　　　审核：　　　　　制表：××

(7) 登记机修车间制造费用明细账，如表 4-37 所示。

表 4-37 制造费用明细账

总第　　页

车间名称：机修车间　　　　　　　　　　　　　　　字第×页

××年 月	日	凭证号数	摘要	借方	贷方	借或贷	余额	(借)方项目 物料消耗	薪酬	办公费	折旧费	水电费	保险费	其他费用
7	31	1	材料费	40		借	40	40						
		2½	职工薪酬	3 400		借	3 440		3 400					
		3	折旧费	850		借	4 290				850			
		4	动力费	5 800		借	10 090					5 800		
		5	摊销费用	1 000		借	11 090			200			800	
		6	办公及其他	3 500		借	14 590			3 000				500
		7	转出		14 590	平	0	40	3 400	3 200	850	5 800	800	500

(8) 编制结转机修车间制造费用的记账凭证，如表 4-38 所示。

表 4-38　记 账 凭 证

2019 年 7 月 31 日

第 7 号

附件　张

摘要	总账科目	明细科目	借　方									√	贷　方									√
			百	十	万	千	百	十	元	角	分		百	十	万	千	百	十	元	角	分	
结转机修车间制造费	辅助生产成本	机修车间			1	4	5	9	0	0	0	√										
	制造费用	机修车间													1	4	5	9	0	0	0	√
合　计				¥	1	4	5	9	0	0	0			¥	1	4	5	9	0	0	0	

会计主管：　　　记账：　　　　复核：　　　　　　制单：××

(9) 登记辅助生产成本明细账，如表 4-39 所示。

表 4-39　辅助生产成本明细账

总第　页

字第　页

辅助生产车间：机修车间　　　产品或劳务：修理劳务

××年		凭证		摘　要	成 本 项 目			合　计
月	日	字	号		直接材料	直接人工	制造费用	
7	31		1	材料费用分配	622			622
			$2\frac{1}{2}$	人工费用分配		7 888		7 888
			7	制造费用分配			14 590	14 590
	31			生产费用合计	622	7 888	14 590	23 100
			8	分配辅助生产	622	7 888	14 590	23 100

(10) 编制辅助生产费用分配表，并编制记账凭证，如表 4-40 和表 4-41 所示。

表 4-40　记 账 凭 证

第 8 号

2019 年 7 月 31 日

附件 1 张

摘要	总账科目	明细科目	借　方									√	贷　方									√
			百	十	万	千	百	十	元	角	分		百	十	万	千	百	十	元	角	分	
分配机修车间费用	制造费用	蛋糕车间			1	7	5	0	0	0	0	√										
	管理费用					5	6	0	0	0	0											
	辅助生产成本	机修车间													2	3	1	0	0	0	0	√
合　计				¥	2	3	1	0	0	0	0			¥	2	3	1	0	0	0	0	

会计主管：　　　记账：　　　　复核：　　　　　　制单：××

表4-41　辅助生产费用分配表(直接分配法)

2019 年 7 月 31 日　　　　　　　　　　　金额单位：元

项　目			机修车间	金额合计
归集的辅助生产费用			23 100	23 100
提供给辅助车间以外的劳务量			924	
辅助费用分配率			25	
应借账户	制造费用	蛋糕车间	接受劳务量 700	
			应负担费用 17 500	17 500
	管理费用		接受劳务量 224	
			应负担费用 5 600	5 600
分配费用额合计			23 100	23 100

会计主管：　　　　　　　复核：　　　　　　　制单：××

(11) 登记蛋糕车间制造费用明细账，如表4-42所示。

表4-42　制造费用明细账

总第　　页
字第　×页

车间名称：蛋糕车间

××年		证号数	摘要	借方	贷方	借或贷	余额	(借)方 项 目						
月	日							物料消耗	人工费用	折旧费	水电费	保险费	其他费用	机修费用
7	31	21/2	职工薪酬	5 712		借	5 712		5 712					
		3	折旧费	4 500		借	10 212			4 500				
		4	电费	14 200		借	24 412				14 200			
		5	摊销费用	3 600		借	28 012					2 500	1 100	
		6	其他费用	10 800		借	38 812						10 800	
		8	机修费用	17 500		借	56 312							17 500
		9	分配		56 312	平	0		5 712	4 500	14 200	2 500	11 900	17 500

(12) 编制制造费用分配表，并编制记账凭证，如表4-43和表4-44所示。

表4-43　记账凭证　　　　　　　　　　　　　　第9号

2019 年 7 月 31 日　　　　　　　　　　　附件1张

摘　要	总账科目	明细科目	借　方										√	贷　方										√
			百	十	万	千	百	十	元	角	分			百	十	万	千	百	十	元	角	分	
分配制造费用	基本生产成本	奶油蛋糕			3	2	3	8	9	0	0	√											
		巧克力蛋糕			2	3	9	3	3	0	0	√											

摘　要	总账科目	明细科目	借　方									√	贷　方									√
			百	十	万	千	百	十	元	角	分		百	十	万	千	百	十	元	角	分	
	制造费用	蛋糕车间													5	6	3	1	2	0	0	√
合　计			¥	5	6	3	1	2	0	0			¥	5	6	3	1	2	0	0		

会计主管：　　　　记账：　　　　复核：　　　　制单：××

表 4-44　制造费用分配表

车间名称：蛋糕车间　　　　　　　　　　　　2019 年 7 月 31 日

应借科目		分配标准(生产工时)	分配率	分配金额(元)
基本生产成本	奶油蛋糕	7 360		32 379
	巧克力蛋糕	5 440		23 933
合　计		12 800	4.399 375	56 312

会计主管：　　　　　　　　复核：　　　　　　　　制单：××

(13) 登记基本生产成本明细账，如表 4-45 和表 4-46 所示。

表 4-45　基本生产成本明细账

产品名称：奶油蛋糕　　　生产车间：蛋糕车间　　　投产时间：　　　　　　　字第×页

××年		凭证		摘　要	产量	成 本 项 目			合　计
月	日	字	号		(千克)	直接材料	直接人工	制造费用	
7	31			月初在产品成本	1 860	9 754	1 226	2 068	13 048
			1	分配材料费用	17 520	88 931			88 931
			2½	分配人工费用			35 034		35 034
			9	分配制造费用				32 379	32 379
	31			本月生产费用合计	19 380	98 685	36 260	34 447	169 392
			10	转出完工产品成本	16 300	83 130	32 600	30 970	146 700
				月末在产品成本	3 080	15 555	3 660	3 477	22 692

表 4-46　基本生产成本明细账

产品名称：巧克力蛋糕　　　生产车间：蛋糕车间　　　投产时间：　　　　　　　字第×页

××年		凭证		摘　要	产量	成 本 项 目			合　计
月	日	字	号		(千克)	直接材料	直接人工	制造费用	
7	31			月初在产品成本	1 580	7 476	1 601	1 105	10 182
			1	分配材料费用	11 470	56 469			56 469

续表

××年		凭证		摘　要	产量	成 本 项 目			合　计
月	日	字	号		(千克)	直接材料	直接人工	制造费用	
			2$\frac{1}{2}$	分配人工费用			25 894		25 894
			9	分配制造费用				23 933	23 933
				本月生产费用合计	13 050	63 945	27 495	25 038	116 478
			10	转出完工产品成本	10 800	52 920	25 380	23 112	101 412
				月末在产品成本	2 250	11 025	2 115	1 926	15 066

(14) 在本月完工产品与月末在产品之间分配生产费用，编制生产费用分配表，编制产品成本计算单，编制完工产品入库的记账凭证，如表 4-47 至表 4-51 所示。

表 4-47　记 账 凭 证

第 10 号

2019 年 7 月 31 日　　　　　　　　　　　　　　　　　　　　　　附件 4 张

摘　要	总账科目	明细科目	借　方									√	贷　方									√
			百	十	万	千	百	十	元	角	分		百	十	万	千	百	十	元	角	分	
分配制造费用	库存商品	奶油蛋糕		1	4	6	7	0	0	0	0											
		巧克力蛋糕		1	0	1	4	1	2	0	0											
	基本生产成本	奶油蛋糕												1	4	6	7	0	0	0	0	√
		巧克力蛋糕												1	0	1	4	1	2	0	0	√
合　计			¥	2	4	8	1	1	2	0	0		¥	2	4	8	1	1	2	0	0	

会计主管：　　　　记账：　　　　复核：　　　　　　制单：××

表 4-48　奶油蛋糕生产费用分配表

生产车间：蛋糕车间　　　　　　　　2019 年 7 月 31 日　　　　　　　　金额单位：元

项　目	成 本 项 目			金额合计
	直接材料	直接人工	制造费用	
月初在产品成本	9 754	1 226	2 068	13 048
本月发生生产费用	88 931	35 034	32 379	156 344
本月生产费用合计	98 685	36 260	34 447	169 392
本月完工产品数量	16 300			
月末在产品数量	3 050			
在产品约当产量	3 050	1 830	1 830	
约当总产量	19 350	18 130	18 130	
费用分配率	5.1	2	1.9	
月末在产品成本	15 555	3 660	3 477	22 692

项　目	成本项目			金额合计
	直接材料	直接人工	制造费用	
完工产品总成本	83 130	32 600	30 970	146 700
完工产品单位成本	5.1	2	1.9	9

会计主管：　　　　　　复核：　　　　　　制单：××

表 4-49　巧克力蛋糕生产费用分配表

生产车间：蛋糕车间　　　　　　2019 年 7 月 31 日　　　　　　金额单位：元

项　目	成本项目			金额合计
	直接材料	直接人工	制造费用	
月初在产品成本	7 476	1 601	1 105	10 182
本月发生生产费用	56 469	25 894	23 933	106 296
本月生产费用合计	63 945	27 495	25 038	116 478
本月完工产品数量		10 800		
月末在产品数量		2 250		
在产品约当产量	2 250	900	900	
约当总产量	13 050	11 700	11 700	
费用分配率	4.9	2.35	2.14	
月末在产品成本	11 025	2 115	1 926	15 066
完工产品总成本	52 920	25 380	223 112	101 412
完工产品单位成本	4.9	2.35	2.14	9.39

会计主管：　　　　　　复核：　　　　　　制单：××

表 4-50　产品成本计算单

本月完工：16300

产品名称：奶油蛋糕　　　　2019 年 7 月 31 日　　　月末在产品：3050　　完工程度：60%

单位：元

项　目	直接材料	直接人工	制造费用	合　计
月初在产品成本	9 754	1 226	2 068	13 048
本月生产费用	88 931	35 034	32 379	156 344
生产费用合计	98 685	36 260	34 447	169 392
完工产品成本	83 130	32 600	30 970	146 700
单位成本	5.1	2	1.9	9
月末在产品成本	15 555	3 660	3 477	22 692

表 4-51　产品成本计算单

本月完工：10800

产品名称：巧克力蛋糕　　　　2019 年 7 月 31 日　　月末在产品：2250　　完工程度：40%

单位：元

项　　目	直接材料	直接人工	制造费用	合　计
月初在产品成本	7 476	1 601	1 105	10 182
本月生产费用	56 469	25 894	23 933	106 296
生产费用合计	63 945	27 495	25 038	116 478
完工产品成本	52 920	25 380	223 112	101 412
单位成本	4.9	2.35	2.14	9.39
月末在产品成本	11 025	2 115	1 926	15 066

任 务 小 练

一、思考题

1. 什么是品种法？为什么品种法是产品成本计算最基本的方法？

2. 品种法的主要特点是什么？其适用范围如何？

3. 简述品种法计算产品成本的程序。

二、判断题

1. 品种法一般适用于计算大量大批多步骤生产的产品成本计算。　　　　（　　）

2. 产品成本计算的品种法是以产品品种为成本计算对象，归集生产费用、计算产品成本的一种方法。　　　　（　　）

3. 品种法是按月定期计算产品成本的。　　　　（　　）

4. 从生产工艺过程看，品种法只适用于简单生产。　　　　（　　）

5. 不论什么制造企业，不论什么生产类型，也不论管理要求如何，最终都必须按照产品品种计算产品成本。　　　　（　　）

6. 品种法不需要在各种产品之间分配费用，也不需要在完工产品和月末在产品之间分配费用，所以也称简单法。　　　　（　　）

三、单项选择题

1. 品种法的特点是（　　）。

　　A. 分批计算产品成本　　　　　　　B. 分步计算产品成本

　　C. 既分品种又分步计算产品成本　　D. 分品种计算产品成本

2. 品种法的成本计算期与（　　）是一致的。

　　A. 生产周期　　　B. 会计月度　　　C. 会计年度　　　D. 产品完工日期

3. 成本计算最基本的方法是（　　）。

　　A. 品种法　　　B. 分批法　　　C. 分类法　　　D. 分步法

4. 品种法的成本计算对象是(　　)。

  A. 产品品种   B. 产品的批别或订单

  C. 产品生产工序   D. 各种产品的类别

5. 如果企业只生产一种产品,那么发生的费用(　　)。

  A. 都要进行分配后计入   B. 全部是间接计入费用

  C. 全部是直接计入费用   D. 部分直接计入,部分间接计入

四、多项选择题

1. 产品成本计算品种法的适用范围有(　　)。

  A. 大量大批的单步骤生产   B. 要求分步骤计算成本的多步骤生产

  C. 封闭式车间进行的产品生产   D. 按订单组织的生产

  E. 不要求分步骤计算的多步骤生产

2. 以下各项中,属于品种法特点的有(　　)。

  A. 以产品的品种为成本计算对象   B. 计算期与生产周期一致

  C. 一般适用于大量大批的生产   D. 按月定期计算产品成本

  E. 月末通常要计算在产品成本

3. 下面对品种法表述正确的有(　　)。

  A. 以产品品种作为成本计算对象   B. 成本计算程序较为复杂

  C. 成本计算期与会计报告期一致   D. 可用于大量单步骤生产产品的企业

  E. 大量大批多步骤企业必须采用的成本计算方法

4. 按照生产组织的特点,企业的生产可分为(　　)。

  A. 大量生产   B. 复杂生产   C. 多步骤生产   D. 单件生产

  E. 成批生产

5. 按照生产工艺过程的特点,企业的生产可分为(　　)。

  A. 大量生产   B. 单步骤生产   C. 成批生产   D. 单件生产

  E. 多步骤生产

6. 下列企业中,适合运用品种法计算产品成本的有(　　)。

  A. 发电厂   B. 小型水泥厂   C. 拖拉机厂   D. 造船厂

  E. 煤矿

7. 品种法的成本核算程序包括(　　)。

  A. 按品种开设的成本计算单归集各种生产费用

  B. 归集并分配辅助生产费用

  C. 归集并分配制造费用

  D. 月末将归集的生产费用在完工产品与在产品之间分配

  E. 计算出的各种产品成本编制"完工产品成本汇总计算表"并结转完工产品成本

五、填空题

1. 产品成本计算的品种法是以_____作为成本计算对象,归集_____,计算产品成本的方法。_____是最基本的产品成本计算方法。

2. 不论是何种_____、采用何种_____、实现何种_____要求,最终都必须

计算出_____的成本。

3. 如果没有_____，则本月所归集的全部生产费用就是本月_____总成本，以_____总成本除以完工产品的数量计算出完工产品的_____。

4. _____是产品成本计算方法中最基本的方法。

5. 品种法的适用范围有_____和_____。

六、计算题

海洋公司为大量单步骤生产企业，设有一个基本生产车间生产甲、乙两种产品，一个辅助车间提供修理。按品种法计算产品成本。甲产品耗用原材料是生产开始时一次性投入，乙产品耗用原材料是随生产进度逐步领用；加工费用随生产进度逐步发生。

1. 2019年12月有关成本核算资料如下。

(1) 2019年12月产品产量情况见表4-52。

表4-52 产量资料

单位：件

产品名称	月初在产品	本月投入	本月完工	月末在产品	月末在产品完工程度
甲产品	170	350	400	120	50%
乙产品	70	530	550	50	60%

(2) 2019年12月初的在产品成本见表4-53。

表4-53 月初在产品成本

单位：元

产品名称	直接材料	直接人工	制造费用	合计
甲产品	115 720	47 850	42 540	206 110
乙产品	96 210	35 020	27 340	158 570

(3) 2019年12月份各部门耗用辅助生产车间的劳务量见表4-54。

表4-54 辅助生产车间劳务资料

单位：工时

部门	修理
基本生产车间	10 000
企业行政管理部门	5 000
合计	15 000

(4) 2019年12月份生产产品实际耗用工时见表4-55。

表4-55 生产工时

单位：小时

产品名称	生产工时
甲产品	4 500
乙产品	4 200
合计	8 700

(5) 成本费用分配方法:

① 制造费用按产品生产工时比例分配;

② 辅助生产费用按直接分配法进行分配;

③ 月末按约当产量法计算完工产品成本和在产品成本。

2. 本月发生费用。

(1) 材料领用情况见表4-56。

表4-56 材料领用汇总表

2019年12月 单位:元

用 途		原材料		
		计划成本	差异(差异率1%)	实际成本
基本生产车间	甲产品	356 000	3 560	359 560
	乙产品	189 000	1 890	190 890
	一般耗用	19 000	190	19 190
修理车间		58 000	580	58 580
合 计		622 000	6 220	628 220

(2) 各部门人工费用情况见表4-57。

表4-57 人工费用汇总表

2019年12月 单位:元

部 门		工 资	其他职工薪酬	合 计
基本车间	生产工人	289 000	118 490	407 490
	管理人员	39 600	16 236	55 836
修理车间生产工人及管理人员		9 900	4 059	13 959
企业行政管理部门人员		21 000	8 610	29 610
合 计		359 500	147 395	506 895

注:其他职工薪酬(社会保险费、住房公积金等)计提比例为工资总额的41%。

(3) 固定资产折旧费见表4-58。

表4-58 固定资产折旧费计算表

单位:元

部 门	计提折旧费
基本生产车间	8 484
修理车间	1 380
企业行政管理部门	2 580
合 计	12 444

(4) 2019年12月各部门用水、电量如表4-59所示,本月支付电费3 540元、水费1 950元。

表 4-59 耗用水、电量

部　门	用电量(千瓦时)	用水量(吨)
基本生产车间	3 900	440
修理车间	1 650	160
企业行政管理部门	350	50
合　计	5 900	650

(5) 支付其他费用如表 4-60 所示。

表 4-60 其他费用

单位：元

部　门	金　额
基本生产车间	1 860
修理车间	1 236
企业行政管理部门	2 250
合　计	5 346

根据上述资料，计算甲、乙两种产品的生产成本。

任务三　分批法的运用

子任务一　分批法简介

一、分批法的含义

产品成本计算的分批法，是指以产品的生产批别(单件则称为件别)为成本计算对象，归集生产费用，计算产品成本的一种方法。企业通常是按照订货单位的订单签发生产通知单组织生产的。按照产品批别计算产品成本，往往也就是按照订单计算产品成本。因此，分批法也称订单法。

二、分批法的特点

分批法的特点主要表现在成本计算对象、成本计算期和生产费用的分配三个方面。

1. 分批法的成本计算对象是各产品的生产批别

分批法以产品批别或订单为成本计算对象，按产品批别或订单开设基本生产成本明细账或产品成本计算单，归集生产费用。对能按批次划分的直接计入费用，可直接计入各批基本生产成本明细账的有关成本项目；对不能明确批次的间接计入费用，则应采用适当的方法在各批产品之间进行分配，分配计入各批产品基本生产成本明细账或成本计算单中。

产品的订单与组织产品生产的批号之间存在三种情况：一是一份订单一个批号。二是一份订单几个批号，具体有以下三种情况：当一份订单中有多种产品时，按照产品的品种划分批号组织生产，计算产品成本；当一份订单中是一件或一种由许多部件装配而成的大型复杂产品，且产品价值大、生产周期长时，也可以按照产品的组成部分，分批号组织生产，分批号计算产品成本；当一份订单的批量较大，对方又要求分期交货时，可以划分为若干批号组织生产。三是几份订单一个批号。

因此，分批法的成本计算对象不是购货单位的订单，而是企业生产部门按照购货单位的订单，结合企业的实际情况签发下达的生产任务通知单，单内对该批生产任务进行编号，这种编号称为产品批号或生产令，成本会计部门应当根据产品批号设置基本生产成本明细账。

2. 成本计算期：不定期；与生产周期一致，与会计周期不一致

分批法以产品的批别为对象计算产品成本，批内产品一般都能同时完工，产品成本要在订单完工后才计算，即每批产品的成本只有在该批产品完工时才能计算出来，因此成本计算期是每批或每件产品的生产周期，与会计核算的报告期不一致。每一批次产品的生产周期依据合同要求而定，所以，分批法的产品成本计算期是不固定的。

3. 生产费用通常不需要在完工产品与在产品之间进行分配

采用分批法计算产品成本时，如果是小批或单件生产的情况下，由于成本计算期与产品的生产周期一致，只有在某批次产品完工时才计算产品实际成本，生产费用一般不需要在完工产品与在产品之间进行分配。如月末某批产品尚未完工，基本生产成本明细账上所归集的生产费用就全部是在产品成本；如月末该批产品全部完工，则基本生产成本明细账上所归集的生产费用全部是完工产品成本。但在批量较大时，如果批内产品跨月陆续完工，并需分批陆续交付购货单位的情况下，为了使收入与费用相配比，就应采用适当的方法，将归集的生产费用在完工产品与在产品之间进行分配。

为了简化核算，对于同一批次内先完工的产品，可以按计划单位成本、定额单位成本、最近一期相同产品的实际单位成本计价，从这批产品的成本计算单中转出，剩余数额即为该批产品的在产品成本。在该批产品全部完工时，再计算该批产品实际总成本和单位成本，但对原来计算并转出的前期完工产品成本，不作账面调整。这种分配方法虽然简单，但结果不太准确。因而，如果同一批次产品跨月完工的数量较多，为了正确计算产品成本，应采用适当的方法(如定额比例法、约当产量法等)，将归集的生产费用在完工产品与在产品之间分配。

【练习 4-14】分批法的成本计算对象是(　　　　)。

A. 产品批别　　　　B. 产品类别　　　　C. 产品步骤　　　　D. 产品品种

【练习 4-15】下列(　　　　)，其成本计算期与生产周期一致，与会计报告期不一致。

A. 品种法　　　　B. 分批法　　　　C. 分步法　　　　D. 定额法

【练习 4-16】下列(　　　　)，生产费用一般无须在完工产品和在产品之间分配。

A. 定额法　　　　B. 分批法　　　　C. 分步法　　　　D. 品种法

三、分批法的适用范围

分批法一般适用于小批、单件单步骤生产的企业；也可用于管理上不要求分步骤计算成本的多步骤生产企业，分批法通常适用于下列从事小批单件产品生产的企业：①根据客户的要求生产特殊规格、规定数量的产品的企业。包括承接客户委托加工的单件大型产品，

如船舶、重型机器，也包括受托生产多件同样规格的产品，如特种仪器或专用设备。②产品种类经常变动的小规模企业，这类企业往往需要根据市场变化不断调整生产品种和数量，一般不可能大批量生产，如小五金商品和服装生产等。③专门承揽修理业务的企业，需要按单项修理业务归集费用，计算修理业务成本。④承担新产品开发试制部门，在产品开发期间不可能大批生产试制的产品，因而属于小批量生产，也宜采用分批法计算试制产品的成本。另外，自制设备、工具或模具的辅助生产车间等也可采用分批法。

【练习4-17】分批法适用于( )。
  A. 单件小批单步骤生产
  B. 单件小批多步骤但不要求分步计算成本的生产
  C. 大量大批单步骤生产
  D. 规格、品种繁多的生产

四、分批法计算方法

(一)分批法的计算程序

分批法成本计算程序与品种法成本计算程序基本一致，主要按以下步骤进行。

(1) 按批别开设基本生产成本明细账。

根据生产任务单上所指定的产品批别，为每批产品开设基本生产成本明细账(产品成本计算单)；明细账或计算单上按成本项目归集生产费用，计算本批产品的成本。

(2) 各月份按批别归集和分配生产费用，编制各种费用汇总分配表，登记成本计算单。

以产品批次(生产批号)归集生产费用。某批产品承担的直接计入费用，按批号或订单直接汇总计入该批产品的基本生产成本明细账内；对几批产品共同承担的间接计入费用，按照适当的分配方法在各批产品之间进行分配，分别计入有关各批产品的基本生产成本明细账内。

(3) 按批别计算完工产品成本，产品完工月份，计算该批产品自开工之日起所发生的总成本和单位成本，并结转产成品成本。

某批产品完工后，该批产品的基本生产成本明细账中所归集的生产费用即为该批产品总成本，总成本除以该批产品的数量，即为该批产品单位成本。

分批法的计算程序如图4-2所示。

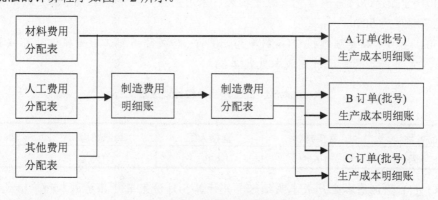

图4-2 分批法的计算程序

(二)分批法的运用实例

【例 4-3】伟宏工厂根据客户订单组织生产,采用分批法计算成本。2019 年 5 月份有关生产情况和成本计算的资料如下。

(1) 2019 年 5 月份生产产品批号及完工情况。

170301 号甲产品 62 台, 3 月份投产,本月全部完工;

170401 号乙产品 64 台, 4 月投产,本月完工 60 台,未完工 4 台;完工产品已交付购买单位。

170501 号丙产品 200 台,本月投产,本月完工 5 台,未完工 115 台;完工产品已交付购买单位。

170502 号丁产品 36 台,本月投产,计划 6 月完工。

(2) 2019 年 5 月初在产品成本见表 4-61。

表 4-61　上月累计生产费用明细表

单位:元

产品批号	直接材料	直接人工	制造费用
170301 号甲产品	55 748	28 798	25 872
170401 号乙产品	25 400	22 430	19 140

(3) 2019 年 5 月份各批产品发生的生产费用见表 4-62。

表 4-62　本月生产费用明细表

单位:元

产品批号	直接材料	直接人工	制造费用	合　计
170301 号甲产品	23 520	22 050	15 960	61 530
170401 号乙产品	36 166	18 180	11 426	65 772
170501 号丙产品	99 185	53 410	25 875	178 470
170502 号丁产品	27 720	20 160	10 640	58 520

(4) 完工产品与在产品之间的分配方法。

170401 号乙产品跨月陆续完工数量较大,采用约当产品法确认期末在产品成本。月末在产品完工程度为 50%。

170501 号丙产品是陆续投料(投料率为 50%),跨月陆续完工数量较少。可按单位计划成本转出,完工产品的单位计划成本见表 4-63。

表 4-63　完工产品单位计划成本

单位:元

产品名称	直接材料	直接人工	制造费用	合　计
170501 号丙产品	1 665	1 395	1 125	4 185

要求: (1) 登记基本生产成本明细账,并计算 5 月份完工产品总成本和单位成本。

(2) 编制产品完工入库的会计分录。

【解析】基本生产成本明细账如表 4-64 至表 4-67 所示。完工产品总成本和单位成本如表 4-68 所示。

表 4-64　基本生产成本明细账

批号：170301 投产日期：2019 年 3 月

产品名称：甲产品　　批量：62 台　　完工日期：2019 年 5 月　　单位：元

日期	凭证编号	摘　要	直接材料	直接人工	制造费用	合　计
31		月初在产品成本	55 748	28 798	25 872	110 418
31		本月生产费用	23 520	22 050	15 960	61 530
31		费用合计	79 268	50 848	41 832	171 948
31		完工产品成本	79 268	50 848	41 832	171 948

表 4-65　基本生产成本明细账

批号：170401 投产日期：2019 年 4 月

产品名称：乙产品　　批量：64 台　　完工日期：　　年　　月　　单位：元

日期	凭证编号	摘　要	直接材料	直接人工	制造费用	合　计
31		月初在产品成本	25 400	22 430	19 140	66 970
31		本月生产费用	36 166	18 180	11 426	65 772
31		费用合计	61 566	40 610	30 566	132 742
31		每台成本	993	655	493	2 141
31		完工 60 台的成本	59 580	39 300	29 580	128 460
31		月末在产品成本	1 986	1 310	986	4 282

表 4-66　基本生产成本明细账

批号：170501 投产日期：2019 年 5 月

产品名称：丙产品　　批量：200 台　　完工日期：　　年　　月　　单位：元

日期	凭证编号	摘　要	直接材料	直接人工	制造费用	合　计
31		月初在产品成本	0	0	0	0
31		本月生产费用	99 185	53 410	25 875	178 470
31		费用合计	99 185	53 410	25 875	178 470
31		每台成本	1 665	1 395	1 125	4 185
31		完工 5 台的成本	8 325	6 975	5 625	20 925
31		月末在产品成本	90 860	46 435	20 250	157 545

表 4-67 基本生产成本明细账

批号：170502　　　　　　　　　　　　　　　　　　　　　　投产日期：2019 年 5 月

产品名称：丁产品　　　　　　　批量：36 台　　　　完工日期：　年　月　　　　单位：元

日期	凭证编号	摘　要	直接材料	直接人工	制造费用	合　计
1		月初在产品成本	0	0	0	0
31		本月生产费用	27 720	20 160	10 640	58 520
		费用合计	27 720	20 160	10 640	58 520
		月末在产品成本	27 720	20 160	10 640	58 520

表 4-68 产成品成本汇总表

2019 年 5 月　　　　　　　　　　　　　　　　　　　　　单位：元

批号	产品名称	计量单位	产量	成本项目			总成本	单位成本
				直接材料	直接人工	制造费用		
170301	甲产品	台	62	79 268	50 848	41 832	171 948	2 773.35
170401	乙产品	台	6 056	59 580	39 300	29 580	128 460	2 141
170501	丙产品	台	5	8 325	6 975	5 625	20 925	4 185
170502	丁产品	台						
合　计				129 370	85 321.2	68 023.6	233.14.8	170 463.3

借：库存商品——170301 号甲产品　　　　　171 948

　　　　　　——170401 号乙产品　　　　　128 460

　　　　　　——170501 号丙产品　　　　　 20 925

贷：基本生产成本——170301 号甲产品　　　171 948

　　　　　　——170401 号乙产品　　　　　128 460

　　　　　　——170501 号丙产品　　　　　 20 925

子任务二　简化分批法的运用

一、简化分批法的概念

有些小批单件生产的企业或车间里，订单多、生产周期长，而实际每月完工的订单并不多。在这种情况下，如果采用当月分配法分配各项费用，即将当月发生的各项生产费用全部分配给各批产品，而不论各批产品完工与否，但由于产品批次众多，费用分配的核算工作量将非常繁重。因而为了简化核算，这类企业或车间可采用简化的分批法。

简化的分批法，是通过对间接费用采用累计分配率进行分配，以减少成本计算工作量的分批法，即将每月发生的人工费用和制造费用等间接费用，不再按月在各批产品之间进行分配，而是将这些间接费用累计起来，等到某批产品完工时，根据完工产品工时占累计总工时的比例，确认完工产品应负担的间接费用，据以计算完工批次的产品成本，因此又称为"间接(计入)费用累计分批法"。由于简化的分批法在月末未完工产品的批次之间不再分配间接费用，所以也称为"不分批计算在产品成本的分批法"。

【练习4-18】简化的分批法是(　　)。

A. 分批计算在产品成本的分批法　　　　B. 不分批计算在产品成本的分批法

C. 不计算在产品成本的分批法　　　　　D. 不分批计算完工产品成本的分批法

二、简化分批法的特点

简化分批法与一般意义上的分批法相比较，具有如下特点。

1. 增设"基本生产成本二级账"

采用简化分批法时，企业设立基本生产成本二级账，目的是按月提供企业或车间全部产品的累计生产费用和累计工时(实用工时或定额工时)资料。按车间设置"基本生产成本二级账"并按批次设置产品成本明细账(产品成本计算单)。在各批产品完工之前，各批次的产品成本明细账内只按月登记直接计入费用(如直接材料)和该批次生产工时。每月发生的各项间接费用(包括人工费用、制造费用等)，不是按月在各批产品之间进行分配，而是先通过"基本生产成本二级账"进行归集，按成本项目累计起来。全部产品的在产品成本以总数反映在基本生产二级账中。

2. 间接费用累计分配

"基本生产成本二级账"累计的间接费用，在没有完工产品的月份，不分配发生的间接费用；在有产品完工的月份，则要计算累计间接费用分配率，按照产品累计生产工时的比例，在各批完工产品之间进行分配；对未完工的在产品则不分配间接计入费用。累计间接费用分配率，既是在各批完工产品之间分配各项间接费用的依据，也是完工产品与月末在产品之间分配各项间接费用的依据。其计算公式如下：

$$累计间接费用分配率=\frac{全部产品累计间接费用}{全部产品累计工时}$$

全部产品累计间接费用=期初结存的全部在产品的间接费用+本月发生的全部间接费用

全部产品累计工时=期初结存的全部在产品工时+本月发生的全部工时

某批完工产品应负担间接费用=该批完工产品累计工时×累计间接费用分配率

累计间接费用分配率既是在各批完工产品之间间接计入费用的依据，也是完工产品与月末在产品之间间接计入费用的依据。在实际工作中，间接费用包括人工费用、制造费用，因此通常要分别计算累计人工费用分配率和累计制造费用分配率，分别计算完工批次产品应负担的人工费用和制造费用。

3. 对当月完工的不同批次的产品均按同一个累计间接费用分配率进行分配

在有完工产品批次的月份，不论完工批次的多少，都只计算统一的累计分配率进行间接费用的分配。这样，不仅简化了间接费用的分配工作，还简化了对未完工批别产品成本明细账的登记工作，因此，企业未完工的批数越多，核算就越简化。

【练习 4-19】下列( )不适宜采用简化的分批法。

　　A. 产品的批次较少　　　　　　　B. 产品的批次较多

　　C. 各月间接费用水平相差不大　　D. 月末未完工产品的批次较多

三、简化分批法的核算程序

1. 设置基本生产成本二级账和基本生产成本明细账(产品成本计算单)

采用简化分批法计算产品成本，应按批次设置基本生产成本明细账(产品成本计算单)，同时按车间设置基本生产成本二级账。"基本生产成本二级账"归集车间所有批次的累计生产费用和累计的生产工时(实际工时或定额工时)。在有完工产品的月份，按照该账户记录的全部间接费用和全部生产工时计算累计间接费用分配率，再计算完工产品应负担的人工费用和制造费用，并分配计入完工批次产品的基本生产成本明细账(产品成本计算单)。

2. 登记各批别产品发生的生产费用和生产工时

对各批次产品发生的直接费用和生产工时，平行计入该批次产品基本生产成本明细账(产品成本计算单)和基本生产成本二级账。对各批次产品发生的间接费用，在发生时计入基本生产成本二级账。

3. 计算完工产品成本

某批产品当月完工，该批产品发生的直接费用加上分配的间接费用，就是该批完工产品的总成本，将完工产品总成本除以该批完工产品的数量，即为该批完工产品的单位成本。

简化分批法成本核算程序如图 4-3 所示。

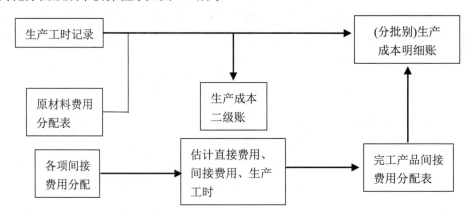

图 4-3　简化分批法成本核算程序

四、简化分批法的运用实例

【例 4-4】天龙工厂是批次多、批量小的生产企业，2019 年 7 月份有第 170701、170702、170703、170704、170705 号订单产品投产，因产品批数多、批量小，且月末未完工产品又很多，因而采用简化的分批法计算产品成本。

(1) 2019 年 7 月份该厂产品批号及完成情况见表 4-69。

表 4-69　各批产品生产情况表

批　号	产品名称	批　量	生产日期	完工日期
170701	甲产品	60	5 月 15 日	7 月 17 日
170702	乙产品	30	6 月 3 日	7 月 31 日
170703	丙产品	58	6 月 12 日	未完工
170704	丁产品	18	6 月 26 日	未完工
170705	戊产品	78	7 月 17 日	未完工

(2) 月初在产品成本及累计工时情况见表 4-70、表 4-71。

表 4-70　月初在产品成本

2019 年 7 月 1 日　　　　　　　　　　　　　　　　单位：元

产品批次		成本项目			合　计
批号	名　称	直接材料	直接人工	制造费用	
170701	甲产品	198 000			198 000
170702	乙产品	54 000			54 000
170703	丙产品	395 000			395 000
170704	丁产品	109 000			109 000
合　计		756 000	286 000	242 000	1 284 000

表 4-71　月初在产品累计生产工时

2019 年 7 月 1 日　　　　　　　　　　　　　　　　单位：小时

产品批次		合　计
批　号	名　称	
170701	甲产品	18 600
170702	乙产品	16 200
170703	丙产品	21 000
170704	丁产品	8 000
合　计		63 800

(3) 本月发生生产费用及耗用生产工时情况见表 4-72。

表 4-72　本月发生的生产费用及耗用生产工时

2019 年 7 月

产品批次及名称		成本项目			生产工时 (小时)
批号	名称	直接材料	直接人工	制造费用	
170701	甲产品	98 800			2 200
170702	乙产品	45 620			1 900

产品批次及名称		成本项目			生产工时
批号	名称	直接材料	直接人工	制造费用	(小时)
170703	丙产品	198 500			2 900
170704	丁产品	128 000			3 250
170705	戊产品	219 000			2 650
合　计		689 920	56 849	32 586	12 900

要求: (1) 开设基本生产成本二级账和按产品批次设置的基本生产成本明细账，并登记期初余额。

(2) 按间接费用累计分配法，计算完工产品应负担的间接费用。

(3) 编制完工产品成本汇总表，并结转完工产品成本。

【解析】

(1) 设置"基本生产成本二级账"(见表4-73)。

表4-73　基本生产成本二级账

车间名称：基本生产车间　　　　　　　　　　　　　　　　　　　　　单位：元

日期	凭证编号	摘　要	直接材料	生产工时	直接人工	制造费用	成本合计
略	略	月初在产品成本	756 000	63 800	286 000	242 000	1 284 000
		本月发生数	98 800	12 900	56 849	32 586	188 235
		累计发生数	854 800	76 700	342 849	274 586	1 472 235
		累计间接费用分配率			4.47	3.58	
		本月完工转出	396 420	38 900	173 883	139 262	709 565
		月末在产品	458 380	37 800	169 017	135 238	762 635

人工费用累计分配率=342 849÷76 700=4.47(元/工时)

制造费用累计分配率=274 586÷76 700=3.58(元/工时)

基本生产成本二级账完工产品直接材料费用=296 800+99 620=396 420(元)

基本生产成本二级账完工产品生产工时=34 800+4 100=38 900(工时)

基本生产成本二级账完工产品直接人工费=38 900×4.47=173 883(元)

基本生产成本二级账完工产品制造费用=38 900×3.58=139 262(元)

(2) 设置各批产品的"基本生产成本明细账"(见表4-74至表4-78)。每月只登记各批产品的直接计入费用(主要是直接材料费用)和各批产品的实际耗用工时数。只有在有完工产品的月份才分配登记间接计入费用。

表4-74 基本生产成本明细账

产品批号：170701　　　　产品名称：甲产品　　　　投产日期：2019年5月15日
订货单位：　　　　批量：60件　完工：60件　　　　完工日期：2019年7月17日

日期	凭证编号	摘　要	直接材料	生产工时	直接人工	制造费用	合　计
		月初在产品成本	198 000	18 600			
		本月发生额	98 800	2 200			
		累计数及分配率	296 800	20 800	4.47	3.58	
		转出完工产品成本	296 800	20 800	92 976	74 464	464 240
		完工产品单位成本	4 946.67		1 549.6	1 241.07	7 737.34

　　170701批号甲产品本月全部完工，累计的直接材料费全部转出。直接人工费和制造费用按产品累计工时比例计算。

　　170701批号甲产品应分配的直接人工费=20 800×4.47=92 976(元)

　　170701批号甲产品应分配的制造费用=20 800×3.58=74 464(元)

表4-75 基本生产成本明细账

产品批号：170702　　　　产品名称：乙产品　　　　投产日期：2019年6月3日
订货单位：　　　　批量：30件　完工：30件　　　　完工日期：2019年7月31日

日期	凭证编号	摘　要	直接材料	生产工时	直接人工	制造费用	合　计
		月初在产品成本	54 000	16 200			
		本月发生额	45 620	1 900			
		累计数及分配率	99 620	18 100	4.47	3.58	
		转出完工产品成本	99 620	18 100	80 907	64 798	245 325
		完工产品单位成本	3 320.07		2 696.9	2 159.93	8 177.50

　　170702批号乙产品本月全部完工，累计的直接材料费全部转出。直接人工费和制造费用按产品累计工时比例计算。

　　170702批号乙产品应分配的直接人工费=18 100×4.47=80 907(元)

　　170702批号乙产品应分配的制造费用=18 100×3.58=64 798(元)

表4-76 基本生产成本明细账

产品批号：170703　　　　产品名称：丙产品　　　　投产日期：2019年6月12日
订货单位：　　　　批量：58件　完工：　　　　完工日期：

日期	凭证编号	摘　要	直接材料	生产工时	直接人工	制造费用	合　计
		月初在产品成本	395 000	21 000			

续表

日期	凭证编号	摘　要	直接材料	生产工时	直接人工	制造费用	合　计
		本月发生额	198 500	2 900			

表 4-77　基本生产成本明细账

产品批号：170704　　　　　　　　产品名称：丁产品　　　　投产日期：2019 年 6 月 26 日
订货单位：　　　　　　　批量：18 件　　　完工：　　　　完工日期：

日期	凭证编号	摘　要	直接材料	生产工时	直接人工	制造费用	合　计
		月初在产品成本	109 000	8 000			
		本月发生额	128 000	3 250			

表 4-78　基本生产成本明细账

产品批号：170705　　　　　　　　产品名称：戊产品　　　　投产日期：2019 年 7 月 17 日
订货单位：　　　　　　　批量：78 件　　　完工：　　　　完工日期：

日期	凭证编号	摘　要	直接材料	生产工时	直接人工	制造费用	合　计
		本月发生额	219 000	2 650			

(3) 编制"完工产品成本汇总表"(见表 4-79)。

表 4-79　完工产品成本汇总表

2019 年 7 月 单位：元

成本项目	甲产品(48 件)		乙产品(22 件)		总成本合计
	总成本	单位成本	总成本	单位成本	
直接材料	296 800	4 946.67	99 620	3 320.07	396 420
直接人工	92 976	1 549.6	80 907	2 696.9	173 883

续表

成本项目	甲产品(48件)		乙产品(22件)		总成本合计
	总成本	单位成本	总成本	单位成本	
制造费用	74 464	1 549.6	64 798	2 159.93	139 262
合 计	464 240	7 737.34	245 325	8 177.50	709 565

根据"产成品成本汇总表"，结转完工产品成本，编制会计分录：

借：库存商品——甲产品　　　　　　　　　　　　464 240

　　　　　　——乙产品　　　　　　　　　　　　245 325

　　贷：基本生产成本——170701批甲产品　　　　　　464 240

　　　　　　　　——170702批乙产品　　　　　　　245 325

任 务 小 练

一、思考题

1. 产品成本计算分批法的特点和适用范围是什么？

2. 简述分批法的成本计算程序。

3. 分批法与简化的分批法有什么区别？

4. 简化的分批法有什么优缺点？采用这种方法应具备哪些条件？

5. 在简化的分批法下，基本生产成本二级账的作用是什么？

6. 产品成本计算分步法的特点及其适应范围是什么？

二、判断题

1. 分批法的成本计算期与会计报告期不一致，与产品生产周期一致。　　　　（　　）

2. 分批法也称订单法，主要因为其成本计算对象是产品的批别或订单。　　　（　　）

3. 采用分批法，在实际工作中，一个订单的产品可以分几批组织生产并计算成本。

　　　　　　　　　　　　　　　　　　　　　　　　　　　　　　　（　　）

4. 分批法月末一般不需要在完工产品与在产品之间分配生产费用。　　　　　（　　）

5. 在单件、小批量生产的情况下，月末一般不存在费用在完工产品与在产品之间分配的问题。　　　　　　　　　　　　　　　　　　　　　　　　　　　　　　（　　）

6. 只要产品批数多，就应该采用简化的分批法计算产品成本。　　　　　　　（　　）

7. 如果一张订单规定有几种产品，也应合为一批组织生产。　　　　　　　　（　　）

8. 简化的分批法是不分批计算在产品成本的分批法。　　　　　　　　　　　（　　）

9. 采用简化的分批法，必须设置基本生产成本二级账。　　　　　　　　　　（　　）

10. 采用分批法，如果批内产品跨月陆续完工情况不多，完工产品数量占全部批量比重较小，完工产品可按计划成本或定额成本计算。　　　　　　　　　　　　　　（　　）

11. 如果一个订单的批量较大，可以分为几批组织生产。　　　　　　　　　（　　）

12. 采用分批法计算产品成本时，必须在该批产品全部完工时才计算成本。　（　　）

13. 采用分批法,由于成本计算期与生产周期一致,因此在任何情况下,月末都不存在完工产品与在产品之间分配费用的问题。   (   )

14. 采用简化的分批法,在间接费用水平相差悬殊的情况下,会影响成本计算的正确性。

(   )

15. 采用简化分批法时,某批完工产品应负担的间接费用应该等于该批完工产品当月耗用的工时数乘以全部产品累计间接费用分配率。   (   )

三、单项选择题

1. 分批法适用的生产组织形式是(   )。
   A. 大量大批生产   B. 小批单件生产
   C. 大量小批生产   D. 单件成批生产

2. 分批法一般是按客户的订单来组织生产的,所以也叫(   )。
   A. 订单法   B. 系数法
   C. 分类法   D. 定额法

3. 在简化分批法下,累计间接费用分配率(   )。
   A. 只是在各批完工产品之间分配间接费用的依据
   B. 只是在各批在产品之间分配间接费用的依据
   C. 既是各批完工产品之间,也是完工产品与在产品之间分配间接费用的依据
   D. 只是完工产品与在产品之间分配间接费用的依据

4. 分批法适用于下列哪些类型的企业或车间(   )。
   A. 大批量单步骤生产企业   B. 多步骤连续式大批量生产企业
   C. 单件小批多步骤生产企业   D. 多步骤装配式大批量生产企业

5. 采用分批法计算产品成本的企业是(   )。
   A. 大量单步骤生产的企业   B. 按流水线组织生产的企业
   C. 半成品对外销售的企业   D. 小批量单件生产的企业

6. 分批法的成本计算对象是(   )。
   A. 产品品种   B. 产品批别
   C. 产品类别   D. 产品的生产步骤

7. 采用简化的分批法,在各批产品完工以前,产品基本生产成本明细账(   )。
   A. 只登记生产工时和人工费用   B. 只登记生产工时和直接费用
   C. 只登记生产工时和间接费用   D. 只登记人工费用和材料费用

8. 简化的分批法与分批法的区别主要表现在(   )。
   A. 不分批计算在产品成本   B. 不分批计算完工产品成本
   C. 不进行间接费用的分配   D. 不分批核算原材料费用

四、多项选择题

1. 分批法适用于(   )。
   A. 小批生产   B. 大批生产

C. 单件生产   D. 多步骤生产

E. 单步骤生产

2. 采用分批法计算产品成本时，如果批内产品跨月陆续完工的情况不多，完工产品数量占全部批量的比重很小，先完工的产品可以按(　　)计价从产品基本生产成本明细账转出。

A. 计划单位成本   B. 定额单位成本

C. 近期相同产品的实际单位成本   D. 实际单位成本

E. 产品的销售单价

3. 采用分批法计算产品成本时，如果批内产品跨月陆续完工的情况较多，完工产品数量占全部批量的比重较大，可以采用(　　)方法在完工产品和在产品之间分配费用。

A. 约当产量比例法   B. 按近期相同产品的实际单位成本计价

C. 定额比例法   D. 计划单位成本计价

E. 按定额单位成本计价

4. 采用简化的分批法，各月(　　)。

A. 只计算完工产品成本   B. 只对完工产品分配间接费用

C. 不分批计算在产品成本   D. 不在完工产品之间分配间接费用

E. 只在月末在产品之间分配间接费用

5. 采用简化的分批法，基本生产成本二级账登记(　　)。

A. 直接费用   B. 间接费用

C. 生产工时   D. 期间费用

E. 全部生产费用

6. 基本生产成本二级账中在产品的各项间接费用的金额，可根据(　　)计算。

A. 二级账月末在产品生产工时分别乘以各该费用分配率

B. 各该费用的累计数分别减去完工产品的相应费用

C. 各批产品基本生产成本明细账月末在产品的各该费用分别汇总

D. 各批产品基本生产成本明细账月末在产品的生产工时之和乘以各该费用累计分配率

E. 各批产品基本生产成本明细账各成本项目累计数相加

7. 分批法下，产品批别可以按(　　)确定。

A. 客户的订单   B. 一张订单下不同的产品

C. 相同产品的不同订单   D. 产品的种类

E. 不同时期的不同订单

8. 简化分批法的适用范围和应用条件有(　　)。

A. 同一月份投产的产品批数很多   B. 月末完工产品的批数较少

C. 各月间接费用水平相差不多   D. 各月生产费用水平相差不多

E. 各月的材料费用水平相差不多

9. 采用简化的分批法(　　)。

A. 必须设立基本生产成本二级账

B. 在产品完工之前，基本生产成本明细账只登记直接费用和生产工时

C. 在生产成本二级账中只登记间接费用

D. 不分批计算在产品成本

E. 必须对每批产品开设基本生产成本明细账

五、填空题

1. 分批法又称订单法，是按照产品的_____归集生产费用，计算产品成本的一种方法。从生产组织的特点看，分批法主要适用于_____生产企业。

2. 简化分配法下，一般将可以直接归属批次的消耗如_____直接计入各批次明细账，对于各批次共同消耗的费用如_____和_____则只是登记在_____中。

3. 采用简化分批法的不足之处，一是未完工批别的基本生产成本明细账不能完整地反映其_____的成本；二是如果各月发生的间接费用_____，会影响_____产品成本计算的正确性。

4. 产品成本计算的分批法，是指以_____作为成本计算对象，归集_____，计算产品成本的方法。

5. 产品的订单与组织产品生产的批号之间存在着三种情况：一是一份订单_____；二是一份订单_____；三是几份订单_____。

6. 分批法的成本计算期就是每批产品的_____，它与_____通常不一致。每一批次产品的_____依据合同要求而定，因此分批法的成本计算期是_____的。

7. 为了简化核算手续，对于同一批次内先完工的产品，可以按_____、定额单位成本或最近一期相同产品的_____计价，从该批产品的成本计算单中转出，剩下的即为该批产品的_____。

8. 分批法的成本计算程序是：按批别开设_____明细账；按批别_____生产费用；按批别计算_____。

9. 简化分批法，是通过对_____采用_____进行分配，以减少_____的分批法。

10. 采用简化分批法时，要增设基本生产成本，用来归集企业投产的所有批次产品的_____和累计的_____。

六、计算题

1. 甲公司根据客户订单小批生产 A、B、C 三种产品，采用分批法计算产品成本。2019年12月份生产情况及生产费用发生情况如下。

(1) 本月份生产产品的批号：

191101 号 A 产品 60 台，11 月份投产，本月完工 8 台。

191201 号 B 产品 46 台，本月投产，本月全部未完工。

191001 号 C 产品 88 台，10 月投产，本月完工 80 台，未完工 8 台。

(2) 本月份的成本资料：

① 各批产品的月初在产品费用见表 4-80。

表 4-80　月初在产品费用

单位：元

批　号	直接材料	直接人工	制造费用	合　计
191001	96 800	20 800	7 500	125 100
191101	49 500	7 630	5 300	62 430

② 根据各种费用分配表，汇总各批产品本月发生的生产费用，见表 4-81。

表 4-81　本月生产费用

单位：元

批号	直接材料	直接人工	制造费用	合计
191001		13 808	4 260	18 068
191101		20 200	5 880	26 080
191201	24 860	9 980	7 080	41 920

③ 各批完工产品与在产品之间分配费用的方法。

191001 批号 C 产品，本月完工数量较大，采用约当产量法确认期末在产品成本。该批产品所需材料在生产开始时一次投入，月末在产品完工程度为 50%。

191101 批号 A 产品，该批产品所需材料在生产开始时一次投入，本月完工数量为 8 台，为简化核算，完工产品成本按定额成本结转。每台完工产品定额成本为：原材料 950 元，直接人工 750 元，制造费用 150 元。

191201 批号 B 产品本月全部未完工，本月生产费用全部是月末在产品成本。

要求：根据上述资料，按批别开设基本生产成本明细账，并根据有关资料进行登记。

2. 宏达公司是批次多、批量小的生产企业，2019 年 7 月份有第 190501、190601、190602、190603、190701 号订单产品投产，因产品批数多、批量小，但月末未完工产品又很多，因而采用简化的分批法计算产品成本。

(1) 2019 年 7 月份该厂产品批号及完成情况见表 4-82。

表 4-82　各批产品生产情况表

批　号	订货单位	产品名称	批　量	生产日期	完工日期
190501	甲公司	A 产品	50	5 月 16 日	7 月 27 日
190601	乙公司	B 产品	20	6 月 16 日	7 月 30 日
190602	丙公司	C 产品	49	6 月 18 日	未完工
190603	丁公司	D 产品	18	6 月 22 日	未完工
190701	戊公司	E 产品	64	7 月 8 日	未完工

(2) 月初在产品成本及累计工时情况见表 4-83、表 4-84。

表 4-83　月初在产品成本

2019 年 7 月 1 日　　　　　　　　　　　　　　　　　　单位：元

产品批次		成本项目			合　计
批　号	名　称	直接材料	直接人工	制造费用	
190501	A 产品	198 000			198 000
190601	B 产品	54 000			54 000
190602	C 产品	287 000			287 000
190603	D 产品	96 000			96 000
合　计		635 000	286 000	242 000	1 163 000

表 4-84　月初在产品累计生产工时

2019 年 7 月 1 日　　　　　　　　　　　　　　　　　　单位：小时

产品批次		合　计
批　号	名　称	
190501	A 产品	18 600
190601	B 产品	16 200
190602	C 产品	21 000
190603	D 产品	8 000
合　计		63 800

(3) 本月发生的生产费用及耗用生产工时情况见表 4-85。

表 4-85　本月发生的生产费用及耗用生产工时

2019 年 7 月

产品批次及名称		成本项目			生产工时(小时)
批号	名称	直接材料	直接人工	制造费用	
190501	A 产品	98 800			2 200
190601	B 产品	45 620			1 900
190602	C 产品	176 400			2 900
190603	D 产品	113 600			3 250
190701	E 产品	192 800			2 650
合　计		627 220	56 849	32 586	12 900

要求:

(1) 开设基本生产成本二级账和按产品批次设置的基本生产成本明细账，并登记期初余额。

(2) 按累计间接费用分配法，计算完工产品应负担的间接费用。

(3) 编制完工产品成本汇总表，并结转完工产品成本。

任务四　分步法的介绍

在大批大量多步骤生产的企业中，为了加强对各生产步骤的成本管理，不但要求按产品品种计算成本，还要求按产品的生产步骤计算各步骤所耗费的成本。为此，需要采用分步法计算每一步骤的半成品成本和最后步骤的完工产品成本。

一、分步法的概念

分步法是按照生产过程中各个加工步骤(分产品品种)为成本计算对象，归集生产费用，计算各步骤半成品和最后产成品成本的一种方法。

二、分步法的特点

分步法的特点主要表现在成本计算对象、成本计算期和生产费用的分配三个方面。

1. 成本计算对象：各种产品的生产步骤

如果只生产一种产品，成本计算对象就是该种产品及其所经过的各生产步骤，基本生产成本明细账(或成本计算单)应该按照产品的生产步骤设立。如果生产多种产品，成本计算对象则应是各种产品及其所经过的各生产步骤。基本生产成本明细账(或成本计算单)应该按照每种产品的各个步骤开立。在进行成本计算、分配和归集生产费用时，某步骤某种产品发生的直接费用，应直接计入该步骤该种产品基本生产成本明细账(或成本计算单)；各步骤、各种产品共同发生的间接费用，应采用适当的方法分配后，再计入各步骤、各种产品的基本生产成本明细账(或成本计算单)。

在会计实务工作实践中，产品成本计算的分步与产品生产步骤的划分不一定完全一致。例如，在按生产步骤设立车间的企业中，一般讲，分步计算成本也就是分车间计算成本。如果企业生产规模很大，车间内分成几个生产步骤，而管理上又要求分步计算成本时，也可以在车间内再分步计算成本；相反，如果企业规模很小，管理上也不要求分车间计算成本，也可将几个车间合并为一个步骤计算成本。总之，应根据管理的要求，本着简化计算工作的原则，确定成本计算对象。

【练习4-20】采用分步法时，作为成本计算对象的生产步骤可以(　　)。

　　A. 按生产车间设立

　　B. 按实际生产步骤设立

　　C. 在一个车间内按不同生产步骤设立

　　D. 将几个车间合并设立

　　E. 以上均正确

2. 成本计算期：日历月；与会计报告期一致，与生产周期不一致

由于多步骤企业都是大量大批生产的企业，不断有投入也有产出，因而其成本计算定期在月末进行，需要在月末计算完工产品成本。与品种法相同，分步法的成本计算期与会

计报告期一致，而与生产周期不同。

3. 生产费用在完工产品与在产品之间分配：通常需要在完工产品与在产品之间进行分配

在大量、大批的多步骤生产中，由于生产过程较长，可以间断，而且往往都是跨月陆续完工，因此在月末计算产品成本时，各步骤一般都存在未完工的在产品。月末需要采用适当的分配方法，将各生产步骤中各成本计算单上汇集的全部生产费用，在完工产品与在产品之间进行分配，计算出各步骤完工产品成本(或计入产成品成本份额)和在产品成本。

4. 各步骤之间成本的结转

由于产品生产是分步骤进行的，上一步骤生产的半成品是下一步骤的加工对象。因此，为了计算各种产品的产成品成本，还需要按照产品品种，结转各步骤成本。月末应采用适当的方法，按产品品种结转各步骤半成品成本(或计入产成品成本份额)，计算每种产品的总成本和单位成本。与其他成本计算方法不同，在采用分步法计算产品成本时，在各步骤之间还有个成本结转问题。这是分步法的一个重要特点。

三、分步法的种类

由于各个企业生产工艺过程的特点和成本管理对各步骤成本资料的要求(如是否需要计算半成品成本)不同，以及对简化成本计算工作的考虑，各生产步骤成本的计算和结转采用两种不同的方法：逐步结转和平行结转。因而，产品成本计算的分步法也就相应地分为逐步结转分步法和平行结转分步法两种。逐步结转分步法计列半成品成本，又分为综合结转分步法和分项结转分步法；平行结转分步法不计列半成品成本。

四、分步法的适用范围

分步法主要适用于大量、大批的多步骤，管理上又要求提供步骤成本信息的生产企业的产品成本计算。因为在这些企业中，产品生产可以分为若干个生产步骤，例如，机械制造企业的生产可分为铸造、加工、装配等步骤，冶金企业的生产可分为炼铁、炼钢、轧钢等步骤，纺织企业的生产可分为纺纱、织布、印染等步骤；造纸企业可分为制浆、制纸、包装等步骤。每个产品生产步骤除了产出半成品(最后一个步骤产出产成品)外，还有一些加工中的在产品。已生产出的这些半成品，可能用于下一生产步骤继续加工或装配，也可能销售给外单位。为了加强各生产步骤的成本管理，不仅要求按产品品种来归集生产费用，计算产品成本，而且还要求按照各个生产步骤来归集生产费用，计算各个步骤产品成本，以便考核与分析各种产品及其每个生产步骤成本计划完成情况。

【练习4-21】分步法适用于(　　　)。

    A. 大量生产

    B. 大批生产

    C. 成批生产

    D. 多步骤生产

    E. 单步骤生产

子任务一　逐步结转分步法的运用

一、逐步结转分步法的概念和适用范围

逐步结转分步法亦称顺序结转分步法、计算半成品成本法，是按产品加工步骤的先后顺序，逐步计算并结转各步骤半成品成本，直至最后生产步骤计算出产成品成本的一种成本计算方法。

逐步结转分步法适用于各步骤半成品有独立的经济意义、有半成品对外销售、管理上需要考核半成品成本的企业。特别适用于大批大量连续式多步骤生产企业。在这类企业中，车间一般是按照加工步骤来设置的，从原材料投入生产到最终产成品制成，中间要顺序经过多个生产步骤进行加工，前面各生产步骤所产的是半成品，只有最后步骤完工的才是产成品。

如黑色冶金工业划分为炼铁、炼钢、轧钢等步骤；纺织工业划分为纺纱、织造、印染等步骤；造纸工业划分为制浆、制纸、包装等步骤，等等，而且各步骤的半成品一般都具有独立的经济意义，既可作为半成品交下步骤继续加工，又可直接作为商品对外销售，如黑色冶金工业的生铁、钢锭，纺织工业的棉纱等。从而决定了这类企业应采用逐步结转分步法计算产品成本，即以产品品种和生产步骤为成本计算对象，既要计算最终产品成本，又要计算步骤半成品成本。并由于上一步骤的半成品是作为下一步骤继续加工的对象，为了正确计算所经各步骤的半成品成本和最终产品的成本，各步骤半成品成本必须随其实物转移到下一步骤继续加工时也转移到下一步骤成本明细账(或成本计算单)的"直接材料"或"自制半成品"成本项目中去。

由于不断地有投入，也有产出，从而也决定了在月末进行成本计算时各生产步骤必然存在尚处在加工过程中的在产品，这种处于某一加工步骤的在产品属于狭义在产品，因此，在分别计算最后步骤完工产品和以前各步骤半成品成本时，均应将各步骤(包括最后步骤)汇集的生产费用在本步骤完工半成品(最后步骤为产成品)与在产品之间进行分配。

二、逐步结转分步法的特点

(1) 半成品的成本要随着半成品的实物转移而结转。

(2) 各步骤"基本生产明细账"归集的费用，包括本步骤自身发生的费用和上一步骤完工的半成品成本。

(3) 逐步结转分步法下的在产品是狭义的在产品，只包括在各个步骤加工中的在产品。

【练习4-22】采用逐步结转分步法(　　)。

　　A. 半成品成本的结转同其实物的转移完全一致

　　B. 成本核算手续简便

　　C. 能够提供半成品成本资料

　　D. 有利于加强生产资金管理

　　E. 为外售半成品和展开成本指标评比提供成本资料

三、逐步结转分步法的计算程序

由于连续式多步骤生产的企业，其步骤半成品一般都具有独立的经济意义而需要按步骤半成品为成本计算对象来计算各步骤半成品的成本，如果我们把各步骤半成品视作产成品，其生产费用的归集和分配与按产品为成本计算对象的品种法是基本相同的，因而其成本计算的一般程序与前述品种法的成本计算程序也是基本相同的，所不同的仅是半成品的结转，在逐步结转分步法下，我们将每一步骤的半成品视作产成品(事实上是可将半成品，如生铁、钢锭、棉纱作为产成品直接对外销售的)，则当其全部直接移交下一步骤加工，或入库后一部分对外销售、一部分由下一步骤领用继续加工(自用部分也可不入库直接交下一步骤加工)。当其半成品随实物的转移而转移时，所谓逐步结转分步法，实际上是品种法的连续应用。

由于半成品由上一步骤移交下一步骤有直接移交和先入半成品库后再领用两种方式，为使半成品成本的结转与半成品的实物转移的方式相适应，故其结转程序也相应分为两种：直接移交方式(半成品不通过仓库收发)的成本计算程序和先入库后领用方式(半成品通过仓库收发)的成本计算程序。

1. 半成品不通过仓库收发的成本计算程序

(1) 根据第一生产步骤基本生产成本明细账中各成本项目归集的生产费用，计算出完工半成品的成本。半成品直接转入下一生产步骤，月末根据完工半成品的成本，借记"基本生产成本——第二步骤(半成品)"账户，贷记"基本生产成本——第一步骤(半成品)"账户。

(2) 第二生产步骤的半成品成本等于第一生产步骤转来的半成品成本，加上第二步骤领用的原材料和发生的加工费用，第二生产步骤完工半成品实物直接转入第三生产步骤。月末根据第二生产步骤完工半成品的成本，借记"基本生产成本——第三步骤(半成品)"账户，贷记"基本生产成本——第二步骤(半成品)"账户。以此类推，直到最后一个生产步骤计算出完工产品的成本。

半成品不通过仓库收发的成本计算程序如图 4-4 所示。

2. 半成品通过仓库收发的成本计算程序

(1) 根据第一生产步骤基本生产成本明细账中各成本项目归集的生产费用，计算出完工半成品的成本。在半成品验收入库时，借记"原材料——第一步骤(半成品)"账户，贷记"基本生产成本——第一步骤(半成品)"账户。

(2) 第二生产步骤从半成品库领取第一步骤自制半成品时，借记"基本生产成本——第二步骤(半成品)"账户，贷记"原材料——第一步骤(半成品)"账户，再加上第二步骤领用的原材料和发生的加工费用，计算出第二步骤完工半成品的成本。第二步骤半成品入库的会计处理与第一步骤完工半成品入库的处理相同，第三步骤领用第二步骤半成品的会计处理与第二步骤领用第一步骤半成品的处理相同；如此往复，按照生产步骤，累计结转半成品成本，直到最后一个生产步骤，计算出完工产品的成本。

半成品通过仓库收发的成本计算程序如图 4-5 所示。

第一步骤半成品明细账

月初在产品成本		生产费用合计	完工半成品成本
本月生产费用	直接材料		
	直接人工		月末在产品成本
	制造费用		

第二步骤半成品明细账

月初在产品成本		生产费用合计	完工半成品成本
本月生产费用	第一步骤半成品成本		
	直接人工		月末在产品成本
	制造费用		

第三步骤半成品明细账

月初在产品成本		生产费用合计	完工半成品成本
	第二步骤半成品成本		
本月生产费用	直接人工		月末在产品成本
	制造费用		

图 4-4 逐步结转分步成本计算程序(直接移交方式)

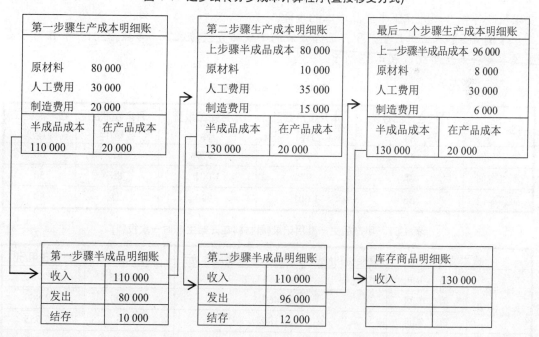

图 4-5 逐步结转分步成本计算程序(先入库后领用方式)

采用逐步结转分步法，各生产步骤之间转移半成品实物的同时，要进行半成品成本的结转。按照结转的半成品成本在下一步骤产品成本明细账中的反映方法，分为综合结转分步法和分项结转分步法两种。

【练习 4-23】采用逐步结转分步法，按照结转的半成品成本在下一步骤产品成本明细账中的反映方法，可分为(   )。

  A. 平行结转法   B. 按实际成本结转法

  C. 按计划成本结转法   D. 综合结转法

  E. 分项结转法

四、逐步结转分步法成本计算

1. 综合结转分步法成本计算

综合结转分步法是指各生产步骤在领用上一生产步骤的半成品时，将领用上一步骤的半成品的成本不分成本项目，综合记入本步骤基本生产成本明细账中的"直接材料"(或专设的"半成品")成本项目的方法。

综合结转分步法是将上一步骤半成品成本向下一步骤成本计算明细账结转时，不分成本项目，而是以移交下一步骤加工的半成品数量乘以半成品单位成本后的半成品总成本登记下一步骤成本明细账的"直接材料"(或"半成品")成本项目，而不按成本项目分别结转。综合结转分步法可以在各步骤的产品成本明细账中反映各该步骤完工产品所耗用半成品费用的水平和本步骤加工费用的水平，有利于各个步骤的成本管理；但为了反映产品成本的原始构成，需要进行成本还原，增加了成本计算的工作量。综合结转分步法适用于管理上要求反映各生产步骤完工半成品成本的企业。

【例 4-5】木业工厂生产甲产品各步骤的半成品直接转入下一步骤，2019 年 6 月份有关成本资料如表 4-86、表 4-87 所示。

表 4-86　产品产量情况

步　骤	月初在产品数量/件	本月投产数量/件	本月完工数量/件	月末在产品数量/件	在产品完工程度/%
第一车间	44	990	979	55	60
第二车间	88	979	1 001	66	50
第三车间	66	1 001	990	77	50

表 4-87　甲产品生产费用记录(原材料在开始生产时一次投料)

成本项目		直接材料(上一步骤转入半成品成本)/元	直接人工/元	制造费用/元
月初在产品成本	第一车间	7 194	5 385.6	3 740
	第二车间	20 460	4 400	2 860
	第三车间	26 180	17 160	5 555
本月投入费用	第一车间	184 800	83 553.8	9 515
	第二车间		106 150	70 125
	第三车间		470 800	185 350

要求:

(1) 半成品成本按综合结转方式结转, 计算完工产品成本, 填制产品成本计算单, 并进行账务处理;

(2) 进行成本还原, 编制产成品成本还原计算表。

【解析】产品成本计算单如表 4-88 至表 4-91 所示, 产成品成本还原计算表如表 4-92 所示。

表 4-88　产品成本计算单

生产步骤: 第一步骤　　　　　　　　　2019 年 6 月　　　　　　　　本月完工:

产品名称: 　　　　　　　　　　　月末在产品: 　　　　　　　　　单位: 元

摘　　要	成本项目			合　　计
	直接材料	直接人工	制造费用	
月初在产品成本	7 194	5 385.6	3 740	16 319.6
本月发生费用	184 800	83 553.8	9 515	277 868.8
生产费用合计	191 994	88 939.4	13 255	294 188.4
月末在产品数量	55	55	55	
在产品约当产量	55	33	33	
本月完工产品数量	979	979	979	
分配率(单位成本)	185.680 851 1	87.884 782 61	13.097 826 09	286.663 5
月末在产品成本	10 212.446 81	2 900.197 826	432.228 260 9	13 544.87
完工产品总成本	181 781.553 2	86 039.202 17	12 822.771 74	280 643.5

表 4-89　产品成本计算单

生产步骤: 第二步骤　　　　　　　　　2019 年 6 月　　　　　　　　本月完工:

产品名称: 　　　　　　　　　　　月末在产品: 　　　　　　　　　单位: 元

摘　　要	成本项目			合　　计
	直接材料	直接人工	制造费用	
月初在产品成本	20 460	4 400	2 860	27 720
本月发生费用	280 643.5	106 150	70 125	456 918.5
生产费用合计	301 103.5	110 550	72 985	484 638.5
月末在产品数量	66	66	66	
在产品约当产量	66	33	33	
本月完工产品数量	1 001	1 001	1 001	
约当总产量	1 067	1 034	1 034	
分配率(单位成本)	282.196 344 9	106.914 893 6	70.585 106 38	459.696 3
月末在产品成本	18 624.958 76	3 528.191 489	2 329.308 511	24 482.46
完工产品总成本	282 478.541 2	107 021.808 5	70 655.691 49	460 156

表 4-90　产品成本计算单

生产步骤：第三步骤　　　　　　　　　　2019 年 6 月　　　　　　　　　　本月完工：

产品名称：　　　　　　　　　　　　　　月末在产品：　　　　　　　　　　单位：元

摘　要	成本项目			合　计
	直接材料	直接人工	制造费用	
月初在产品成本	26 180	17 160	5 555	48 895
本月发生费用	460 156	470 800	185 350	1 116 306
生产费用合计	486 336	487 960	190 905	1 165 201
月末在产品数量	77	77	77	
在产品约当产量	77	38.5	38.5	
本月完工产品数量	990	990	990	
约当总产量	1 067	1 028.5	1 028.5	
分配率(单位成本)	455.797 563 3	474.438 502 7	185.614 973 3	1 115.851
月末在产品成本	35 096.412 37	18 265.882 35	7 146.176 471	60 508.47
完工产品总成本	451 239.587 6	469 694.117 6	183 758.823 5	1 104 693

表 4-91　产品成本计算单

产品名称：　　　　　　　　　　　　2019 年 6 月　　　　　　　　　　产量：990 件

成本项目	总成本	单位成本
直接材料(半成品)	451 239.59	455.80
直接人工	469 694.12	474.44
制造费用	183 758.82	185.61
合　计	1 104 693	1 115.85

借：库存商品——甲产品　　　　　　　　1 104 693

　　贷：基本生产成本——甲产品　　　　　　　　1 104 693

表 4-92　产成品成本还原计算表

2019 年 6 月　　　　　　　　　　　　　　　　　　　　　单位：元

成本项目	上一步骤半成品成本	直接材料	直接人工	制造费用	合　计
第三车间产品成本：	451 239.58		469 694.12	183 758.82	1 104 693
第二车间半成品成本构成	0.613 875 6		0.232 577	0.153 547	100%
第一次还原	277 004.97		104 948.1	69 286.6	
第二车间半成品成本构成		0.647 731 2	0.306 578	0.045 691	100%
第一次还原		179 424.76	84 923.71	12 656.53	
还原后总成本		179 424.76	659 565.93	265 701.95	1 104 693

2. 综合结转分步法的成本还原

1) 综合结转分步法的成本还原的含义

运用综合结转分步法计算产品成本,从上一步骤转入下一步骤的是一个综合的成本,包含上一步骤的直接材料费、直接人工费及制造费用。这样在成本计算单上不能直接看出完工的产成品成本中各个成本项目的原始资料,不能反映成本的构成情况。从而不利于全面控制成本。因而,要求企业进行成本还原。

成本还原是指将产成品耗用各步骤半成品的综合成本,逐步分解还原为"直接材料""直接人工""制造费用"等原始项目表现的产成品成本资料的一种方法。

【练习4-24】需要进行成本还原的分步法是( )。

    A. 平行结转分步法   B. 分项结转分步法

    C. 综合结转分步法   D. 逐步结转分步法

2) 综合结转分步法成本还原的基本思路与程序

成本还原的基本思路是将本步骤耗用的半成品成本按照上一步骤完工半成品的成本结构进行还原,从最后一个步骤向前还原,直至计算出原始的成本结构。从最后一个步骤起至第二步骤止,将各步骤的综合成本逐步分解为直接材料、直接人工及制造费用;将所耗上一步骤半成品的综合成本按照上一步骤各成本项目的结构比例还原。

首先,确定各步骤各成本项目占该步骤完工半成品成本的比重,然后将产成品成本中的上一步骤转入半成品成本乘以上步骤各成本项目占该步骤完工半成品成本的比重。这样就可以将产品成本中的综合成本分解为各个成本项目。分解以后的成本如仍有综合成本,即生产步骤在两个以上的,仍需按以上方法逐步分解,直至将各步骤综合成本还原为原始成本。

还原分配率=(上一步骤完工半成品各成本项目的金额÷上一步骤完工半成品

                成本合计)×100%

还原后各成本项目金额=本月生产该种半成品成本中各成本项目金额×还原分配率

3) 综合结转分步法成本还原实例

【练习4-25】成本还原分配率的计算公式是( )。

    A. 本月所产半成品成本合计÷本月产成品成本所耗该种半成品费用

    B. 本月产品成本所耗上一步骤半成品费用÷本月所产该种半成品成本合计

    C. 本月产品成本合计÷本月产成品成本所耗该种半成品费用

    D. 本月所产半成品成本合计÷本月产品成本合计

【例4-6】森业工厂生产甲产品,分两个步骤由两个车间顺序加工而成。第一车间生产的甲半成品完工后直接投入第二车间继续加工成甲产成品。企业采用综合结转分步法计算产品成本。本月第一车间甲半成品生产成本明细账中完工半成品成本为100 000元,其中:直接材料50 000元,直接人工30 000元,制造费用20 000元。第二车间甲产成品生产成本明细账中,完工产成品成本中各成本项目分别为:直接材料90 000元,直接人工45 000元,制造费用40 000元。

要求:

(1) 按半成品成本还原分配率进行成本还原;

(2) 计算甲产成品总成本和各原始成本项目构成。

【解析】

半成品成本还原分配率=90 000÷100 000=0.9

直接材料成本项目还原费用=50 000×0.9=45 000(元)

直接人工成本项目还原费用=30 000×0.9=27 000(元)

制造费用成本项目还原费用=20 000×0.9=18 000(元)

完工甲产品总成本中各原始构成项目：

直接材料成本项目=45 000(元)

直接人工成本项目=27 000+45 000=72 000(元)

制造费用成本项目=18 000+40 000=58 000(元)

完工甲产品总成本=45 000+72 000+58 000=175 000(元)

3. 分项结转分步法成本计算

分项结转分步法是指按照成本项目，将上一步骤的半成品成本分项转入下一步骤成本计算单上相应的成本项目的一种方法。

采用分项结转分步法计算产品成本，半成品成本从上一步骤转入下一步骤时，分别按照各个成本项目进行结转。根据各步骤月初在产品成本，本月投入费用(如果是第二个及以后的步骤则还需加上从上一步骤转来的半成品的成本)即可计算出各步骤完工半成品成本或产成品的成本。

采用分项结转分步法，能够直接、准确地按原始成本项目反映企业的产品成本构成，便于从整个企业角度考核与分析成本计划的执行情况，不需要进行成本还原，计算工作较为简便。但是采用这种方法，各生产步骤之间成本结转工作比较复杂，特别是产品生产步骤较多或半成品经过半成品库收发时，产品成本计算的工作量较大；而且在各步骤完工产品成本中反映不出所耗用上一步骤半成品成本以及本步骤发生的加工费用，不便于对完工产品成本进行综合分析。

分项结转分步法一般适用于在管理上不要求计算考核各步骤所耗用上步骤半成品成本以及本步骤加工费用的情况。

【例4-7】红业工厂生产乙产品，设有三个生产步骤，各步骤的半成品，直接转入下一步骤继续加工，原材料为开工时一次投入，月末各生产步骤的在产品，均按加工程度50%计算约当产量。2019年6月份有关成本计算资料如表4-93、表4-94所示。

表4-93　乙产品本月产量记录

步　骤	月初在产品数量	本月投产数量	本月完工数量	月末在产品数量
第一车间	88	1 100	1 089	99
第二车间	176	1 078	1 166	88
第三车间	88	1 166	1 188	66

表 4-94 乙产品生产费用记录(原材料在开始生产时一次投料)

成本项目		直接材料	直接人工	制造费用
月初在产品成本	第一车间	20 460	16 280	15 279
	第二车间	14 179	16 610	18 392
	第三车间	16 973	20 394	15 301
本月投入费用	第一车间	45 650	104 720	97 471
	第二车间		99 000	140 008
	第三车间		165 506	139 139

要求：半成品成本按分项结转方式结转，请编制成本计算单，计算完工产品成本，并进行账务处理。

【解析】成本计算单如表 4-95 至表 4-98 所示。

表 4-95 产品成本计算单

生产步骤：第一步骤　　　　　　　　2019 年 6 月　　　　　　　　本月完工：

产品名称：　　　　　　　　　　　　　　　　　　　　　　　　　月末在产品：

摘　要	成本项目			合　计
	直接材料	直接人工	制造费用	
月初在产品成本	20 460	16 280	15 279	52 019
本月发生费用	45 650	104 720	97 471	247 841
耗用上步骤半成品成本	0	0	0	0
生产费用合计	66 110	121 000	112 750	299 860
月末在产品数量	99	99	99	
在产品约当产量	99	49.5	49.5	
本月完工产品数量	1 089	1 089	1 089	
约当总产量	1 188	1 138.5	1 138.5	
分配率(单位成本)	55.648 148 15	106.280 193 2	99.033 816 43	260.962 2
月末在产品成本	5 509.166 667	5 260.869 565	4 902.173 913	15 672.21
完工产品总成本	60 600.833 33	115 739.130 4	107 847.826 1	284 187.8

表 4-96 产品成本计算单

生产步骤：第二步骤　　　　　　　　2019 年 6 月　　　　　　　　本月完工：

产品名称：　　　　　　　　　　　　　　　　　　　　　　　　　月末在产品：

摘　要	成本项目			合　计
	直接材料	直接人工	制造费用	
月初在产品成本	14 179	16 610	18 392	49 181
本月发生费用		99 000	140 008	239 008

续表

摘 要	成本项目			合 计
	直接材料	直接人工	制造费用	
耗用上步骤半成品成本	60 600.833 33	115 739.130 4	107 847.826 1	284 187.8
生产费用合计	74 779.833 33	231 349.130 4	266 247.826 1	572 376.8
月末在产品数量	88	88	88	
在产品约当产量	88	44	44	
本月完工产品数量	1 166	1 166	1 166	
约当总产量	1 254	1 210	1 210	
分配率(单位成本)	59.633 040 93	191.197 6285	220.039 525 7	470.870 2
月末在产品成本	5 247.707 602	8 412.695 652	9 681.739 13	23 342.14
完工产品总成本	69 532.125 73	222 936.434 8	256 566.087	549 034.6

表 4-97 产品成本计算单

生产步骤：第三步骤　　　　　　　　　　2019 年 6 月　　　　　　　　　　本月完工：

产品名称：　　　　　　　　　　　　　　　　　　　　　　　　　　　月末在产品：

摘 要	成本项目			合 计
	直接材料	直接人工	制造费用	
月初在产品成本	16 973	20 394	15 301	52 668
本月发生费用		165 506	139 139	304 645
耗用上步骤半成品成本	69 532.125 73	222 936.434 8	256 566.087	549 034.6
生产费用合计	86 505.125 73	408 836.434 8	411 006.087	906 347.6
月末在产品数量	66	66	66	
在产品约当产量	66	33	33	
本月完工产品数量	1 188	1 188	1 188	
约当总产量	1 254	1 221	1 221	
分配率(单位成本)	68.983 353 85	334.837 374 9	336.614 321 9	740.435 1
月末在产品成本	4 552.901 354	11 049.633 37	11 108.272 62	26 710.81
完工产品总成本	81 952.224 38	397 786.801 4	399 897.814 4	879 636.8

表 4-98 产品成本计算单

产品名称：　　　　　　　　　　　　　2019 年 6 月　　　　　　　　　　产量：

成本项目	总成本	单位成本
直接材料	81 952.224 38	68.983 353 85
直接人工	397 786.801 4	334.837 374 9
制造费用	399 897.814 4	336.614 321 9
合 计	879 636.8	740.435

借：库存商品——乙产品　　　　　　879 636.8
　　贷：基本生产成本——乙产品　　　　879 636.8

子任务二　平行结转分步法的运用

一、平行结转分步法概述

1. 平行结转分步法的概念与适用范围

平行结转分步法是指在计算各步骤成本时，不计算各步骤所产半成品的成本，也不计算各步骤所耗上一步骤的半成品成本，而只计算本步骤发生的各项其他费用，以及这些费用中应计入产成品的"份额"，将相同产品的各步骤成本明细账中的这些"份额"平行结转、汇总，即可计算出该种产品的产成品成本。平行结转分步法，由于不计算半成品成本，故亦称不计算半成品成本分步法。

平行结转分步法主要适用于装配式多步骤大量大批生产的企业，如机械工业；同时也适用于连续式多步骤生产中，半成品没有独立的经济意义或不出售(如砖瓦厂的砖坯、造纸厂的纸浆)的企业。平行结转分步法无法提供各步骤完工半成品成本。

【练习4-26】下列方法中，不计算半成品成本的分步法是(　　)。

A. 平行结转分步法　　　　　　B. 分项结转分步法
C. 综合结转分步法　　　　　　D. 逐步结转分步法

2. 平行结转分步法的特点

(1) 各生产步骤不计算半成品成本。各生产步骤"基本生产成本明细账"只归集本步骤耗费的材料费用、人工费用和制造费用，不计算半成品成本。因此，不论半成品是否通过仓库收发，都不通过"原材料——自制半成品"账户进行金额核算，仅对自制半成品进行数量核算。

(2) 各生产步骤之间不结转半成品成本。在生产过程中，上一生产步骤半成品实物转入下一生产步骤继续加工时，自制半成品的成本不随同实物转移而结转。即使通过半成品仓库收发，也不进行半成品成本结转。

(3) 成本计算对象为各种产成品及其所经过各步骤的"份额"，计算各生产步骤生产费用应计入完工产成品成本的"份额"。月末将各生产步骤归集的生产费用，在完工产成品与月末广义在产品之间进行分配，以确定各生产步骤应计入完工产成品成本的生产费用的"份额"。月末各生产步骤广义在产品包括：①正在各生产步骤中生产的在产品，即狭义在产品；②本步骤生产加工完毕，转入后面各个生产步骤尚未形成最终产成品的在产品；③本步骤完工转入半成品库的半成品。各生产步骤归集的生产费用在完工产品与月末广义在产品之间进行分配的主要方法有定额比例法和约当产量法等。

(4) 平行汇总各生产步骤应计入完工产成品成本的生产费用"份额"，计算该种产成品总成本和单位成本。月末将各生产步骤计算的应计入完工产成品成本的生产费用的"份额"相加汇总后，即为完工产品的总成本，将完工产品总成本除以完工产品数量，就是完工产品的单位成本。

【练习4-27】平行结转分步法的特点有(　　)。

A. 各步骤半成品成本要随着半成品实物的转移而转移

B. 各步骤半成品成本不随着半成品实物的转移而转移

C. 成本计算对象是完工产品成本份额

D. 需要计算转出完工半成品成本

E. 不需要计算转出完工半成品成本

 小贴士

逐步结转分步法下的在产品是狭义的在产品，不包括各步骤已完工的半成品，只包括在各个步骤加工中的在产品。平行结转分步法中的在产品是指就整个企业而言的未完工产品，即广义在产品。

二、平行结转分步法的计算程序

在平行结转分步法下，各生产步骤不计算，也不逐步结转半成品成本，只是在企业产成品入库时，才将各步骤费用中应计入产成品的份额从各步骤产品成本明细账中转出。

(1) 按产品的生产步骤和产品品种开设基本生产成本明细账，按"直接材料""直接人工""制造费用"等设置成本项目，归集本步骤发生的生产费用，上一生产步骤的半成品成本不随半成品实物转入下一步骤。

(2) 将各生产步骤归集的生产费用在完工产成品与月末广义在产品之间采用适当方法(定额比例法和约当产量法等)进行分配，以确定应计入完工产成品成本的生产费用"份额"。

(3) 将各步骤应计入相同完工产成品成本的生产费用"份额"直接相加，计算出最终完工产成品的总成本和单位成本。

平行结转分步法的计算程序如图4-6所示。

第一步骤生产成本明细账

月初在产品成本
本月本步骤发生生产费用
合计
应计入产成品成本份额
月末广义在产品

第二步骤生产成本明细账

月初在产品成本
本月本步骤发生生产费用
合计
应计入产成品成本份额
月末广义在产品

第三步骤生产成本明细账

月初在产品成本
本月本步骤发生生产费用
合计
应计入产成品成本份额
月末广义在产品

第一步骤份额	产成品成本汇总表
第二步骤份额	
第三步骤份额	

图4-6 平行结转分步法成本计算程序

三、平行结转分步法成本计算

【例4-8】长江公司2019年6月份生产甲产品328件，需经过第一车间、第二车间、第三车间连续加工完成。第一车间完工的半成品全部转移给第二车间加工(半成品成本不转移，仍保留在第一车间基本生产成本明细账内，下同)；第二车间完工的半成品全部转移给第三生产车间生产出完工产品。该企业采用平行结转分步法计算产品成本。假定每一生产步骤的狭义在产品材料投料比例和完工程度均为50%，假定每一步骤对前一步骤半成品的耗用比例为1∶1。有关产量资料见表4-99。

表4-99 产量资料

单位：件

项 目	第一车间	第二车间	第三车间
期初在产品数量	47	45	50
本期投入产品数量	290	300	310
本期完工产品数量	300	310	328
期末在产品数量	37	35	32

【解析】各步骤广义在产品数量计算结果如下：

第一车间广义在产品数量=37×50%+35+32=85.5(件)

第二车间广义在产品数量=35×50%+32=49.5(件)

第三车间广义在产品数量=32×50%=16(件)

【例4-9】长江公司2019年6月份生产甲产品1 095件，需经过第一车间、第二车间、第三车间连续加工完成。第一车间完工的半成品需经过第二车间继续加工，第二车间完工的半成品需经过第三车间继续加工才能生产出完工产品。该公司采用平行结转分步法计算产品成本，半成品通过半成品库进行核算。假定每一生产步骤的狭义在产品材料投料比例和完工程度均为50%，假定每一步骤对前一步骤半成品的耗用比例为1∶1。2019年6月份该公司有关产量资料见表4-100。

表4-100 产量资料

单位：件

项 目	第一车间	第二车间	第三车间
期初在产品数量	120	146	134
本期投入产品数量	980	1 000	1 050
本期完工产品数量	1 020	1 080	1 095
期末在产品数量	80	66	89

【解析】各步骤广义在产品数量计算结果如下：

第一车间广义在产品数量= 80×50%+66+89+(1 020-1 000)+(1 080-1 050)=245(件)

第二车间广义在产品数量=66×50%+89+(1 080-1 050)=152(件)

第三车间广义在产品数量=89×50%=44.5(件)

采用平行结转分步法计算的完工产品成本，等于各生产步骤应计入完工产成品成本中的生产费用"份额"之和，这个应计入完工产成品成本中的"份额"是按下式计算的：

某步骤应转入产成品成本的份额=产成品数量×单位产成品耗用某步骤半成品数量×某步骤成本项目费用分配率

式中的"某步骤成本项目费用分配率"可以用约当产量法、定额比例法或定额成本法等方法确定，下面介绍约当产量法下的计算公式：

某步骤成本项目费用分配率=(该步骤月初在产品成本+本期生产费用)÷该步骤产品约当产量

某步骤产品约当产量=本月最终产成品数量+该步骤广义在产品约当产量

【例4-10】兴业工厂设有三个基本生产车间，大量生产丙产品，其生产过程是：

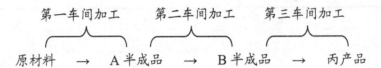

原材料在开工时一次投入。

2019年6月份各车间的产量记录和成本资料如表4-101和表4-102所示。

表4-101　产品生产情况

项　目	计量单位	第一车间	第二车间	第三车间
月初在产品	件	55	165	143
本月投产	件	1 133	1 067	1 155
本月完工	件	1 067	1 155	1 188
月末在产品	件	121	165	110
完工程度		40%	50%	60%

表4-102　有关费用资料

单位：元

	成本项目	直接材料	直接人工	制造费用	合　计
第一车间	月初在产品	23 276	2 684	2 970	28 930
	本月发生费用	317 174	51 488.8	53 460	422 122.8
第二车间	月初在产品	27 588	19 140	21 736	68 464
	本月发生费用		106 260	93 808	200 068
第三车间	月初在产品	15 444	7 260	8 360	31 064
	本月发生费用		39 710	27 390	67 100

注：平行结转法二车间、三车间直接材料无余额。

要求：按平行结转法计算产品成本。

【解析】基本生产成本明细账如表 4-103 至表 4-105 所示，产品成本计算单如表 4-106 所示。

表 4-103　基本生产成本明细账

产品名称：　　　　　　　　　　　2019 年 6 月　　　　　　　　生产步骤：第一步骤

摘　要	直接材料	直接人工	制造费用	合　计
在产品成本	23 276	2 684	2 970	28 930
本月发生费用	317 174	51 488.8	53 460	422 122.8
合　计	340 450	54 172.8	56 430	451 052.8
完工数量与在产品约当产量合计	1 584	1 511.4	1 511.4	
单位成本	214.930 555 6	35.842 794 76	37.336 244 54	288.109 6
最终产品耗用数量	1 188	1 188	1 188	
应结转完工产品份额	255 337.5	42 581.240 17	44 355.458 52	342 274.2
月末在产品成本	85 112.5	11 591.559 83	12 074.541 48	108 778.6

表 4-104　基本生产成本明细账

产品名称：　　　　　　　　　　　2019 年 6 月　　　　　　　　生产步骤：第二步骤

摘　要	直接材料	直接人工	制造费用	合　计
月初在产品成本		19 140	21 736	40 876
本月发生费用		106 260	93 808	200 068
合　计		125 400	115 544	240 944
完工数量与在产品约当产量合计		1 380.5	1 380.5	
单位成本		90.836 653 39	83.697 211 16	174.533 9
最终产品耗用数量		1 188	1 188	
应结转完工产品份额		107 913.944 2	99 432.286 85	207 346.2
月末在产品成本		17 486.055 78	16 111.713 15	33 597.77

表 4-105　基本生产成本明细账

产品名称：　　　　　　　　　　　2019 年 6 月　　　　　　　　生产步骤：第三步骤

摘　要	直接材料	直接人工	制造费用	合　计
月初在产品成本		7 260	8 360	15 620
本月发生费用		39 710	27 390	67 100
合　计		46 970	35 750	82 720
完工数量与在产品约当产量合计		1 254	1 254	
单位成本		37.456 140 35	28.508 771 93	65.964 91
最终产品耗用数量		1 188	1 188	

摘　要	直接材料	直接人工	制造费用	合　计
应结转完工产品份额		44 497.894 74	33 868.421 05	78 366.32
月末在产品成本		2 472.105 263	1 881.578 947	4 353.684

表 4-106　产品成本计算单

产品名称：丙产品　　　　　　　　　2019 年 6 月　　　　　　　　　完工数量：件

项　目	直接材料	直接人工	制造费用	合　计
第一步骤转入	255 337.5	42 581.240 17	44 355.458 52	342 274.2
第二步骤转入		107 913.944 2	99 432.286 85	207 346.2
第三步骤转入		44 497.894 74	33 868.421 05	78 366.32
制造成本合计	255 337.5	194 993.1	177 656.2	627 986.7
单位成本	214.930 6	164.135 6	149.542 2	528.608 4

任 务 小 练

一、思考题

1. 为什么要采用分步法计算产品成本？

2. 什么是逐步综合结转分步法？其优缺点有哪些？

3. 什么是半成品成本的"综合结转法"？什么是半成品成本的"分项结转法"？它们的主要区别是什么？

4. 什么是成本还原？如何进行成本还原？

5. 什么是广义在产品和狭义在产品？两者有何不同？

6. 逐步结转分步法与平行结转分步法的主要区别是什么？

二、判断题

1. 采用逐步结转分步法，半成品成本的结转与半成品实物的转移是一致的，因而有利于半成品的实物管理和在产品的资金管理。　　　　　　　　　　　　　　（　　）

2. 分步法主要适用于大批大量单步骤生产的企业或车间。　　　　　　（　　）

3. 在平行结转分步法下，参与生产费用分配的在产品是指广义的在产品。（　　）

4. 产品成本计算的分步法应顺序结转半成品成本，在最后步骤计算出完工产品成本。
　　　　　　　　　　　　　　　　　　　　　　　　　　　　　　　　（　　）

5. 采用平行结转分步法时，各生产步骤都不能全面反映其生产耗费水平。（　　）

6. 采用分项逐步结转分步法其成本计算期定期在各月末进行。　　　　（　　）

7. 采用综合逐步结转分步法，需要将上一步骤半成品成本，按照成本项目分别转入下一步骤生产成本明细账相对应的成本项目中。　　　　　　　　　　　　　（　　）

8. 分项结转分步法主要适用于管理上不要求计算半成品成本的企业。　（　　）

9. 采用分步法计算产品成本，成本计算步骤与实际的生产步骤不一定完全一致。（　　）

10. 平行结转分步法特别适用于装配式大批大量多步骤生产的企业和车间。　（　　）

11. 逐步结转分步法与平行结转分步法的主要区别在于是否计算半成品成本。　（　　）

12. 采用平行结转分步法，其各生产步骤半成品成本不随其实物的转移而结转。（　　）

13. 采用平行结转分步法，其各生产步骤的在产品是指广义在产品。　（　　）

14. 采用平行结转分步法，其各生产步骤应转出的产成品份额，应以最终完工产成品的数量为基数计算。　（　　）

15. 逐步结转分步法主要适用于大批大量多步骤生产的企业，特别适用于装配式多步骤生产的企业。　（　　）

16. 分步法的成本计算期与产品生产周期一致。　（　　）

17. 采用综合逐步结转分步法，各生产步骤半成品的成本不随半成品实物的转移而结转。　（　　）

18. 在采用分项逐步结转分步法时，为了反映产成品成本的真实构成，必须进行成本还原。　（　　）

19. 产品成本计算的分步法与实际的生产步骤不一定完全一致。　（　　）

20. 不论是综合结转还是分项结转，半成品成本都是随着半成品实物的转移而结转。　（　　）

21. 成本还原的对象是还原前完工产品成本中的半成品的综合成本。　（　　）

22. 在采用综合逐步结转分步法下，根据需要而进行成本还原时，所计算的成本还原率可能大于"1"，也可能小于"1"。　（　　）

23. 采用平行结转分步法，能够直接提供按原始成本项目反映的完工产品成本资料，不必进行成本还原。　（　　）

三、单项选择题

1. 管理上要求分步计算半成品成本时，应当选用（　　）。
   A. 分批法　　　　　　　　　　　B. 逐步结转分步法
   C. 品种法　　　　　　　　　　　D. 平行结转分步法

2. 下列成本计算方法中，各成本计算期与生产周期一致，而与会计报告期不一致的是（　　）。
   A. 品种法　　　　　　　　　　　B. 逐步结转分步法
   C. 分批法　　　　　　　　　　　D. 平行结转分步法

3. 需要进行成本还原的产品成本计算方法是（　　）。
   A. 综合逐步结转分步法　　　　　B. 分项逐步结转分步法
   C. 分批法　　　　　　　　　　　D. 平行结转分步法

4. 在采用分步法计算产品成本时，半成品已经转移，但半成品成本不结转的成本计算方法是（　　）。
   A. 综合逐步结转分步法　　　　　B. 分项逐步结转分步法
   C. 逐步结转分步法　　　　　　　D. 平行结转分步法

5. 半成品成本要随其实物转移而结转的成本计算方法是（　　）。
   A. 品种法　　　　　　　　　　　B. 分批法

    C. 逐步结转分步法   D. 平行结转分步法

6. 逐步结转分步法中，"在产品"的含义是指(　　)。

    A. 自制半成品   B. 狭义在产品

    C. 广义在产品   D. 产成品

7. 平行结转分步法中，"在产品"的含义是指(　　)。

    A. 自制半成品   B. 狭义在产品

    C. 广义在产品   D. 产成品

8. 分项结转分步法的缺点是(　　)。

    A. 需要进行成本还原   B. 不能提供原始项目的成本资料

    C. 成本结转工作比较复杂   D. 便于加强各生产步骤的成本管理

9. 企业将各生产步骤所耗用的半成品成本按其成本项目构成分别计入各步骤产品基本生产成本明细账的相关成本项目，这种结转方式是(　　)。

    A. 综合结转法   B. 平行结转分步法

    C. 逐步结转分步法   D. 分项结转法

10. 采用逐步结转分步法，其在完工产品与在产品之间分配费用，是指在(　　)之间的费用分配。

    A. 完工产品与月末在产品

    B. 完工半成品与月末加工中的在产品

    C. 完工产品与广义的在产品

    D. 前面步骤的完工半成品与加工中的在产品，最后步骤的完工产品与加工中的在产品

11. 企业将各生产步骤所耗用的半成品成本全部计入各该步骤产品基本生产成本明细账的"自制半成品"成本项目，这种结转方式是(　　)。

    A. 综合结转法   B. 平行结转分步法

    C. 逐步结转分步法   D. 分项结转法

12. 分步法适用于(　　)。

    A. 大量大批多步骤生产   B. 单件生产

    C. 小批生产   D. 大量大批单步骤生产

13. 产品成本计算的分步法是(　　)。

    A. 分车间计算产品成本的方法

    B. 计算各步骤半成品和最后步骤产品成本的方法

    C. 按实际生产步骤计算产品成本的方法

    D. 不计算在产品成本的方法

14. 成本还原的对象是(　　)。

    A. 库存商品成本

    B. 各步骤所耗上一步半成品的综合成本

    C. 完工产品中所耗各步骤半成品成本

    D. 各步骤半成品成本

15. 在平行结转分步法下，其完工产品与在产品之间的分配，是指(　　)之间的费用

分配。

  A. 各步骤完工的半成品与月末在产品

  B. 完工产品与月末广义在产品

  C. 完工产品与狭义在产品

  D. 各步骤完工的半成品与广义的在产品

  16. 某产品采用逐步综合结转法计算产品成本，本月第一步骤发生的费用为 50 000 元，完工半成品成本为 40 000 元，本月第二步骤发生的费用为 20 000 元，完工产品成本中所耗上一步骤"半成品"项目金额为 36 000 元。该产品的成本还原率为(　　)。

  A. 0.5   B. 0.9   C. 1.2   D. 1.8

四、多项选择题

  1. 对于逐步结转分步法，下列说法中正确的有(　　)。

  A. 各步骤的在产品成本是狭义在产品成本

  B. 各步骤的在产品成本是广义在产品成本

  C. 需要计算各步骤半成品成本

  D. 半成品成本随着半成品实物的转移而转移

  E. 半成品成本不随半成品实物转移而转移

  2. 采用逐步结转分步法，按照结转的半成品成本在下一步骤基本生产成本明细账中反映方法不同，可分为(　　)。

  A. 综合结转法   B. 分项结转法   C. 按实际成本结转

  D. 按计划成本结转   E. 单项结转法

  3. 采用分项结转法结转半成品成本的缺点有(　　)。

  A. 能够按原始成本项目反映产品成本

  B. 半成品成本结转工作量大

  C. 有利于加强各生产步骤的成本管理

  D. 不便于对完工产品成本进行综合分析

  E. 各步骤完工产品成本中看不出所耗上一步骤半成品成本和本步骤加工费用

  4. 采用综合结转分步法，根据需要进行成本还原时，所计算的成本还原率可能会(　　)。

  A. 大于1   B. 小于1   C. 等于1

  D. 等于0   E. 小于0

  5. 采用综合结转法结转半成品成本的优点有(　　)。

  A. 便于各生产步骤进行成本管理

  B. 便于各生产步骤完工产品的成本分析

  C. 便于从整个企业的角度反映产品成本的构成

  D. 可以反映本步骤加工费用的水平

  E. 可以反映各生产步骤完工产品所耗上一步骤半成品费用水平

  6. 分步法适用于(　　)。

  A. 大量大批单步骤生产

  B. 单件小批生产

  C. 管理上要求分步骤计算成本的多步骤生产

  D. 半成品需要对外销售的多步骤生产

  E. 实现责任会计的多步骤生产企业

7. 平行结转分步法下的在产品包括(　　)。

  A. 正在本步骤加工的在产品

  B. 本步骤完工后转入半成品仓库的半成品

  C. 从外部购入的半成品

  D. 最后步骤完工入库的完工产品

  E. 从半成品仓库转入以后各步骤进一步加工但尚未最终完成的在产品

8. 采用综合结转分步法结转半成品时，可以按(　　)结转至下一生产步骤。

  A. 计划成本   B. 定额成本   C. 实际成本

  D. 标准成本   E. 名义成本

9. 采用平行结转分步法，完工产品与在产品之间的费用分配，是指(　　)之间的费用分配。

  A. 完工产品与广义的在产品

  B. 完工产品与前面各步骤的广义在产品

  C. 各步骤完工半成品与月末加工中的在产品

  D. 前面步骤的完工半成品与广义的在产品

  E. 最后步骤的完工产品与狭义的在产品

10. 平行结转分步法的特点是(　　)。

  A. 不计算各步骤的半成品成本

  B. 不结转各步骤半成品成本

  C. 要计算各步骤的半成品成本

  D. 计算各生产步骤应计入完工产品成本的生产费用"份额"

  E. 汇总各生产步骤应计入完工产品成本的生产费用"份额"确定完工产品成本

五、填空题

1. 分步法的成本计算期与_____一致，而与_____不一致。

2. 分步法按是否计算各种半成品成本，可分为_____和_____两种方法。

3. 逐步法转分步法实际上是_____的多次连续使用。

4. 在逐步结转分步法下，上一步骤的半成品在移交下一步骤继续加工时，其_____应随_____的转移而结转。

5. 在逐步结转分步法下，按照半成品成本结转到下一步骤生产成本明细账中的反映方法的不同，分为_____和_____。

6. 综合逐步结转分步法是将上一步骤的半成品成本向下一步骤生产成本明细账中结转时，不分_____，而是登记入下一步骤生产成本明细账中的_____(或_____)成本项目专栏。

7. 在采用综合逐步结转分步法时，为了反映产品成本的_____，必须对产成品成本中包含的自制半成品成本进行_____。

8. 成本还原是指在综合逐步结转分步法下，将产成品成本中所包含的_____，从最后步骤起向前逐步分解还原为原始成本项目。

9. 采用逐步结转分步法，各步骤生产成本明细账中归集的生产费用应在_____与_____之间进行分配。

10. 平行结转分步法是指不计算_____，而只计算本步骤_____和_____，并将各步骤生产成本明细账中应计入产成品成本的份额_____，计算产成品成本的一种方法。

11. 平行结转分步法主要适用于_____企业，特别是_____企业。

12. 平行结转分步法的优点是：第一，可以_____；第二，可以_____。

13. 产品成本计算的分步法，是指以_____产品(或半成品)作为成本计算对象，归集_____，计算产品(或半成品)成本的一种方法。分步法具体包括_____分步法和_____分步法两种。

14. 采用逐步结转分步法，各生产步骤之间转移_____的同时，要进行_____的结转。按照转入下一生产步骤基本生产成本明细账时半成品成本的反映方式不同，逐步结转分步法可分为_____和_____两种。

15. 成本还原是指将完工产品中所耗"半成品"的_____逐步分解，还原成"直接材料""直接人工"和"制造费用"等原始的成本项目，从而求得按其_____反映的产品成本资料。成本还原方法主要有_____法和_____法两种。

16. 平行结转分步法是将各个生产步骤应计入相同完工产品成本的_____平行汇总，求得_____的方法。

六、计算题

1. 长城公司大量生产 C 产品，材料在开工时一次投入，经第一车间、二车间、三车间顺序加工后成为产成品。若半成品从上一步骤完工后直接转入下一步骤加工，第一车间生产出 A 半成品，第二车间将 A 半成品加工为 B 半成品，第三车间将 B 半成品加工为 C 产成品。在产品采用约当产量法计算。2019 年 12 月份有关成本计算资料如下。

(1) 2019 年 12 月份产品生产情况见表 4-107。

表 4-107　各步骤产品生产情况

单位：件

项　目	第一步	第二步	第三步
月初在产品	200	400	300
本月投产	1 300	1 200	1 400
本月产成品	1 200	1 400	1 500
月末在产品	300	200	200
在产品完工程度	50%	50%	50%

(2) 2019 年 12 月份发生生产费用情况见表 4-108。

表 4-108　各步骤费用资料

2019 年 12 月　　　　　　　　　　　　　　　　单位：元

| 项　目 | 步　骤 | 成本项目 | | | 合　计 |
		直接材料	直接人工	制造费用	
月初在产品成本	第一步	8 850	2 310	2 960	14 120
	第二步	29 760	4 350	3 050	37 160
	第三步	16 930	6 660	3 900	23 980
本月发生费用	第一步	109 650	57 900	68 860	236 410
	第二步	—	41 250	29 350	70 600
	第三步	—	37 500	22 500	60 000

要求：

(1) 根据以上资料，采用综合结转分步法计算产品成本，并编制产品成本计算单；

(2) 进行成本还原。

2. 江泊公司大量生产甲产品，材料在开工时一次投入，经第一车间、二车间、三车间顺序加工后成为产成品。上一步骤完工完成后通过半成品库，下一步骤加工时再从半成品库领取，第一车间生产出乙半成品，第二车间将乙半成品加工为丙半成品，第三车间将丙半成品加工为甲产成品。在产品采用约当产量法计算。2019 年 12 月份有关成本计算资料如下。

(1) 2019 年 12 月份产品生产情况见表 4-109。

表 4-109　各步骤产品生产情况

单位：件

项　目	第一步	第二步	第三步
月初在产品	200	400	600
本月投产	900	1 200	1 150
本月产成品	900	1 300	1 650
月末在产品	200	300	100
在产品完工程度	50%	50%	50%

(2) 2019 年 12 月份发生生产费用情况见表 4-110。

表 4-110　各步骤费用资料

2019 年 12 月　　　　　　　　　　　　　　　　单位：元

| 项　目 | 步　骤 | 成本项目 | | | 合　计 |
		直接材料	直接人工	制造费用	
月初在产品成本	第一步	8 550	1 980	2 960	13 490
	第二步	30 150	4 350	3 050	37 550
	第三步	18 650	6 950	3 960	29 560

续表

项　目	步　骤	成本项目			合　计
		直接材料	直接人工	制造费用	
本月发生费用	第一步	79 500	46 900	50 200	176 600
	第二步	—	39 800	28 500	68 300
	第三步	—	37 500	22 500	60 000

要求：按分项结转分步法计算各生产步骤半成品成本和最后步骤的产品成本。

3. 黄洋公司生产丁产品，分三个步骤完成，原材料在第一步骤生产开始时已全部投入；各步骤月末在产品完工程度均为 50%，完工产品耗用半成品的数量比例为 1∶1∶1。产品与在产品成本按约当产量法分配。由于半成品不出售，管理上也不需要计算半成品成本。故采用平行结转分步法来计算甲产品成本，2019 年 12 月有关生产资料如下。

(1) 各步骤产量记录及结转情况如图 4-7 所示。

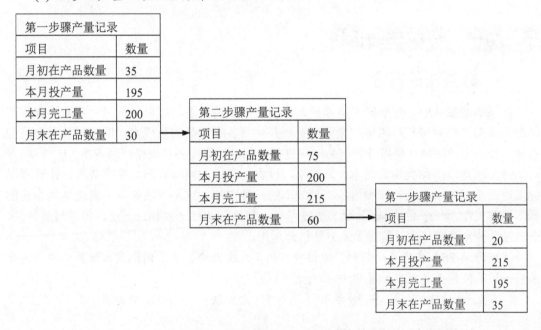

图 4-7　各步骤产量记录及结转情况

(2) 2019 年 12 月初在产品成本情况见表 4-111。

表 4-111　月初在产品成本情况

单位：元

生产步骤	直接材料	直接人工	制造费用	合　计
第一步骤	269 800	58 040	28 770	356 610
第二步骤		9 800	10 240	20 040
第三步骤		11 950	9 760	21 710

(3) 2019 年 12 月份生产费用情况见表 4-112。

表 4-112　2019 年 12 月份生产费用情况

单位：元

生产步骤	直接材料	直接人工	制造费用	合　计
第一步骤	169 880	29 800	59 680	259 360
第二步骤		30 500	40 200	70 700
第三步骤		38 200	41 665	79 865

要求：根据以上资料，采用约当产量法将各步骤的生产费用在完工产品应负担的成本份额和月末在产品成本之间分配，并登记第一、二、三步骤的产品成本计算单。

任务五　分类法和定额法的运用

子任务一　分类法的运用

一、分类法的概念

在某制造企业中，生产的产品品种、规格繁多的情况下，可以先按照一定的标准对产品进行分类，然后按产品类别归集生产费用并计算各类产品的总成本，期末对各类产品的总成本按一定的标准在类内各种产品之间进行分配，计算出各种规格产品成本。

分类法是以产品类别为成本计算对象，设置生产成本明细账归集生产费用，计算各类完工产品总成本，以及计算类内各产品成本的一种方法。这种方法是为了简化某些企业的成本计算工作，在产品成本基本计算方法基础上发展起来的一种辅助方法，可以与品种法、分批法、分步法等成本计算的基本方法结合运用。

【练习 4-28】在产品的品种、规格繁多的工业企业中，为了简化成本计算工作，还会采用一种简便的产品成本计算方法，即(　　)。

　　A. 品种法　　　　B. 分步法　　　　C. 分批法　　　　D. 分类法

二、分类法的适用范围

凡是生产的产品品种、规格、型号繁多，而且可以按照一定的要求划分为若干类别的企业或车间，都可以采用分类法计算产品成本。分类法与产品生产的类型、生产特点不存在直接关系，因而可以在各种类型的生产企业中应用。分类法主要适用于下列几种情况。

(1) 同原料、同工艺生产不同规格产品的企业。用同种原材料经过同样的工艺过程而生产出不同规格的产品，如制鞋厂生产不同尺寸的鞋。

(2) 生产联产品的企业。即用同一种原材料进行加工同时生产出几种主要产品的企业。

(3) 生产副产品的企业。生产主要产品的过程中，附带生产出一些非主要产品的企业。

(4) 生产零星产品的企业。

(5) 生产等级产品的企业。

【练习 4-29】分类法的适用范围与企业的生产类型( )。

    A. 有关系   B. 有直接关系   C. 无关系   D. 无直接关系

三、分类法的特点

分类法的特点主要表现在成本计算对象、成本计算期和生产费用分配三个方面。

1. 以产品的类别作为产品成本计算对象，归集各类产品的生产费用

企业根据产品的结构、所用原料和工艺过程的不同，将产品划分为若干类，以每类产品作为成本计算对象，为每一类产品开设基本生产成本明细账，按规定的成本项目归集生产费用，计算各类产品成本。

2. 成本计算期取决于产品生产特点及管理要求

分类法的成本计算期与成本计算的基本方法相结合。如果大量大批生产，应结合品种法或分步法进行成本计算，每月月末定期计算产品成本，生产周期与会计报告期一致；如果小批量生产，可与分批法结合运用，成本计算期与生产周期一致。所以，分类法并不是一种独立的成本计算方法，而是在与前面所讲的三种基本成本计算方法相结合的基础上产生的计算多规格产品而采用的一种简化成本计算方法。

3. 月末通常要在完工产品与月末在产品之间分配生产费用

分类法实质是在成本计算的品种法、分类法和分步法的基础上演变而来的。因此，分类法的成本计算程序与三种基本的成本计算方法大致相同。不同的是，分类法首先将产品按类别来归集和分配生产费用，并将各类产品生产费用在完工产品和在产品之间进行分配，计算出各类完工产品的总成本和在产品的总成本；然后选用恰当的标准，将完工产品的总成本在类内各种产品之间进行分配，以确定类内各种产品的成本。

【练习 4-30】下列各项中，属于分类法优点的是( )。

    A. 加强成本控制

    B. 提高成本计算的准确性

    C. 能简化成本的计算工作

    D. 能分品种掌握在产品成本水平

【练习 4-31】采用分类法，首先应按( )等标准，将产品划分为若干类别。

    A. 产品性质、结构、工艺过程及耗用原材料

    B. 产品定额费用

    C. 产品售价

    D. 产品性质

四、分类法的成本计算程序

采用分类法计算产品成本的程序包括确定成本计算对象、设置和登记产品成本明细账、计算各类产品总成本和类内产品成本三个方面。

1. 以产品类别为成本计算对象，开设基本生产成本明细账

采用分类法计算产品成本，首先将产品按照性质、结构、用途、生产工艺过程、耗用原材料的不同标准，划分为若干类别。按类别开设基本成本明细账或成本计算单。

2. 归集生产费用

按照规定的成本项目归集生产费用，计算各类产品的总成本及各类完工产品的总成本。会计期末，采用适当的方法将归集的生产费用在完工产品与月末在产品之间进行分配，计算出各类完工产品的总成本。

3. 计算类内各种产品成本

在每类完工产品的内部，采用适当的标准，计算类内各产品的总成本和单位成本。

分类法成本计算程序如图4-8所示。

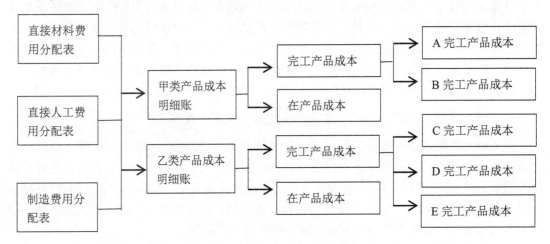

图4-8　分类法成本计算程序

五、类内产品生产费用分配的方法

如何对各类产品的总成本在类内各种产品之间进行分配，保证产品成本计算的合理性和正确性，关键在于正确选择分配标准。常用的分配标准有定额消耗量、定额工时、定额费用、产品出厂价、产品的体积、重量、长度等。具体进行选择时往往考虑分配标准与产品成本之间的关联关系、分配标准取得的难易程度和计算过程是否方便可行等因素。企业划分类内各完工产品成本的常用方法主要是系数法和定额比例法。

1. 系数法

系数法又称"系数分配法"，是以确定的系数为标准来分配费用、成本的一种方法。常用于对各种共同费用的分配、按类计算的产品成本在同类各种产品之间的分配、产品生产费用在完工产品和在产品之间的划分，以及联产品分离的成本的分配等。

【练习4-32】按照固定的系数分配同类产品内各种产品成本的方法(　　)。

  A. 是分类法的一种   B. 是一种简化的分类法

  C. 也叫系数法   D. 是一种单独的成本计算方法

E. 是一种间接计入费用的方法

(1) 确定分配标准。选择与耗费关系密切的因素作为类内产品成本分配的标准，如定额耗用量、定额成本、售价、重量或体积等。

(2) 选择标准产品，确定系数。在同类产品中选择一种有代表性的产品，如产销量大、生产正常、售价稳定的产品作为标准产品，将其系数设为"1"，并计算出其他产品与标准产品的比率即系数。系数一经确定，应相对稳定不变。

某产品系数=该产品分配标准额÷标准产品分配标准额

(3) 将类内产品的产量按系数折算出相当于标准产品的产量。

该产品相当于标准产品的产量=该产品的实际产量×该产品的系数

(4) 计算出全部产品相当于标准产品的总产量，以此标准分配类内各种产品的成本。

某产品应分配的某项费用=该产品的标准产量×某项其他费用分配率

【例 4-11】长江工厂生产的甲、乙、丙三种产品的结构、所用原材料和产品的工艺过程基本相近，将其合并为一类即 A 类，采用分类法计算成本，在产品采用定额成本法。以甲产品为标准产品，材料费用系数按材料费用定额确定；直接人工和制造费用按定额比例分配。甲、乙、丙三种产品 2019 年 12 月份成本数据资料如表 4-113、表 4-114 所示。

表 4-113　定额成本及本月生产费用资料

单位：元

项　　目	直接材料	直接人工	制造费用	合　　计
月初在产品成本	3 930	2 850	3 410	10 190
月末在产品成本	3 280	1 960	2 260	7 500
本月生产费用	21 200	6 950	5 010	33 160

表 4-114　产品产量及单位产品的定额材料

产品类别：A 类　　　　　　　　　　　　　　　　　　　　　　　　　　　2019 年 12 月

产品名称	产量/件	每件产品单位消耗定额	
		原材料(千克/件)	工时(小时/件)
甲	1 200	24	4
乙	800	18	6
丙	1 600	30	8

要求：请根据上述资料，采用分类法计算产品成本。

【解析】

(1) 根据上述资料，形成 A 类产品基本生产成本明细账，如表 4-115 所示。

(2) 以甲产品为标准产品，确定甲、乙、丙产品的系数，并计算其标准产量，如表 4-116 所示。

(3) 根据上述有关资料编制甲、乙、丙三种产品成本计算表，如表 4-117 所示。

表 4-115　基本生产成本明细账

产品类别：A 类　　　　　　　　　　　　　　　　　　　　　　　　　　　　　　　单位：元

2019 年		凭证编号	摘　要	直接材料	直接人工	制造费用	合　计
月	日						
12	1		月初在产品成本	3 930	2 850	3 410	10 190
	30		本月生产费用	21 200	6 950	5 010	33 160
	30		合　计	25 130	9 800	8 420	43 350
	30		完工产品成本	21 850	7 840	6 160	35 850
	30		月末在产品成本	3 280	1 960	2 260	7 500

表 4-116　各产品系数及标准产量折算表

产品名称	单位产品				实际产量	标准产量或工时	
	材料费用定额	系数	定额工时	系数		标准产量	标准工时
甲产品	24	1	4	1	1 200	1 200	1 200
乙产品	18	0.75	6	1.5	800	600	1 200
丙产品	30	1.25	8	2	1 600	2 000	3 200
合　计						3 800	5 600

表 4-117　产品成本计算表

2019 年 12 月

项　目	产量/件	分配标准		直接材料	直接人工	制造费用	合　计
		标准产量	标准工时				
①	②	③	④	⑤=③×分配率	⑥=④×分配率	⑦=④×分配率	⑧
分配率				5.75	1.40	1.10	
甲产品	1 200	1 200	1 200	6 900	1 680	1 320	9 900
乙产品	800	600	1 200	3 450	1 680	1 320	6 450
丙产品	1 600	2 000	3 200	11 500	4 480	3 520	1 950
合　计	1 200	3 800	5 600	21 850	7 840	6 160	35 850

注：直接材料分配率 $= \dfrac{完工产品的直接材料费用}{完工产品的标准产量} = 21\ 850 \div 3\ 800 = 5.75$

直接人工分配率 $= \dfrac{完工产品的直接人工费用}{完工产品的标准工时} = 7\ 840 \div 5\ 600 = 1.40$

制造费用分配率 $= \dfrac{完工产品的制造费用}{完工产品的标准工时} = 6\ 160 \div 5\ 600 = 1.10$

根据表 4-117 的计算结果，编制的记账凭证如下。

借：库存商品——甲产品　　　　　　　　　　　　　　　　　9 900

——乙产品		6 450
——丙产品		19 500
贷：基本生产成本——A 类产品		35 850

2. 定额比例法

定额比例法是在计算出类内各产品的总成本后，将类内各种产品的成本，按各种产品的定额成本和定额消耗量的比例进行分配，从而计算出类内每一种产品的总成本和单位成本的一种方法。这种方法一般适用于定额管理基础工作好，各种定额资料完整、准确、稳定的企业。定额比例法的计算步骤如下：

某类产品材料(人工、制造)费用分配率=该类完工产品材料(人工、制造)费用总额÷
该类内各种产品材料(人工、制造)定额成本
(或定额耗用量)之和

类内某种产品材料(人工、制造)费用实际成本=类内该种产品材料(人工、制造)定额成本
(或定额耗用量)×该类产品材料(人工、
制造)费用分配率

上述公式可以根据成本计算要求进行变换，如某项费用分配率可以变换为类内某产品该项费用定额成本占类内全部产品该项费用定额成本的比例，再以该项费用的实际金额乘以该产品该项定额成本比例，求得该产品的该项费用成本。

子任务二　定额法的运用

一、定额法的概念

产品成本计算的定额法，是为了解决及时反映和监督生产费用和产品成本脱离定额的差异，把产品成本的计划、控制、核算和分析结合在一起，以便加强成本管理。

定额法是指以定额成本为基础，在基本成本计算方法的基础上以产品品种为对象，用现行定额乘计划单价计算的定额成本，再加、减实际成本脱离定额的差异、材料成本差异和月初在产品成本定额变动的差异，求出实际成本的一种方法。即：

产品实际成本=按现行定额计算的产品定额成本±脱离现行定额差异±材料成本差异
±月初在产品定额变动差异

【练习 4-33】在定额法下，产品的实际成本是(　　)的代数和。

A. 按现行定额成本计算的产品定额成本　　　B. 脱离现行定额的差异

C. 材料成本差异　　　D. 月初在产品定额变动差异

E. 按上期定额成本计算的产品定额成本

二、定额法的适用范围

定额法以产品的定额作为计算产品实际成本的基础。因此定额法的运用与企业产品的生产类型没有直接关系，主要适用于定额管理基础比较好，定额管理制度比较健全，生产的产品已经定型，各种消耗定额比较准确、稳定的企业。

三、定额法的特点

定额法不是一种独立的成本计算方法，必须与前述的品种法、分批法、分步法等基本成本计算方法结合运用，是一种成本核算与成本管理紧密结合的方法。与其他成本核算方法相比具有如下特点。

(1) 事先制定产品的消耗定额、费用定额和定额成本作为降低成本的目标，对产品成本进行事先控制。

(2) 在生产费用发生当时，将符合定额的费用和发生的差异分别核算，及时揭示产品实际成本脱离实际的差异，加强对成本差异的日常核算、分析和控制。

(3) 每月月末，在定额成本的基础上加减各种成本差异，计算产品的实际成本，为成本定期考核和分析提供资料。

四、定额法的成本计算程序

(1) 按照企业生产工艺特点和管理要求，确定成本计算对象及成本计算方法。

(2) 根据有关定额标准，计算各成本项目的定额费用，编制产品定额成本计算表。

(3) 生产费用发生时，将实际费用分为定额成本和定额成本差异两部分，分别编制凭证，予以汇总。

(4) 按确定的成本计算方法，汇集、结转各项费用的定额成本差异，并按一定标准在完工产品与在产品之间进行分配。

(5) 将产品的定额成本加减所分得的差异，求出产品的实际成本。

五、产品定额成本的计算

采用定额法计算产品成本，首先必须制定单位产品的定额成本。单位产品的定额成本一般是根据单位产品现行原材料的消耗定额和工时消耗定额，并根据各项消耗定额的原材料的计划单价、计划小时工资率、计划小时制造费用率等资料，计算产品的单位定额和产品的各项消耗定额成本。其具体公式如下：

直接材料定额成本=产品原材料消耗定额×原材料计划单位成本

直接人工定额成本=产品工时定额×计划小时工资率

制造费用定额成本=产品工时定额×计划小时费用率

产品的定额成本=直接材料定额成本+直接人工定额成本+制造费用定额成本

产品的定额成本与企业制定的计划成本不同，定额成本计算是以现行消耗定额为依据计算的产品成本，年度内可能因为定额的修订而变动；计划成本则是以计划期内平均消耗定额(在计划期内应达到计划水平)为依据计算的产品成本，在计划期内一般不进行修改，主要用于经济预测和为决策提供资料。

 知识链接

定额成本与计划成本的区别

计划成本在计划期内通常是不变的，定额成本在计划期内则是变动的；计划成本一般是国家或上级公司等管理机构在计划期内对企业进行成本考核的依据，而定额成本是企业自行制定的，是日常(事中)成本控制的依据，是月末产品实际成本的计算基础，也是进行(事后)成本考核、分析的依据。

在实际工作中，单位产品定额成本一般由计划部门、技术部门和财会部门共同制定。产品的单位定额成本应包括零部件定额成本和产成品定额成本。一般先制定零部件的定额成本，然后汇总制定部件或产成品的定额成本。如果零部件较多，为了简化核算工作，也可以不计算零件定额的成本，根据所有零件的原材料消耗定额、工时消耗定额以及制造费用计划分配率计算部件定额成本，再汇总计算整个产品的定额成本。也可以根据零件、部件卡直接计算产成品成本。零件定额卡、部件定额卡和产成品定额计算表如表 4-118～表 4-120 所示。

表 4-118 零件定额卡

零件编号：8101　　　　　　　　　　　　　2019 年 12 月

零件名称：A

材料编号	材料名称	计量单位	材料消耗定额
46225	甲材料	千克	10
工序	工时定额		累计工时定额
1	1		1
2	2		3
3	3		6
4	2		8
5	1		9

表 4-119 部件定额成本计算表

部件编号：8100　　　　　　　　　　　　　2019 年 12 月

部件名称：甲

所用零件编号或名称	所用零件数量	部件材料费用定额						金额合计	部件工时定额
		46225			46306				
		消耗定额	计划单价	金额	消耗定额	计划单价	金额		
8101	2	20	1	20				20	18
8102	5				10	3	30	30	8
装配									4
合计				20			30	50	30
定额成本项目									定额成本合计
直接材料	直接人工			制造费用					
	每小时定额		金额	每小时定额		金额			
50	3		90	2		60			200

表 4-120　产品定额成本计算表

产品编号：8000

2019 年 12 月

产品名称：E

所用部件编号及名称	所用部件数量	材料费用定额	工时定额
8100	3	150	90
8200	2	350	28
装配			2
合计		500	120
产品定额成本项目			产品定额成本合计
直接材料	直接人工	制造费用	
	每小时定额	金额	每小时定额	金额	
500	3	360	2	240	1 100

小贴士

定额计算法的应用条件

定额管理制度比较健全，定额管理工作的基础比较好，产品的生产已经定型，消耗定额比较准确、稳定。

六、脱离定额差异的计算

定额差异是指企业在生产过程中实际发生的各项生产费用脱离现行定额的差异。它反映了各项生产费用支出的合理程度和现行定额的执行情况。因此企业应及时对脱离定额的差异进行计算，以便降低成本、控制生产费用的发生。当费用发生时，企业应当将符合定额的费用和脱离定额差异分别编制定额凭证和差异凭证，并在有关的费用分配表和明细账中分别予以登记。对于脱离定额差异的计算，要分成本项目进行。

1. 直接材料脱离定额差异的计算

直接材料脱离定额差异是指实际产量的现行定额耗用量与实际耗用量之间的差异与计划价格的乘积，即包括耗用量的差异，而不包括价格的差异。

材料脱离定额差异=实际产量×(单位产品材料的实际耗用量-单位产品材料的定额耗用量)×材料计划单价

　　　　　　　　=(实际耗用材料数量-实际产量×单位产品材料定额耗用量)×材料计划单价

直接材料脱离定额差异的核算方法一般有三种，即限额法、切割法和盘存法。

(1) 限额法。采用这种方法，企业实行限额领料制度。在限额范围内的领料，应根据限额领料单等定额凭证领发。如果由于增加产量，需要增加领料时，在办理追加限额手续后，也可以使用限额领料单领用。由于其他原因发生的超额用料或代用的材料领用，则应填制专设的超额领料单、代用材料领料单等差异凭证，经过一定的审批手续后领发。对于材料代用和废料利用，还应在有关限额领料单中注明，并从原定的限额中扣除。月末应根据领料部门余料编制退料单,办理退料手续。限额领料单中的余额和退料单中的余额和退料单中的原材料退回数额属于原材料节约差异,超额领料单属于原材料的超支差异。月末将限额领料单内的材料余额和各种差异凭证进行汇总,即可算出材料脱离定额的差异。

应注意的是,在一般情况下,采用限额领料法时,领料差异不等于耗料差异。这是因为车间中还可能有期初期末余料,使本期的领料数量不等于本期实际耗料数量。只有在本期投产产品数量等于规定的产品数量,而且车间领料已全部耗用,车间无期初期末余料的情况下,领料差异才能等于耗料差异。采用限额法,本期材料的实际耗用量应按下列公式计算:

本期材料的实际耗用量=本期领用材料数量+期初结余材料数量-期末结余材料数量

【例4-12】韵达工厂基本生产车间2019年12月投产甲产品500件,单位产品的原材料消耗定额为8千克,本月实际领用5 000千克,领料差异为超支1 000千克。每千克的计划单位成本为6元,现有如下两种情况。

第一种情况:

投产的数量与限额领料单的数量一致,无期初期末余料,则:

原材料的定额耗用量=500×8=4 000(千克)

原材料脱离定额的耗用量差异=5 000-4 000=1 000(千克)

原材料脱离定额的成本差异=1 000×6=6 000(元)(超支)

第二种情况:

投产的原材料消耗定额不变,车间的期初余料为50千克,期末余料为100千克,则:

原材料的定额耗用量=500×8=4 000(千克)

原材料的实际耗用量=50+5 000-100=4 950(千克)

原材料脱离定额的耗用量差异=4 950-4 000=950(千克)

原材料脱离定额的成本差异=950×6=5 700(元)(超支)

(2) 切割法。切割法是指对于需要切割后才能使用的材料(如板材等)通过“材料切割单”核算材料脱离定额的差异,以控制用料。“材料切割单”一般应按切割材料的批别开立,单中填明发交切割材料的种类、数量、消耗定额和应切割成的毛坯数量;切割完成后,再填写实际切割的毛坯数量和材料的实际消耗数量。根据实际切割成毛坯数量和消耗定额,计算出材料定额消耗数量,与实际消耗量比较,即可确定用料脱离定额的差异,并将其填入“材料切割单”内,同时注明产生差异的原因。通过材料切割单,核算用料差异。

(3) 盘存法。盘存法是根据定期盘点的方法来计算材料定额耗用量和脱离定额差异的方法。其做法是:根据完工产品的数量和在产品盘存量计算产品的投产数量,将产品的投产数量乘以材料消耗定额,计算出材料的定额耗用量;根据限额领料单、超额领料单和退料单等凭证以及车间余料的盘存资料,计算出材料实际消耗;最后将材料的定额耗用量与实际耗用量对比,确定材料脱离定额的差异。

本月产品的投产量=本月完工产品产量+期末在产品数量×期末在产品的投料程度
-期初在产品数量×期初在产品的投料程度

材料的定额耗用量=本月产品的投产量×材料的消耗定额

不论采用上述哪种方法核算材料定额消耗量和脱离定额的差异,都应分批或定期将这些核算资料按照成本计算对象汇总,编制材料费用和脱离定额差异汇总表,格式如表4-121所示。表中应填明该批或该种产品所耗用各种原材料的定额消耗量、定额成本和脱离定额的差异,并分析说明差异产生的原因。

表 4-121　原材料定额费用和脱离定额差异汇总表

原材料类别	计量单位	计划单价	定额费用		计划价格费用		脱离定额差异		差异原因
			数量	金额	数量	金额	数量	金额	
原　料	千克	10	6 788	67 880	7 000	70 000	+212	+2 120	(略)
主要材料	千克	9	3 960	35 640	3 800	34 200	-160	-1 440	(略)
辅助材料	千克	4	1 120	4 480	1 500	6 000	+380	+1 520	(略)
合　计				108 000		110 200		+2 200	

2. 直接人工费用脱离定额差异的核算

企业采用的工资形式不同，直接人工费用脱离定额差异的核算方法也不相同。

(1) 在计件工资形式下，生产工人工资脱离定额的差异的核算与原材料脱离定额的差异的核算类似。其计算方法为：

$$直接人工定额费用=计件数量×计价单价$$

$$计价单位=计划单位工时的人工费用÷每工时产量定额$$

(2) 在计时工资形式下，人工定额差异只有在月末实际生产工人直接人工总额确定后，才能计算。在这种情况下，工资脱离定额的差异核算可以分两部分：一部分是工时差异，另一部分是工资率差异。平时只核算工时差异，月末时才核算工资率差异。

$$某产品直接人工脱离定额的差异=该产品的实际人工费用-该产品的定额人工费用$$

$$该产品的实际人工费用=该产品的实际产量的实际生产工时×实际小时人工费用该产品$$
$$的定额人工费用=该产品的实际产量的定额生产工时×计划小时人工费用$$

计划小时人工费用=某车间计划产量的定额生产工人人工费用总额÷某车间计划产量的定额生产工时总数

实际小时人工费用=某车间实际生产工人人工费用总额÷某车间实际生产工时总数

$$工时差异=(实际生产工时-计划产量定额生产工时)×计划小时工资率$$

$$人工费用率差异=(实际小时工资率-计划小时工资率)×实际生产工时$$

无论采用哪种工资形式，都应根据上述核算资料，按照产品成本计算对象汇总编制"定额人工费用和脱离定额差异汇总表"，表内汇总登记定额工时和人工费用、实际工时和人工费用以及脱离定额的差异及差异原因等资料，据以登记基本生产成本明细账和有关产品成本计算单，考核和分析各种产品的生产工时和人工费用定额的执行情况。

【例 4-13】中原工厂生产车间 2019 年 12 月投产 600 件，甲产品计划产量的定额工资费用为 16 800 元，计划产量的定额工时为 11 200 小时；实际工资费用为 16 240 元，实际生产工时为 11 600 小时；甲产品定额工时为 8 400 小时，实际工时为 8 800 小时。

要求：计算甲产品定额工资费用和工资费用脱离定额差异。

【解析】计划小时人工费用=16 800÷11 200=1.5(元)

实际小时人工费用=16 240÷11 600=1.4(元)

其中，工时差异=1.5×(8 800-8 400)=600(元)

小时人工费用率变动影响=(1.4-1.5)×8 800=-880(元)

编制"定额人工费用和脱离定额差异汇总表"如表 4-122 所示。

表 4-122　定额人工费用和脱离定额差异汇总表

产品名称：甲产品　　　　　　　　　2019 年 12 月　　　　　　　　　投产：600 件

定额人工费用			实际人工费用			脱离定额差异 (元)
定额生产工时	计划小时人工费用	金额合计	实际生产工时	实际小时人工费用	金额合计	
8 400	1.5	12 600	8 800	1.4	12 320	−280

3. 制造费用脱离定额差异的计算

制造费用属于间接费用，即发生时先按发生地点进行归集，月末才能直接或分配计入产品成本。所以，在日常核算中，不能按照产品直接核算费用脱离定额的差异，职能根据费用计划、费用项目核算费用脱离定额的差异，在月末可比照上述计时工资的计算方法确定。制造费用脱离定额差异的计算，也可按成本核算对象通过编制定额制造费用和脱离定额差异汇总表进行，如表 4-123 所示。

表 4-123　定额制造费用和脱离定额差异汇总表

产品名称：甲产品　　　　　　　　　2019 年 12 月　　　　　　　　　投产：600 件

定额制造费用			实际人工费用			脱离定额差异 (元)
定额生产工时	计划小时分配率	金额合计	实际生产工时	实际小时分配率	金额合计	
8 400	1.6	13 440	8 800	1.3	11 440	−2 000

【练习 4-34】计算和分析脱离定额成本差异主要包括(　　　)。
A. 直接材料脱离定额差异　　　　　　B. 直接人工费用脱离定额差异
C. 制造费用脱离定额差异　　　　　　D. 管理费用脱离定额差异
E. 期间费用脱离定额差异

七、材料成本差异的分配

在定额法下，材料日常核算都是按计划成本进行的，即材料定额成本和材料脱离定额的差异都应按材料的计划单位成本计算。因此，在月末计算产品实际成本时，还必须按照下列公式计算产品应负担的材料成本差异。

某产品分配的材料成本差异=(该产品原材料定额成本±原材料脱离定额差异)
×材料成本差异率

八、定额变动差异的计算

定额变动变异，是指由于修订消耗定额和生产耗费的计划价格而产生的新旧定额之间的差额。定额变动差异与脱离定额差异不同，定额变动差异是定额本身变动的结果，它与生产中费用支出的节约或超支无关，它反映着经济的发展、生产技术进步和劳动生产率提高等对定额的影响。而脱离定额差异则反映生产费用的节约或超支的程度，它反映生产费用的支出符合定额的程度。

消耗定额和定额成本的修订，一般是在月初、季初或年初定期进行。修订后的定额一般在月初实施，当月投入的产品按新的定额计算定额成本及脱离定额的差异。在定额变动的月份，其月初在产品的定额成本并未修订，它仍然是按照旧定额计算的。因此，为了将按旧定额计算的月初在产品定额成本和按新定额计算的本月投入的产品定额成本，在新定额的同一基础上相加，必须计算出月初产品的定额变动差异，以调整月初在产品的定额成本。

其计算公式如下。

月初在产品定额变动差异=月初在产品按原定额计算的定额成本-月初在产品按调整后定额计算的定额成本

【例 4-14】 宏发工厂甲产品月初在产品 200 件，直接材料成本项目的定额成本按上月旧定额每件 22 元计算，共计 4 400 元。从本月起每件材料费用定额为 19 元，本月投产 550 件，当月实际发生直接材料费用为 15 200 元。500 件产品本月全部完工。

要求：采用定额法计算该批完工产品的实际成本。

【解析】

月初在产品定额成本	200×22=4 400(元)
减：月初在产品定额成本降低数	200×(22-19)=600(元)
加：本月投入产品定额成本	550×19=10 450(元)
定额成本合计数	4 400-600+10 450=14 250(元)
加：定额差异	15 200-14 250=950(元)
加：定额变动差异	600(元)
甲产品实际成本	10 450+950+600=12 100(元)

月初在产品定额变动差异可以根据在盘存资料和修订前后的消耗定额，计算月初在产品定额变动前后的定额消耗量，确定定额变动差异。但这种方法在构成产品的零部件种类较多时，计算工作量较大。为简化计算工作，也可以按照单位产品费用的折算系数进行计算。即将按新旧定额计算出的单位产品费用进行对比，求出系数，然后根据系数进行折算。

其计算公式如下：

定额变动系数=按新定额计算的单位产品费用÷按旧定额计算的单位产品费用

月初在产品定额变动差异=按旧定额计算的月初在产品费用×(1-月初在产品定额变动系数)

【例 4-15】 远大工厂从 2019 年 12 月 1 日起实行新定额，修订前的原材料费用定额为 260 元，修订后的原材料定额为 221 元，月初在产品数量为 16 件。

要求：请采用系数法计算定额变动系数。

【解析】 定额变动系数=221÷260=0.85

月初在产品定额变动差异=16×221×(1-0.85)=530.4

由于采用系数法计算月初在产品定额变动差异较为简便，但是由于系数是按照产品的零部件计算的，因而它只适用于零部件成套生产或零部件成套性较大的企业，否则就会影响计算结果的准确性。

各项消耗定额的变动，一般表现为不断下降的趋势，因而月初在产品定额变动的差异，通常表现为月初在产品定额成本的降低。在这种情况下，一方面应从月初在产品定额成本中扣除该项差异，另一方面，由于该项差异是月初在产品生产费用的实际支出，因此应将该项差异计入本月产品成本。相反，若消耗定额提高，则月初在产品定额成本应加上此项差异，而本月产品费用应扣除该项差异。

九、产成品实际成本的计算

采用定额法计算产品成本，其实际成本由定额成本、脱离定额差异、材料成本差异和定额变动差异等内容构成。其公式如下。

产品实际成本＝产品定额成本±脱离定额差异±材料成本差异±定额变动差异

由于生产费用的日常核算是按定额法和各种差异分别进行的，因此，在计算完工产品成本时，要先计算确定完工产品和月末在产品的定额成本，然后将各项差异在完工产品和月末在产品之间分配。为了简化计算，如果各种差异额不大或差异额较大，但各月在产品数量较小的，其差异额可由完工产品成本负担。

岗 位 训 练

1. 本月 A 产品投产 600 件，原材料开始一次性投入，实际费用为：直接材料 60 000 元；直接人工 14 700 元，制造费用 14210 元。A 产品合格品为 480 件，不可修复废品为 20 件，其加工程度为 50%，废品残料作价 500 元入库。

要求：

(1) 计算与结转不可修复废品成本；

(2) 编制残料入库、结转废品净损失的会计分录。

2. 某企业某月份生产的 A 产品共 2 000 件，检验出有 10 件产品属于不可修复废品，并且收回残料作价 100 元入库。已知本月生产工时共 20 000 小时，其中不可修复废品 100 小时，A 产品生产费用合计为 139 920 元，其中原材料费用 90 000 元，工资及福利费 9 120 元，制造费用 40 800 元。原材料在生产开始时一次投料。根据所给的资料，按照合格品与废品数量分配原材料费用，按照生产工时分配加工费用。

要求：

(1) 编制合格品与不可修复废品费用分配表。

(2) 编制废品损失的会计分录。

项 目 训 练

一、思考题

1. 产品成本计算分类法的适用范围。

2. 分类法计算产品成本的特点是什么？

3. 产品成本计算分类法的计算程序。

4. 为什么要采用分类法？

5. 产品成本计算定额法的适用范围。

6. 产品成本计算定额法的计算程序。

7. 产品成本计算定额法的主要特点。

二、判断题

1. 产品成本计算的分类法是指以产品的批别作为成本计算对象归集生产费用，计算产

品成本的一种成本计算方法。　　　　　　　　　　　　　　　　　　　(　　)

2. 分类法可以合理、准确地计算类内各种产品的实际成本。　　　　　(　　)

3. 凡是产品的品种规格繁多，又可以按一定标准划分成为若干类别的企业或车间，均可采用分类法计算产品成本。　　　　　　　　　　　　　　　　　(　　)

4. 分类法下，采用系数法在类内各种产品之间分配费用，所选择的标准产品必定是产量最高的产品。　　　　　　　　　　　　　　　　　　　　　(　　)

5. 分类法不需要按照产品品种计算成本，因而可以简化成本计算工作。　(　　)

6. 采用分类法计算产品成本的主要目的是加强成本管理。　　　　　　　(　　)

7. 是否选用分类法计算产品成本与产品的生产类型无直接关系。　　　　(　　)

8. 定额变动差异是指实际费用与定额费用之间的差额。　　　　　　　　(　　)

9. 定额成本法是将成本核算与成本控制紧密结合的方法。　　　　　　　(　　)

10. 产品的定额成本就是各种有关的现行定额计算的成本。　　　　　　(　　)

11. 脱离定额差异是指生产过程中，各项生产费用的实际支出脱离现行定额的金额。

　　　　　　　　　　　　　　　　　　　　　　　　　　　　　　　　(　　)

三、单项选择题

1. 产品成本计算的分类法适用于(　　)。

　　A. 品种规格繁多的产品

　　B. 可以按一定标准分类的产品

　　C. 大量大批生产的产品

　　D. 品种规格繁多且可以按一定标准分类的产品

2. 下列各项中，属于分类法优点的是(　　)。

　　A. 能加强成本控制　　　　　　　　B. 能简化产品成本的计算

　　C. 能提高成本计算的正确性　　　　D. 能分品种掌握产品成本水平

3. 必须采用分类法计算成本的是(　　)。

　　A. 主产品　　　　B. 联产品　　　　C. 副产品　　　　D. 等级产品

4. 分类法是按照(　　)归集费用、计算成本的。

　　A. 批别　　　　　B. 品种　　　　　C. 步骤　　　　　D. 类别

5. 产品成本计算的分类法适用于(　　)。

　　A. 大量大批多步骤生产　　　　　　B. 大量大批单步骤生产

　　C. 各种类型的生产　　　　　　　　D. 单件小批单步骤生产

6. 采用分类法计算产品成本，目的在于(　　)。

　　A. 加强各类产品的成本管理　　　　B. 分品种计算产品成本

　　C. 简化各种产品成本的计算工作　　D. 分类计算产品成本

7. 下列方法中，既是产品成本计算方法，又是成本控制方法的是(　　)。

　　A. 分步法　　　　B. 分批法　　　　C. 分类法　　　　D. 定额法

8. 定额法的适用范围是(　　)。

　　A. 与生产类型直接相关　　　　　　B. 与生产类型无关

　　C. 使用于大量生产　　　　　　　　D. 使用于小批生产

9. 在定额法下，当消耗定额降低时，月初在产品定额成本的调整数和定额变动差异数(　　)。

　　A. 都是正数　　　　　　　　　　　B. 都是负数

C. 前者是正数,后者是负数　　　　　　　　D. 前者是负数,后者是正数

10. 在生产过程中,企业实际发生的成本与定额成本的差异是(　　)。

A. 脱离定额的差异　　　　　　　　　　　B. 材料成本差异

C. 定额变动差异　　　　　　　　　　　　D. 费用变动差异

11. 下列方法中,既是产品成本计算方法,又是成本控制方法的是(　　)。

A. 分步法　　　　B. 分批法　　　　　　C. 分类法　　　　D. 定额法

四、多项选择题

1. 产品成本计算的辅助方法有(　　)。

A. 品种法　　　　B. 分批法　　　　　　C.分步法　　　　D. 分类法

E. 定额法

2. 采用分类法,某类产品中各种产品之间分配费用的标准可以选用(　　)。

A. 定额消耗量　　B.计划成本　　　　　C. 定额成本　　　D. 产品售价

E. 相对固定的系数

3. 在品种规格繁多且可按一定标准划分为若干类别的企业或车间中,能够应用分类法计算成本的产品生产类型有(　　)。

A. 大量大批多步骤生产　　　　　　　　　B. 大量大批单步骤生产

C. 单件小批多步骤生产　　　　　　　　　D. 成批生产

E. 单件小批单步骤生产

4. 对于产品成本计算分类法,下列说法正确的有(　　)。

A. 按照产品类别设置生产成本明细账,归集生产费用,计算成本

B. 需要根据各类产品的生产工艺特点和管理要求,与基本方法结合运用

C. 在产品品种规格繁多,而且可以供按一定标准分类的企业运用,可简化成本计算工作

D. 在产品品种规格繁多的企业或车间,均可采用分类法计算产品成本

E. 会计期末一般要在完工产品与月末在产品之间分配生产费用

5. 采用分类法计算产品成本的企业,应按(　　)将产品划分为比较相近的若干类别。

A. 产品性质　　　　　　B.产品结构　　　　　　C. 所用材料

D. 工艺技术过程　　　　E. 管理要求

6. 下列产品中,可以采用分类法计算成本的有(　　)。

A. 等级产品　　　　　　B. 主、副产品　　　　　C. 联产品

D. 不同规格的针织品　　E. 各种糖果产品

7. 将产品的定额成本调整为实际成本,需要加减的差异有(　　)。

A. 脱离定额差异　　　　　　　　　　　　B. 在产品差异

C. 材料成本差异　　　　　　　　　　　　D. 定额变动差异

8. 定额法的优点有(　　)。

A. 有利于加强成本控制

B. 有利于进一步挖掘降低产品成本的潜力

C. 有利于提高成本的定额管理和计划管理的水平

D. 计算产品成本的工作量较小

9. 定额法的主要特点有( )。

    A. 简化成本核算的工作

    B. 加强了对产品成本的事前控制

    C. 加强了对成本差异的日常核算、分析和控制

    D. 为定期考核和分析成本提供数据

10. 采用定额法计算产品成本，应具备的条件有( )。

    A. 定额管理制度比较健全   B. 定额管理工作基础比较好

    C. 产品生产已经定型   D. 消耗定额比较准确且稳定

    E. 完工产品数量多

五、填空题

1. 这种以_____为成本计算对象，归集生产费用，计算各类_____和类内各种_____的方法就是产品成本计算的分类法。

2. 分类法在计算产品成本时，其产品成本计算期往往由产品成本计算的_____决定。

3. 企业划分类内各完工产品成本的常用方法主要是定额_____和_____。

4. 定额法是以_____为基础，根据定额成本、_____和_____计算产品实际成本的一种_____和成本计算相结合的方法。

5. 采用定额法计算产品成本的前提是_____较准确、较稳定的_____定额。

6. 实行定额成本制度的企业在采用定额法核算产品成本时，要考虑产品_____、脱离定额差异、_____和定额变动差异四个因素。

7. 产品成本计算的定额法是一种成本计算的_____方法，在运用时也要与_____方法结合使用。

4.1　产品成本计算方法的影响因素.mp4   4.2　产品成本计算方法的选择.mp4   4.3　品种法的应用.mp4   4.4.1　分批法.mp4

4.4.2　简化分批法.mp4   4.5.1　分步法.mp4   4.5.2　逐步结转分步法.mp4   4.5.3　平行结转分步法.mp4

4.6　分类法.mp4   4.7　定额法.mp4

项目五 成本报表的编制

【岗位目标】

◆ 会编制商品产品成本表。

◆ 会编制主要产品单位成本表。

◆ 会根据实际业务编制成本报表。

【学习目标】

◆ 了解成本会计报表的作用和编制要求。

◆ 掌握商品产品成本表的编制方法。

◆ 掌握主要产品单位成本表的编制方法。

◆ 了解制造费用表和期间费用报表的编制方法。

任务导图

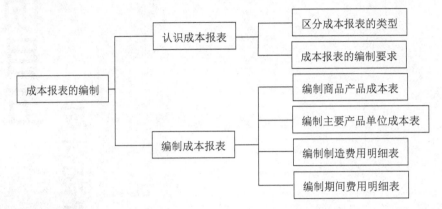

项目导读

成本变化了吗？

华达工艺制品有限公司宣布业绩考核报告后，二车间负责人李杰情绪低落。原来他任职以来积极开展降低成本活动，严格监控成本支出，考核中却没有完成责任任务，严重挫伤了工作积极性。财务负责人了解情况后，召集了有关成本核算人员，寻求原因，将采取进一步行动。

华达公司自1997年成立并从事工艺品加工销售以来，一直以"重质量、守信用"在同行中经营效果及管理较好。近期，公司决定实行全员责任制，寻求更佳的效益。企业根据三年来实际成本资料，制定了较详尽的费用控制方法。

材料消耗实行定额管理，产品耗用优质木材，单件定额6元，人工工资实行计件工资，计件单价3元，在制作过程中需用专用刻刀，每件工艺品限领1把，单价1.30元，老保手套每产10件工艺品领用1副，单价1元。当月固定资产折旧费8 200元，摊销办公费800元，保险费500元，租赁仓库费500元，当期计划产量5 000件。

车间实际组织生产时，根据当月订单组织生产2 500件，车间负责人李杰充分调动生产人员的工作积极性，改善加工工艺，严把质量关，杜绝了废品产生，最终使材料消耗定额由每件6元降到4.5元，领用专用工具刻刀2 400把，价值3 120元。但是，在业绩考核中，却没有完成任务，出现了令人困惑的结果。

为什么会出现这样的结果？分析一下成本的变化。

理论认知

任务一　认识成本报表

一、成本报表的作用

1. 成本报表的含义

成本会计报表是根据产品(经营业务)成本和期间费用的核算资料以及其他有关资料编

制的用来反映企业一定时期产品(经营业务)成本和期间费用水平及其构成情况的报告文件；是企业进行成本分析的基础信息；是企业进行成本决策的支持。成本会计报表的信息质量，关系到决策质量的高低，因而，应加强对成本会计报表信息的管理。

成本是综合反映企业生产技术和经营、管理工作水平的一项重要指标。企业物质消耗、劳动效率、技术水平、生产经营管理，以及外部因素(如物价、国家经济政策等)，都会直接或间接地在产品成本和期间费用中表现出来。通过编制和分析成本报表，可以考核成本、费用计划的执行情况，寻找降低成本、费用的途径。

工业企业成本报表一般包括：商品产品成本表、主要产品单位成本表、制造费用明细表、各种期间费用明细表。

2. 成本报表的作用

(1) 成本报表能够提高企业成本管理水平，反映企业成本费用计划完成情况。将成本报表的实际数字与成本计划进行比较，可以检查计划的执行情况，进一步分析完成或未完成计划的具体原因，为制订下期的成本计划提供依据。

(2) 成本报表能够评价和考核各成本环节成本管理的业绩。利用成本报表上所提供的资料，经过有关指标计算、对比，可以明确各有关部门和人员在执行成本计划、费用预算过程中的成绩和差距，以便总结工作经验和教训，奖励先进，鞭策落后，调动广大职工的积极性，统筹安排人、财、物，为全面完成和超额完成企业成本费用计划预算起到重要作用。

(3) 成本报表能够为企业生产决策提供重要依据。成本报表提供的实际产品(或经营业务)成本和费用资料，不仅可以满足企业、车间和部门加强日常成本、费用管理的需要，而且是企业进行成本、利润的预测、决策、编制产品成本和各项费用计划，制定产品价格的重要依据。

【练习 5-1】工业企业成本报表一般包括(　　)。

　　A. 商品产品成本表　　　　B. 主要产品单位成本表　　　　C. 制造费用明细表
　　D. 各种期间费用明细表　　E. 以上均包括

二、成本报表的编制要求

(1) 内容完整。成本报表应该反映生产经营全过程的情况，提供能够满足各方面对经济信息的需求，因此，编制的成本报表，应按规定的格式和内容添置，不能遗漏，清晰明了。某些重要的会计事项和资料要在报表中注解，说明情况。

(2) 数字真实。成本会计必须以实际经济活动为依据，真实反映会计主体的经济活动，不允许估计数字，严禁弄虚作假。因此，企业在编制报表前，应将本期发生的各项经济业务全部登记入账；认真清查财产物资，做到账实相符；核对账簿记录，做到账账相符。报表编制完毕，还要核对账表资料，做到账表相符、表表相符。

(3) 编报及时。成本报表属于内部管理报表，在日常成本核算过程中，为了及时反馈成本信息和提示存在的问题，需将会计报表及时编制和及时报送，保证信息的时效性，从而使报表使用者迅速调整经济活动，作出正确的决策。

【练习 5-2】企业成本报表编制要求有(　　)。

　　A. 数字准确　　　　B. 内容完整　　　　C. 报送及时
　　D. 账账相符　　　　E. 账表相符

任务二　成本报表的编制方法

一、商品产品成本表

成本报表的种类、格式可以根据企业的生产过程特点及经营管理要求自行设置和调整。

1. 商品产品成本表的类型与结构

产品成本报表是反映企业在报告期内生产的全部产品的总成本的报表。该表一般分为两种，一种按成本项目反映，另一种按产品种类反映。按成本项目反映的商品产品成本表是按成本项目汇总反映企业在报告期内发生的全部生产成本以及产品生产成本合计额的报表；按产品种类反映的商品产品成本表是按产品种类汇总反映企业在报告期内生产的全部产品的单位成本和总成本的报表。

【练习5-3】企业成本报表的种类、项目、格式和编制方法(　　)。

  A. 由国家统一规定　　　　　　　　　　B. 由企业自行确定

  C. 由企业主管部门统一规定

  D. 由企业主管部门与企业共同制定

商品产品成本表是企业成本报表体系中的主要报表，它由表首、基本部分和补充资料三部分内容构成。通常情况下，表首部分由报表名称、编制单位与日期、金额单位等构成；基本部分中将全部产品分为可比产品和不可比产品，列示其各种产品的单位成本、本月总成本、本年累计总成本；补充资料部分主要列示可比产品成本降低额和成本降低率等指标。

按成本项目反映的商品产品成本表的基本结构是按成本项目列示产品总成本，并按上年实际数、本年计划数、本月实际数和本年实际数分项、分栏进行反映。其基本格式如表5-1所示。

表5-1　商品产品成本表(按成本项目反映)

编制单位：　　　　　　　　　　　　　201×年12月　　　　　　　　　　　　金额单位：元

成本项目	上年实际	本年计划	本月实际	本年实际
直接材料				
直接人工				
制造费用				
产品生产成本				

按产品类别反映的商品产品成本表的基本结构是按产品种类(即可比产品和不可比产品)汇总反映企业在一定时期内生产的全部产品的单位成本和总成本，并根据实际产量，按上年实际平均、本年计划数、本年实际数分品种分栏进行反映。其一般格式和内容如表5-2所示。

表 5-2　商品产品成本表(按产品类别反映)

编制单位：　　　　　　　　　　　　　　　201×年12月　　　　　　　　　　　　　　　金额单位：元

产品名称	实际产量		单位成本				本月总成本			本年累计总成本		
	本月	本年累计	上年实际平均	本年计划	本月实际	本年累计实际平均	按上年实际平均单位成本计算	按本年计划单位成本计算	本月实际	按上年实际平均单位成本计算	按本年计划单位成本计算	本年实际
	①	②	③	④	⑤=⑨÷①	⑥=⑫÷②	⑦=①×③	⑧=①×④	⑨	⑩=②×③	⑪=②×④	⑫
可比合计	—	—	—	—	—	227	300 000	275 000	269 500	3 300 000	3 025 000	2 992 000
其中：甲产品	2 000	22 000	100	90	88	89	200 000	180 000	176 000	2 000 000	1 980 000	1 958 000
乙产品	500	5 500	200	190	187	188	100 000	95 000	93 500	1 100 000	1 045 000	1 034 000
不可比合计			—	420	—	—		42 000	43 100	—	546 000	572 000
其中：丙产品	100	1 300	—	420	431	440	—	42 000	43 100	—	546 000	572 000
全部产品生产成本								317 000	312 600		3 571 000	3 564 000

补充资料	
项目	本年累计实际
(1)可比产品成本降低额	308 000
(2)可比产品成本降低率(本年计划降低率8%)	9.333%

可比产品是指以前年度正式生产过，具有较完备的成本资料的产品，所以商品产品成本表在可比产品的单位成本、本月总成本和本年累计总成本等项目中分别列出上年实际数、本年计划数、本月实际数和本年累计实际平均数等具体指标，以便于分析可比产品成本降低任务的完成情况。不可比产品是指以前年度没有正式生产过，因而也没有完备的成本资料的产品，以及去年试制成功今年正式投产的产品，因此在商品产品成本表对不可比产品的单位成本、本月总成本和本年累计总成本以及对全部产品生产总成本的项目，只列出本年计划数、本月实际数和本年累计实际平均数，以利于分析不可比产品、全部产品的生产成本计划执行情况。

2. 商品产品成本表的编制方法

1) "实际产量"项目

① 本月实际产量，应根据相应的产品成本明细账填列。

② 本年累计实际产量，应根据本月实际产量加上月本表的本年累计实际产量计算填列。

2) "单位成本"项目

① 上年实际平均单位成本，应根据上年度本表所列全年累计实际平均单位成本填列。

② 本年计划单位成本，应根据本年度成本计划填列。

③ 本月实际单位成本，应根据表中本月实际总成本除以本月实际产量计算填列。如果产品成本明细账或产品成本汇总表中有现成的本月产品实际产量、总成本和单位成本，表中这些项目都可以根据产品成本明细账或产品成本汇总表填列。

④ 本年累计实际平均单位成本，应根据表中本年累计实际总成本除以本年累计实际产量计算填列。

3) "本月总成本"项目

① 可比产品按上年实际平均单位成本计算的本月总成本，应根据本月实际产量乘以上年实际平均单位成本计算填列。

② 可比产品和不可比产品按本年计划单位成本计算的本月总成本，应根据本月实际产量乘以本年计划单位成本计算填列。

③ 本月实际总成本，应根据产品成本明细账或产品成本汇总表填列。

4) "本年累计总成本"项目

① 可比产品按上年实际平均单位成本计算的本年累计总成本，应根据本年累计实际产量乘以上年实际平均单位成本计算填列。

② 可比产品和不可比产品按本年计算单位成本计算的本年累计总成本，应根据本年累计实际产量乘以本年计划单位成本计算填列。

③ 本年累计实际总成本，应根据产品成本明细账或产品成本汇总表本年各月产成品成本计算填列。

如果有不合格的产品，应单列一行，并注明"不合格品"字样，不应与合格产品合并填列。

5) "可比产品成本降低额"和"可比产品成本降低率"项目

可比产品成本降低额=可比产品按上年实际平均单位成本计算的本年累计总成本-
本年累计实际总成本

$$可比产品成本降低率 = \frac{可比产品成本降低额}{可比产品按上年实际平均单位成本计算的本年累计总成本} \times 100\%$$

上述计算结果若为负数，表示可比产品成本的超支额和超支率。可比产品成本降低率的"本年计划数"，根据年度成本计划填列。

二、主要产品单位成本表

1. 主要产品单位的结构

主要产品是指企业经常生产，在企业全部产品中所占比重较大，能概括反映企业生产经营面貌的那些产品。

主要产品单位成本表一般是反映企业在报告期内生产的各种主要产品单位成本构成情况的报表。该表应按主要产品分别编制，它是对商品产品成本表的补充说明。该表一般分为产量、单位成本和主要技术经济指标三部分。

(1) 产量反映报告期的实际产量和计划产量，以及本年累计的计划产量和实际产量，此外还反映产品的销售单价。

(2) 单位成本部分按照成本项目分别反映历史先进水平、上年实际平均、本年计划、本月实际和本年累计实际的单位成本。

(3) 主要技术经济指标主要反映原料、主要材料、燃料和动力的消耗数量。

例如：某工厂主要产品(甲产品)的单位成本表如表 5-3 所示。

表 5-3　主要产品单位成本表

201×年 12 月

产品名称：甲产品		本月计划产量：		本月实际产量：10 件
产品规格：		本年累计计划产量：		本年累计实际产量：100 件
计量单位：件				销售单价：1 700 元

成本项目		历史先进水平 201×年	上年实际 平均	本年计划	本月实际	本年累计 实际平均
直接材料		615	620	610	600	605
燃料和动力		100	110	102	120	125
直接人工		233	244	233	220	235
制造费用		307	326	305	300	280
产品单位成本		1 255	1 300	1 250	1 240	1 245
主要技术 经济指标	计量 单位	耗用量	耗用量	耗用量	耗用量	耗用量
A 材料 B 材料		(略)	(略)	(略)	(略)	(略)

2. 主要产品单位成本表的编制方法

1) 销售单价和产量

① 销售单价应根据产品定价表填列。

② 本月和本年累计计划产量应根据生产计划填列，本月实际和本年累计实际产量应根据产品明细账或产成品成本汇总表填列。

2) 单位成本

① 历史先进水平单位成本，应根据历史上该产品成本最低年度本表的实际平均单位成本填列。

② 年实际平均单位成本，应根据上年度本表实际平均单位成本填列。

③ 本年计划单位成本，应根据本年度成本计划填列。

④ 本月实际单位成本，应根据该种产品成本明细账或产成品汇总表填列。

⑤ 本年累计实际单位成本，应根据该种产品成本明细账所记年初期至报告期末完工入库产品除以本年累计实际产量计算填列。

不可比产品没有历史先进水平单位成本和上年累计实际平均单位成本，所以这两项不填。

表中上年实际平均、本年计划、本月实际和本年累计实际平均的单位成本，应与商品产品成本表该种产品的相应单位成本核对相符。

3) 主要技术经济指标

主要技术经济指标部分，应根据业务技术核算资料填列。

三、制造费用明细表

制造费用明细表是反映企业在报告期内发生的制造费用及其构成的情况报表。该表一般按制造费用项目分别按上年实际、本年计划、本年实际填列反映，如表 5-4 所示。

表 5-4　制造费用明细表

编制单位：　　　　　　　　　　　　201×年×月　　　　　　　　　　　　单位：元

项　目	上年实际	本年计划	本年实际
工资	6 840	6 470	6 630
职工福利费	678	693	684
折旧费	7 670	7 780	7 800
办公费	680	630	620
水电费	1 730	1 760	1 780
机物料消耗	2 500	2 550	2 540
低值易耗品摊销	580	562	536
劳动保护费	676	686	659
租赁费	381	447	412
保险费	454	476	474
在产品盘亏和毁损(减盘盈)	485	50	380
其他	335	556	430
制造费用合计	23 009	22 660	22 945

制造费用明细表中：

(1) 本年计划数，应根据制造费用计划填列。

(2) 上年同期实际数，应根据上年同期本表的累计实际数填列。

(3) 本月实际数，应根据制造费用总账所属基本生产车间制造费用明细账的本月合计数填列。

(4) 本年累计实际数，应根据制造费用总账所属基本生产车间制造费用明细账的本年累计发生额填列。如果管理需要，也可以根据该明细账的本月发生额在表中增加填列本月实际数。

利用制造费用明细表，可以分析和考核制造费用计划的执行结果，可以分析各项制造费用的构成情况及增减变动的原因。

四、期间费用明细表

期间费用明细表，包括管理费用明细表、销售费用明细表和财务费用明细表。

1. 管理费用明细表

管理费用明细表，是反映在报告期内发生的管理费用及其构成情况的报表。该表一般按照管理费用项目，分别反映费用项目的计划数、上年同期实际数、本月实际数和本年累计实际数，详见表 5-5。

表 5-5　管理费用明细表

编制单位：　　　　　　　　　　　201×年×月　　　　　　　　　　单位：元

项　目	上年实际	本年计划	本年实际
工资	7 750	8 500	8 850
职工福利费	2 225	2 330	2 379
折旧费	1 285	1 331	1 537
修理费	2 980	3 276	3 450
办公费	3 270	3 332	3 460
水电费	1 640	1 800	1 877
保险费	5 620	5 590	5 860
差旅费	300	380	400
咨询费	2 260	2 400	1 920
租赁费	800	860	260
排污费	320	300	350
低值易耗品	508	600	598
税金	360	420	390
其他	223	310	298
管理费用合计	29 541	31 429	31 629

在管理费用明细表中，本年计划数应根据管理费用计划填列；上年同期实际数，应根

据上年同期本表的累计实际数填列；本月实际数，应根据管理费用明细账的本月合计数填列；本年累计实际数，应根据管理费用明细账的本年累计发生额填列。

2. 销售费用明细表

销售费用明细表是反映企业在报告期内发生的销售费用及其构成情况的报表，该表一般按照销售费用项目分别反映各费用项目的计划数、上年同期实际数、本月实际数和本年累计实际数，详见表5-6。

表5-6 销售费用明细表

编制单位：　　　　　　　　　　　　　201×年×月　　　　　　　　　　　　　单位：元

项　　目	上年实际	本年计划	本年实际
工资	3 900	4 150	4 180
职工福利费	432	467	474
业务费	1 600	1 684	1 745
运输费	2 500	2 800	2 905
装卸费	800	830	916
包装费	2 180	2 220	2 344
保险费	800	870	874
展览费	764	800	881
广告费	1 786	2 500	3 180
差旅费	1 200	1 230	1 450
低值易耗品摊销	600	500	670
租赁费	450	400	382
办公费	550	500	467
折旧费	780	700	763
其他	300	250	212
销售费用合计	18 642	19 901	21 443

销售费用明细表中的本年计划数，应根据销售费用计划填列；上年同期实际数，应根据上年同期本表的累计实际数填列；本月实际数应根据销售费用明细账的本月合计数填列；本年累计实际数应根据销售费用明细账的本年累计数填列。

3. 财务费用明细表

财务费用明细表是反映企业在报告期内发生的财务费用及其构成情况的报表，该表一般按照财务费用项目分别反映各费用项目的计划数、上年同期实际数、本月实际数和本年累计实际数，详见表5-7。

表 5-7　财务费用明细表

编制单位：　　　　　　　　　　201×年×月　　　　　　　　　　单位：元

项　目	上年实际	本年计划	本年实际
利息支出(减利息收入)	7 890	8 120	8 230
汇兑损失(减汇兑收益)	3 456	3 190	2 980
调剂外汇手续费	780	769	800
金融机构手续费	230	283	300
其他筹资费用	0	0	0
财务费用合计	12 356	12 362	12 310

　　财务费用明细表中的本年计划数，应根据财务费用计划填列；上年同期实际数，应根据上年同期本表的累计实际数填列；本月实际数，应根据财务费用明细表的本月合计数填列；本年累计实际数，应根据财务费用明细账的本年累计数填列。

项 目 训 练

一、单项选择题

1. 计算可比产品成本降低率的分别是可比产品按(　　)计算的本年累计总成本。
    A. 上年实际平均单位成本　　　　　　B. 上年计划平均单位成本
    C. 本年实际平均单位成本　　　　　　D. 本年计划平均单位成本
2. 企业成本报表(　　)。
    A. 是对外报送的报表
    B. 是对内编报的报表
    C. 由有关部门规定哪些指标对外公布，哪些指标不对外公布
    D. 可根据债权人和投资人的要求，确定哪些指标对外公布，哪些指标不对外公布
3. 企业成本报表的种类、项目、格式和编制方法(　　)。
    A. 由国家统一规定　　　　　　　　　B. 由企业自行规定
    C. 由企业主管部门统一规定　　　　　D. 由企业主管部门与企业共同制定

二、多项选择题

1. 工业企业成本报表一般包括(　　)。
    A. 产品生存成本表　　　　　　　　　B. 主要产品单位成本表
    C. 制造费用明细表　　　　　　　　　D. 各种期间费用明细表
    E. 以上均包括
2. 企业成本报表编制要求有(　　)。
    A. 数字准确　　　　　B. 内容完整　　　　　C. 报送及时
    D. 账账相符　　　　　E. 账表相符

3. 主要产品单位成本报表的作用有(　　)。

    A. 可以按照成本项目考核主要产品单位成本计划的执行结果

    B. 可以分析本期实际单位成本比上年实际、历史先进水平的产局和变化情况

    C. 可以分析和考核主要技术经济指标的执行情况

    D. 可以查明单位成本变动的具体原因

    E. 以上均正确

4. 制造费用明细表一般反映(　　)。

    A. 制造费用的本年实际数　　　　　　B. 制造费用的上年同期实际数

    C. 制造费用的本年累计实际数　　　　D. 制造费用的本月实际数

    E. 辅助生产车间的制造费用

三、判断题

1. 成本报表是对外报告的财务报表。　　　　　　　　　　　　　　　　　　　(　　)

2. 成本报表包括财务费用明细表。　　　　　　　　　　　　　　　　　　　　(　　)

3. 成本报表的编制只要做到数字准确、内容完整就符合要求了。　　　　　　　(　　)

4. 商品产品成本表中补充资料所列示的可比产品成本降低额和可比产品成本降低率是指实际的成本降低额和实际的成本降低率。　　　　　　　　　　　　　　　　　(　　)

5. 可比产品实际成本降低额,是指可比产品实际产量按计划单位成本计算的总成本与可比产品实际总成本的差。　　　　　　　　　　　　　　　　　　　　　　　(　　)

6. 主要产品单位成本表是对商品产品成本表的补充说明。　　　　　　　　　　(　　)

7. 商品产品成本表和主要产品单位成本表中列示的主要产品单位成本的内容是完全相同的。　　　　　　　　　　　　　　　　　　　　　　　　　　　　　　　　(　　)

8. 制造费用明细表的制造费用包括了基本生产车间和辅助生产车间的制造费用。(　　)

四、业务题

产品名称	计量单位	实际产量		单位成本				本月总成本			本年累计总成本		
		本月	本年累计	上年实际平均	本年计划	本月实际	本年累计实际平均	按上年实际平均单位成本计算	按本年计划单位成本计算	本月实际	按上年实际单位成本计算	按本年计划单位成本计算	本年实际
		1	2	3	4	5=9/1	6=12/2	7=1×3	8=1×4	9	10=2×3	11=2×4	12
可比产品合计	—	—	—	—	—	—	—						
产品名称	计量单位	实际产量		单位成本				本月总成本			本年累计总成本		
		本月	本年累计	上年实际平均	本年计划	本年累计实际平均	按上年实际平均单位成本计算	按本年计划单位成本计算	本月实际		按上年实际单位成本计算	按本年计划单位成本计算	本年实际

产品名称	计量单位	实际产量		单位成本				本月总成本			本年累计总成本		
		本月	本年累计	上年实际平均	本年计划	本月实际	本年累计实际平均	按上年实际平均单位成本计算	按本年计划单位成本计算	本月实际	按上年实际单位成本计算	按本年计划单位成本计算	本年实际
		1	2	3	4	5=9/1	7=1×3	8=1×4	9	10=2×3	11=2×4	12	
其中:甲	件	3	30	700	690				2 040			20 550	
乙	件	4	35	900	850				3 320			29 225	
不可比产品合计	—	—	—	—	—		—		—			—	
丙	件	2	20	—	400			—		920	—	8 000	9 000
全部产品	—	—	—	—					—				

要求:

(1) 计算和填列商品产品成本表中各栏数字。

(2) 计算可比产品成本降低额和降低率。

5.1 商品产品成本表的
编制.mp4

5.2 主要产品单位成
本表的编制.mp4

项目六

成本分析

【岗位目标】

◆ 会进行商品产品成本的分析。

◆ 能够进行可比产品成本的因素分析。

◆ 能够对单位成本进行分析。

【学习目标】

◆ 了解成本分析的基本方法。

◆ 了解成本分析的概念及意义。

◆ 掌握成本分析的基本方法。

◉ **任务导图**

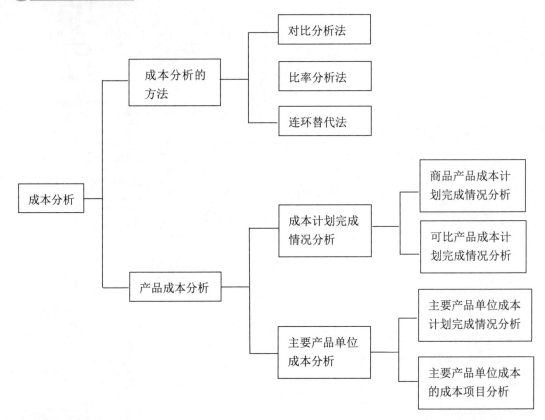

◉ **项目导读**

哪个环节出了问题？

张某参加过一个集团控股的上市公司的并购尽职调查，主要负责对被收购方产品成本核算真实性的调查。被收购方的经营范围及大概情况：羊收购、屠宰、加工；鲜肉及肉制品加工销售等。鲜肉销售有自己的连锁店，也有加盟店。肉制品主要是供应超市。当时，他分析后发现，该企业的产品盈亏非常奇特，有些产品毛利很高，有些产品的毛利为负数。对方的财务总监是一个名在校研究生，30多岁很精干的小伙子。他们专门谈了成本核算的问题。下面是他与对方财务总监(以下简称"财")的对话。

张： 请问你们是怎么进行成本核算的？
财： 我们就是按照一般的工业企业产品成本核算方法进行核算的。
张： 请问你们在成本归集时包括了哪些内容呢？
财： 我们成本核算分了两大块。第一块是生羊屠宰；第二块是肉制品深加工。生羊屠宰这块成本归集主要有生羊成本、直接人工费、水电费和分摊的制造费用等；深加工这块主要有领用的鲜肉或冻肉成本、配料、直接人工费、水电费和分摊的制造费用等。
张： 请问你们生羊屠宰后有多少产品呢？

财： 大概有几十种吧！首先有边口肉(解释：羊的半边肉，从头到尾)、分割肉；分割肉的品种就多了，有几十号肉。

张： 哦，只有肉吗？羊血、羊毛不算你们的产品？

财： 哦，对对对，这些也是产品，还有好多种羊内脏。

张： 羊大粪呢？

财： 这个现在还要治理污染，不是产品！

张： 那你们是怎么在这么多的产品之间进行成本分配的呢？

财： 我到公司已经一年多时间了，我们一直沿用之前一个肉联厂老会计给出的分配方法。

我们首先对每一种产品进行了编号；然后对每一个编号的产品给出了系数。月末的时候用每种产品的产量乘以系数，然后求和；求和数作为分母，每个产品的产量乘以该产品的系数作为分子，这样就可以求出每种产品的分配比例了。最后用生羊屠宰归集的总成本乘以各产品的分配比例就得到了每种产品成本。

张： 请问你们每种产品的系数多长时间调整一次呢？

财： 我之前虽然也在工业企业，但是是电子产品生产企业，不是这种农副产品加工的企业；虽然大学学了不少成本核算，却没有这种案例。我真不知道怎么办，来了之后就一直沿用以前老会计的做法，一年多也一直没有调整。

张： 那你想过系数是否合理呢？

财： 我问过老会计，他说这是他们国企沿用很长时间的系数，是根据出肉率等因素确定的。开始的时候好像还可以，后来感觉就有点不对了。

张： 你觉得哪些地方不对了呢？

财： 就是发现一些产品出现了负毛利，而一些产品毛利率又偏高。

张： 在生羊屠宰环节，你觉得成本核算的难点和重点在哪里呢？

财： 当然是我们刚才说的这个分配问题了，这个归集很简单。我现在一直在考虑这个分配问题，困扰我也很久了，希望得到您的指导。

张： 指导谈不上！我就说说我的看法。产品成本核算涉及归集、分配和结转。你刚才也说了，你们的重点和难点是分配的这个环节。生羊屠宰与其他工业品加工相比有其特殊性，特殊性就在于一种原料(生羊)生产出了很多种产品，因此一般成本核算中常用的一些方法就不好直接套用。

财： 是啊，我看了成本会计的教材也没有找出一个比较好的办法。

张： 其实你们那位老会计的思路是对的，只是产品系数长期不调整是不正确的。

财： 我也想过调整，但是没有找到比较好的调整方法。

张： 其实你可以考虑售价核算法。就是用每一种产品的售价乘以产量作为分子，所有产品的售价乘以数量之和作为分母，得出系数就是每种产品的分配系数。

财： 这倒是一个很好的办法，可是我们产品的售价变动频繁啊。

张： 当然如果每天都去计算一个分配系数确实会加大你们的核算工作量，但是你们可以每月计算一个分配系数，可以采用每月的平均价格，也可以采用月初或月末的价格来计算。

财： 可是我们还有一部分没有对外销售而是继续深加工了。

张：我知道啊，这也是我接下来要说的。在深加工之前你们是不是先加工成分割肉的？

分割肉的价格可以到市面上调查，虽然没有对外销售，但是可以模拟对外销售啊。这样不是一样可以一起计算分配系数吗？你现在明白你们为什么会出现有些产品毛利很高，有些产品毛利为负数了吗？

财：明白了，把一些产品计算高了。

张：你们在收购生羊的时候有等级划分吗？

财：有的，这个是必须有的。

张：是怎么划分的？

财：好像是按照重量、体长等划分等级，具体我也不是很清楚。

张：为什么会按照重量、体长等这些来划分呢？

财：好像是说通过这些可以判断出肉率和毛皮的价格。

张：你们也有剥皮的吗？

财：有时有，有时没有。

张：根据什么来决定有或者没有呢？

财：基本上是根据皮张的价格确定，皮张价格高的时候才剥皮。

张：其实，我问这些都是为了了解你们的成本核算。你们在采购时，因为未来产品的价格高，所以出价就高，一切都还是围绕产品的价值在转。所以，我们在成本分配的时候必须考虑售价的因素，不能简单地仅仅考虑产量这一个因素。我前面问到的羊大粪的问题，对于你们目前来说还是负担和支出，但是对于一些企业也是产品，因为有蚯蚓养殖企业和生物肥料加工企业来收购。同样是大粪，你们是负担，人家是产品，原因还是价值。

◉ 理论认知

任务一　成本分析的方法认知

一、成本分析的概念

成本分析是以成本核算提供的数据为主，结合有关的计划、定额、统计和技术资料，应用一定的方法对影响成本升降的各种因素进行科学分析，以便查明成本变动的原因，充分挖掘增产节约的潜力，促使企业不断地降低成本的一项综合工作，是成本会计的重要组成部分，它贯穿成本管理过程始终。

二、成本分析的意义

成本分析的目的是满足企业各管理层了解成本状况及进行经营决策的需要，从而帮助企业改进生产经营管理，降低成本，节约生产过程中的资源耗费，提高自身经济效益。因此，进行成本分析对企业具有重要的现实意义。

通过成本分析，可以客观评价企业成本计划的执行情况，及时发现生产经营中存在的问题，检查企业成本计划完成或未完成的原因，总结成本管理的经验教训；有助于企业评估和考核成本管理的业绩情况，明确划分企业成本管理的经济责任，健全企业成本管理制度；有助于企业不断挖掘降低成本的潜力，节约企业资源。

三、成本分析的方法

成本分析的方法是完成成本分析目标的重要手段，主要的成本分析方法有：对比分析法、比率分析法和连环替代法等。

(一)对比分析法

对比分析法，也称比较分析法，它是把经济内容相同、时间或空间地点等不同的实际数与基准数相对比从而进行分析的一种方法。通过比较分析，发现各项成本指标存在的差异，并以此为方向进行进一步分析。

因企业分析者的目的不尽相同，所选的基数会有所不同。通常情况下，对比的基数有定额数、计划数、以往年度同期实际数，以及本企业历史最好水平和国内国外同行业先进水平等。对比分析法一般有以下几种形式。

(1) 将实际数与定额数、计划数对比。该种形式能够有效监测成本定额、计划的执行情况。因企业的实际数与定额数、计划数之间存在差异，除因实际执行中存在问题之外，也可能是由于计划、定额本身不切合实际造成，所以在分析时应首先考虑计划、定额本身是否先进、合理。如有不可相比的指标，应该先调整成可比口径，再进行对比。

(2) 将本期实际数与前期(上期、上年同期或历史上最好水平)实际数比较。该种形式有助于揭示企业成本变动情况及变动趋势，帮助企业及时调整成本策略，改进企业生产经营。

(3) 将本企业实际数与国内外同类型企业先进水平对比。该种形式能够有效促进企业发现自身与同行业先进企业之间的水平差距，从而提高自身成本管理水平。值得注意的是，对比分析法只能适用于同质指标的数量对比，在进行分析时要注意相对指标的可比性。

(二)比率分析法

比率分析法是通过计算有关指标之间相对数(即比率)，进行分析评价的一种方法。通过运用比率分析法，能够把某些不可比的企业变成可比的企业，便于外部或内部决策选择投资方案时进行比较分析，但是比率分析法存在一定的局限性：首先是比率的数字只反映比值，不能说明其绝对额的变动；其次是该方法无法说明指标变动的具体原因。比率分析法主要包括构成比率分析法和相关比率分析法。

1. 构成比率分析法

构成比率分析法，也称比重分析法，是计算某项指标的各个组成部分占总体的比重，从而进行数量分析的一种方法。例如，通过计算构成产品成本的各成本项目分别占产品成本总额的比重，得出各成本项目的结构比例，将比率的实际数与基数进行对比，以揭示各成本项目在产品成本中的比重变动情况及变动趋势，从而分析各成本项目在产品成本中的比重是否合理，进一步加强企业成本管理。

产品成本构成比率的计算公式如下：

$$直接材料成本比重=直接材料成本\div 产品成本\times 100\%$$
$$直接人工成本比率=直接人工成本\div 产品成本\times 100\%$$

制造费用比率=制造费用÷产品成本×100%

2. 相关比率分析法

相关比率分析法是通过计算两个性质不同而又相互关联的指标的比率进行分析的一种方法。在实际工作中，由于不同企业的规模不同等原因，仅使用对比分析法对比企业销售收入、利润或成本等指标的绝对数，不能准确反映企业成本管理以及经济效益的好坏。但是将成本与产值、销售收入或利润等联系起来，计算出相关比率指标，则可以合理反映各企业经济效益的好坏。

通常计算相关比率指标的计算公式如下：

$$产值成本率=成本÷产值×100\%$$

$$营业收入成本率=成本÷营业收入×100\%$$

$$成本利润率=利润÷成本×100\%$$

【练习6-1】下列指标中属相关比率的是(　　　)。

A. 产值成本率 　　　　　　　　B. 成本降低率

C. 成本利润率 　　　　　　　　D. 销售收入成本率

(三)连环替代法

对比分析法和比率分析法只能反映企业实际数和其基准数之间的差距，却难以反映差距产生的原因。由于一个经济指标的完成，通常是多种因素综合作用的结果，要从中找出主要影响因素，发现指标完成好坏的真正原因还需要用到连环替代法。

连环替代法，也称定量的因素分析法，是根据因素之间的内在依存关系，依次测定各因素变动对经济指标变动的影响程度的一种数量分析方法。企业使用该方法有助于企业寻找原因、划分责任、评估业绩，以及对已识别的问题制定相应的解决措施。

连环替代法的分析程序如下。

(1) 确定指标因素的构成因素并将其分解。将影响某项经济指标完成情况的因素，按其内在依存关系，分解其构成因素，并按一定的顺序排列这些因素。

(2) 逐次替代因素。每次将其中一个因素由基期数替换成分析期数，其他因素暂时不变，已经替换过的因素在下次替换中不再改变，后面因素的替换均是在前面因素已经替换成分析期数的基础上进行的。以此类推，有几个因素需要替换几次，逐一替换。

(3) 计算确定各个因素影响的数额。每个因素替换以后，均会得出一个综合指标的结果，将每个因素替换以后的结果与替换以前的结果相减，既可得出该替换因素变动对综合指标的影响数额。

(4) 汇总影响结果。将已计算出来的各因素的影响额汇总相加与综合指标变动的总差异比较，确定其计算的正确性。

连环替代法的典型模式如下。

假设某项指标 N 是由 A、B 两个因素组成，诸因素与经济指标的关系为

上年数　$A_0 \cdot B_0 = N_0$

本年数　$A_1 \cdot B_1 = N_1$

则 N_1 与 N_0 的差异是由 A、B 两个因素变动而引起的。采用连环替代分析计算如下。

综合指标 $A_0 \cdot B_0 = N_0$　　　公式 1

第一次替换 $A_1 \cdot B_0 = N'$　　　公式 2

第二次替换 $A_1 \cdot B_1 = N_1$　　　公式 3

公式 2-公式 1，即 $N'-N_0$，是 A 因素变化影响综合指标的结果。

$$N'-N_0 = A_1 \cdot B_0 - A_0 \cdot B_0$$
$$= (A_1 - A_0) \cdot B_0$$
$$= \Delta A \cdot B_0$$

公式 3-公式 2，即 $N_1 - N'$，是 B 因素变化影响综合指标的结果。

$$N_1 - N' = A_1 \cdot B_1 - A_1 \cdot B_0$$
$$= (B_1 - B_0) \cdot A_1$$
$$= \Delta B \cdot A_1$$

为了具体说明连环代替法的原理，现举例说明如下。

【例 6-1】某企业 2019 年原材料费用实际为 5 720 元，计划为 5 400 元，实际比计划增加了 320 元，其原材料消耗情况如表 6-1 所示。

表 6-1　原材料消耗情况

项　目	单　位	计划数	实际数	差　异
产量	件	100	104	4
单位产品原材料消耗	千克	9	10	1
材料单价	元	6	5.5	-0.5
原材料费用总额	元	5 400	5 720	+320

从表 6-1 可以看出，原材料费用实际比计划多 320 元，是因为产量、单位产品原材料消耗，以及材料单价所致，运用连环替代法分析各构成因素的影响程度如下。

计划指标　　　$100 \times 9 \times 6 = 5\ 400$

替　代(1)　　　$104 \times 9 \times 6 = 5\ 616$　　　→　+216(5 616-5 400=216)

替　代(2)　　　$104 \times 10 \times 6 = 6\ 240$　　　→　+624(6 240-5 616=624)

替　代(3)　　　$104 \times 10 \times 5.5 = 5\ 720$　　　→　-520(5 720-6 240=-520)

合　计 +320

由上述分析可知，因为产量增加导致原材料费用增加 216 元，因单位产品原材料消耗增长导致原材料费用实际值比计划值增加 624 元，因材料单价下降导致实际值比计划值降低 520 元，所以全部因素的影响为：216+624-520=320(元)。

在使用连环替代法时，应该注意该方法存在一定的局限性。该方法的计算结果具有一定程度的假设性，如果随意改变各构成因素的替换或者排列顺序，就会得出各因素对综合经济指标影响的不同结果。因此为了使前后分析期的分析结果具有可比性，必须正确确定各因素的排列顺序，避免各行其是。

任务二　产品成本分析

子任务一　成本计划完成情况分析

成本计划完成情况分析主要包括：商品产品成本计划分析和主要产品单位成本分析，其中商品产品成本计划分析中的可比产品成本分析是分析的重点内容。

一、商品产品成本计划完成情况分析

企业全部商品产品可以分为可比产品和不可比产品两个部分。其中可比产品是指有历史成本资料的、企业前期生产过的产品；而不可比产品是指没有历史成本资料的、企业前期从未生产过的产品。正因为不可比产品没有历史成本资料，所以对全部商品产品的分析只能对本年实际成本和本年计划成本进行比较。通过确定企业实际成本相较于计划成本的降低额和降低率，可以初步了解企业完成成本计划的一般情况。

企业在进行商品产品成本计划完成情况分析时，应注意总成本的升降不仅仅受单位成本变动的影响，还受产量变动的影响。因此在分析商品产品成本计划完成情况时，需要剔除产量变动对商品产品成本计划完成情况的影响，实际总成本和计划总成本统统按照实际产量来计算，由此才能保证成本指标的可比性。

商品产品成本计划完成情况分析通常从成本项目、产品种类、成本性态三个角度进行。

1. 按成本项目分析商品产品成本计划完成情况

该角度主要是通过把全部商品产品的总成本按成本项目汇总，将实际总成本和计划总成本对比，从而确定每个成本项目的降低额和降低率，以菁华公司 2019 年的商品产品成本的具体情况为例，分析如表 6-2 所示。

表 6-2　菁华公司 2019 年商品产品成本分析

单位：万元

成本项目	商品产品成本		降低指标	
	计划	实际	降低额	降低率(%)
直接材料	4 500	5 000	−500	−11.11
直接人工	2 200	2 150	+50	+2.27
制造费用	1 900	1 800	+100	+5.26
生产成本	8 600	8 950	−350	−3.58

由表 6-2 可知，首先从整体上来看，实际总成本比计划总成本上升了 350 万元，增长率为 3.58%，但从个体上来看，直接人工的实际总成本比计划总成本下降 50 万元，降低率为 2.27%，制造费用的实际总成本比计划总成本下降 100 万元，降低率为 5.26%，而直接材料实际总成本比计划总成本上升 500 万元，增长率为 11.11%，由此可以反映出实际总成本比计划总成本上升是由于直接材料实际总成本比计划总成本上升所致，因此，接下来应该重点分析直接材料实际总成本比计划总成本上升的原因。

2. 按产品种类分析商品产品成本计划完成情况

该角度主要是通过把全部商品产品成本按产品品种汇总，将实际成本情况与计划成本情况作对比，从而得出每种产品的降低额和降低率情况，以菁华公司 2019 年的商品产品成本的具体情况为例，分析如表 6-3 所示。

表 6-3　菁华公司 2019 年商品产品成本报表

编制单位：菁华公司　　　　　　　　　2019 年度　　　　　　　　　单位：万元

产品名称	计量单位	产量		单位成本			计划总成本（计划产量）		本年总成本（实际产量）		
		计划	实际	上年实际	本年计划	本年实际	按上年实际平均单位成本计算	按本年计划单位成本计算	按上年实际平均单位成本计算	按本年计划单位成本计算	按本年实际单位成本计算
		①	②	③	④	⑤	⑥=①×③	⑦=①×④	⑧=②×③	⑨=②×④	⑩=②×⑤
一、可比产品											
甲产品	件	150	150	23	20	18	3 450	3 000	3 450	3 000	2 700
乙产品	件	80	100	50	50	60	4 000	4 000	5 000	5 000	6 000
小计							7 450	7 000	8 450	8 000	8 700
二、不可比产品											
丙产品	件	70	250		1.5	1.6		105		375	400
全部商品产品成本								7 105		8 375	9 100

根据菁华公司 2019 年的商品产品成本报表资料编制商品产品成本分析表(见表 6-4)。

表 6-4　商品产品成本分析表

单位：万元

产品名称	计划总成本	实际总成本	降低额	降低率(%)
一、可比产品				
其中：甲	3 000	2 700	+300	+10
乙	5 000	6 000	-1 000	-20
二、不可比产品				
其中：丙	375	400	-25	-6.66
全部商品产品成本	8 375	9 100	-725	-16.66

由表 6-4 可以得出，菁华公司 2019 年商品产品的实际总成本比计划总成本增加了 725 万元，增长率达到 16.66%，由此反映出菁华公司商品产品成本计划的完成情况并不理想，仅有甲产品的成本有一定的下降，而乙产品和丙产品的实际成本都较计划成本有所上升，其中尤其是乙产品的上升额较高，达到 1 000 万元，是导致菁华公司 2019 年商品产品的实际总成本比计划总成本增加的主要因素，应该进一步分析其原因。

3. 按成本性态分析商品产品成本计划完成情况

该角度主要是通过把商品产品成本按成本性态划分为变动成本和固定成本，计算变动成本和固定成本的降低额和降低率，以菁华公司 2019 年的商品产品成本的具体情况为例，分析如表 6-5 所示。

表 6-5　菁华公司 2019 年商品产品成本分析

单位：万元

成本构成	商品产品成本		降低指标	
	计　划	实　际	降低额	降低率(%)
变动成本：				
直接材料	4 500	5 000	−500	−11.11
直接人工	2 200	2 150	+50	+2.27
变动制造费用	700	800	−100	−14.28
固定成本：				
固定制造费用	1 200	1 000	+200	+16.66
生产成本	8 600	8 950	−350	−6.46

由表 6-5 可知，菁华公司 2019 年实际成本比计划成本上升 350 万元，这主要是因为变动成本上升所致，公司的变动成本中主要是因直接材料和变动制造费用上升导致的，应以此为方向，进一步分析其产生的原因。

二、可比产品成本计划完成情况分析

分析可比产品成本计划完成情况，是为了反映可比产品成本降低任务的完成情况，查明影响可比产品成本升降的因素及其影响程度，从而进一步明确成本增减的原因。因为成本计划中规定了计划降低额和计划降低率，所以进行可比产品成本分析，首先要计算出实际完成的成本降低额和降低率。计划降低额和降低率、实际降低额和降低率计算公式如下：

计划降低额=全部可比产品的计划产量按上年实际平均单位成本计算的总成本−全部可比产品的计划产量按本年计划单位成本计算的总成本

计划降低率=计划降低率÷全部可比产品的计划产量按上年实际平均单位成本计算的总成本×100%

实际降低额=全部可比产品的实际产量按上年实际平均单位成本计算的总成本−全部可比产品的实际产量按本年实际单位成本计算的总成本

实际降低率=实际降低率÷全部可比产品的实际产量按上年实际平均单位成本计算的总成本×100%

在计算出实际降低额和实际降低率后，可以按照下面的步骤进行分析。

(1) 分析可比产品成本降低计划的完成情况，将可比产品成本实际降低额、降低率指标与计划降低额、降低率指标进行比较，确定实际脱离计划的差异。

(2) 确定影响可比产品成本降低计划完成情况的因素和各因素的影响程度。

下面仍以菁华公司 2019 年可比产品成本降低计划完成情况为例进行举例分析，如表 6-6 所示。

表 6-6　菁华公司 2019 年可比产品成本降低计划完成情况分析

单位：万元

可比产品名称	计划成本降低任务		实际成本降低情况	
	降低额	降低率(%)	降低额	降低率(%)
甲	96	3	300	10
乙	2	0.25	−1 000	−20
合　计	98	3.25	−700	−10

由表 6-6 可知，菁华公司 2019 年可比产品成本降低任务完成得较不理想，其实际成本降低额不但没有达到计划成本降低任务的要求，反而增加 700 万元，从可比产品种类来看，甲产品超额完成了计划成本降低任务，实际降低额超出计划降低额 300 万元，实际降低率比计划降低率高出 10%，而乙产品的实际降低额和实际降低率都没有完成计划任务，对可比产品成本降低计划完成情况的影响较大，应该进一步分析乙产品未完成的原因。

三、可比产品成本降低计划完成情况的因素分析

可比产品成本降低计划完成情况的影响因素通常有三个：产品产量、品种结构和产品单位成本。

1. 产品产量变动的影响

因为可比产品成本降低计划是按照计划产量制订的，而实际降低额和降低率都是依据实际产量计算得出的，所以产量的增减变动必然会影响可比产品成本降低计划的完成情况。

仅产量变动时只影响成本降低额，不影响成本降低率。这是因为产品品种结构不变时，各种产品的产量计划完成率都相同，从而计算成本降低率时，分子和分母都是相同的产量增减比例。产品产量变动对成本降低额影响的计算公式如下：

产量变动对成本降低额的影响=[$\sum$(实际产量×上年实际单位成本)− $\sum$(计划产量×上年实际单位成本)]×计划成本降低率

沿用表 6-3 及表 6-6 的例子计算，能够得出：

产量变动对成本降低额的影响=[(150×23+100×50)−(150×23+80×50)] ×3.25%
=32.5(万元)

2. 品种结构变动的影响

品种结构变动是指产品各品种在总产量中所占比重的变动，这种变动既影响成本降低额，也影响成本降低率。当增加成本降低率较大的产品在全部可比产品中的比重，则成本降低额的绝对值增加，使得成本降低率相对值增加，反之亦然。产品品种结构变动对成本降低额和降低率的影响的计算公式如下：

产品品种结构变动对成本降低额的影响=$\sum$(实际产量×上年实际单位成本)− $\sum$(实际产量×计划单位成本)− $\sum$(实际产量×上年实际单位成本)×计划成本降低率

产品品种结构变动对成本降低率的影响=品种结构变动对成本降低额的影响数÷$\sum$(实际产量×上年实际单位成本)×100%

沿用表 6-3 及表 6-6 的例子计算，能够得出：

产品品种结构变动对成本降低额的影响=(150×23+100×50)−(150×20+100×50)−(150×23+100×50)×3.25%
=175.375(万元)

产品品种结构变动对成本降低率的影响=175.375÷8450=2.075%

3. 产品单位成本变动的影响

因为可比产品成本计划降低额是本年度计划成本比上年度实际成本的降低数，而实际降低额是本年度实际成本比上年度实际成本的降低数，所以当本年度可比产品实际单位成本比计划单位成本降低或升高时，必然会引起成本降低额和降低率的变动。产品单位成本的变动与成本降低额和降低率呈反向变动，具体计算公式如下：

产品单位成本变动对成本降低额的影响=$\sum$[实际产量×(计划单位成本−实际单位成本)]

产品单位成本变动对成本降低率的影响=单位成本变动对成本降低额的影响数÷[$\sum$(实际产量×上年实际单位成本)]

沿用表 6-3 及表 6-6 的例子计算，能够得出：

产品单位成本变动对成本降低额的影响=150×(20−18)+100×(50−60)=−700(万元)

产品单位成本变动对成本降低率的影响=−700÷(150×23+100×50)=−8.28%

由此可知，菁华公司 2019 年没有完成成本降低任务主要是单位成本上升导致的，因为单位成本上升，所以成本上升了 700 万元，菁华公司应该以此为方向进一步分析原因。

【练习 6-2】生产多品种情况下，影响可比产品成本降低额变动的因素有(   )。

A. 产品产量
B. 产品单位成本
C. 产品价格
D. 产品品种结构
E. 产品质量

【练习 6-3】影响可比产品成本降低率变动的因素可能有(   )。

A. 产品产量
B. 产品单位成本
C. 产品价格
D. 产品品种结构
E. 产品质量

【练习 6-4】生产单一品种情况下，影响可比产品成本降低额变动的因素有(   )。

A. 产品产量
B. 产品单位成本
C. 产品价格
D. 产品品种结构
E. 产品质量

【练习 6-5】对可比产品成本降低率不产生影响的因素是(   )。

A. 产品品种结构
B. 产品产量
C. 产品单位成本
D. 产品总成本

【练习 6-6】在分析可比产品成本降低任务完成情况时，单纯产量变动会使(   )。

A. 成本降低额增加
B. 成本降低额减少
C. 成本降低率增加
D. 成本降低率减少
E. 成本降低率不变

子任务二　主要产品单位成本的分析

企业进行成本计划完成情况分析时，不但要对全部产品成本计划完成情况以及可比产品成本降低任务的完成情况进行分析，还应对企业主要产品的单位成本进行分析，从而把成本分析工作从总括的、一般性的分析，逐步引向深入化、具体化的分析。企业进行主要产品单位成本分析时，一般选择成本增减幅度较大或者较为主要的产品，深入分析其单位成本及各个成本项目的计划完成情况，从而探寻能够进一步降低成本的方法。

一、主要产品单位成本计划完成情况分析

在对主要产品单位成本计划完成情况进行分析时，通常使用比较分析法，不仅要按成本项目逐项对比其计划数与实际数，还要将实际数与上期以及历史先进水平进行比较，从而对一些产品进一步按成本项目对比研究其成本变动情况，揭示影响单位成本变动的原因。

在进行主要产品单位成本计划完成情况分析的过程中，需要注意的是，该分析一般可以采用简化的办法，即本年实际成本直接与计划成本对比，不需要像可比产品成本分析那样，先求得实际降低额和降低率，再与计划降低额和降低率对比。下面以菁华公司 2019 年可比产品中乙产品单位成本为例进行举例分析，如表 6-7 所示。

表 6-7　菁华公司 2019 年乙产品单位成本

编制单位：菁华公司　　　　　　　　　　2019 年度　　　　　　　　　　单位：万元

单位成本项目	历史先进水平	上年实际平均	本年计划	本年累计实际平均
直接材料	28	35	36	40
直接人工	5	6	6	6.5
制造费用	5	6	6	6.4
产品生产成本	40	45	45	50
主要技术经济指标	用量	用量	用量	用量

由表 6-7 可知，菁华公司乙产品的单位成本较历史先进水平、较上年、较计划均有较大上升。由表中数据可知，乙产品的单位成本上升主要是直接材料成本上升所致。所以公司应该进一步对材料上升的原因进行因素分析。

二、主要产品单位成本的成本项目分析

1. 直接材料费用的分析

对单位产品材料费用的影响因素主要有三种：产量、单位产品的材料消耗及材料单价，分析影响因素对直接材料费用的影响时，可以采用连环替代法进行。在对直接材料进行综合分析后，应该对导致直接材料消耗量变动的影响因素和材料单价变动的影响因素进行进一步分析。

导致直接材料消耗量变动的影响因素通常有：材料质量变化；产品设计改进；代用材料变化；加工操作技术变化；材料的配比等。而导致直接材料价格变动的影响因素一般有：

运输费用；采购价格；运输中途损耗；采购部门管理水平；相关税金；材料采购批量大小等。

2. 直接工资费用分析

由于工资制度的不同，会导致影响直接工资的因素不同。因此进行直接工资费用分析时必须结合企业的工资制度进行。在计件工资制度下，计件单价影响企业单位成本中的工资费用，产品单位成本中的费用受小时工资率和工时数变动的影响。以菁华公司2019年甲产品的工资分析资料数据为例进行具体分析，如表6-8所示。

表6-8 菁华公司2019年甲产品的工资分析资料

项 目	计 划	实 际	差 异
单位产品耗用工时	500	510	+10
小时工资单价(元/小时)	0.5	0.4	-0.1
单位产品的工资费用(元)	250	215	-35

通过表6-8可以计算出单位产品工时数量变动和小时工资单价变动对工资费用的影响程度如下：

单位产品工时数量变动影响=(实际工时数量-计划工时数量)×计划小时工资单价
=(510-500)×0.5=+5(元)

小时工资单价变动影响=(实际小时工资单价-计划小时工资单价)×实际工时数量
=(0.4-0.5)×510=-51(元)

单位产品工资费用变动合计=单位产品工时数量变动影响+小时工资单价变动影响
=5+(-51)=-46(元)

由上述计算结果可以看出，甲产品单位成本中工资费用实际比计划降低46元，这主要是由于小时工资单价降低所致。在经过上述分析之后，公司还应该对工时数量变动的影响因素和生产工人工资总额变动的影响因素进行进一步的分析。

影响工时数量变动的因素通常有：材料的质量和规格；生产工艺和操作手法；生产工作质量；设备性能和保养；企业生产调度的合理性；工人技术熟练度等。而影响生产工人工资总额变动的因素通常有：企业工资制度及奖励制度；企业产品特点；企业的管理水平等。

3. 制造费用分析

对产品单位成本中的制造费用进行分析时，首先要分析单位产品所耗工时变动和每小时制造费用变动对制造费用变动的影响，从而再进一步探究这两个因素变动的具体原因。分析导致每小时制造费用变动的原因，通常将制造费用总额的实际数和计划数进行对比分析。以菁华公司2019年制造费用明细表资料数据为例进行具体分析，如表6-9所示。

表 6-9　菁华公司 2019 年制造费用明细

编制单位：菁华公司　　　　　　　　　　2019 年度　　　　　　　　　　单位：万元

项　目	本年实际	本年计划	降低额	降低率
1.职工薪酬	670	650		
2.折旧费	70	20		
3.修理费	40	30		
4.办公费	50	40		
5.水电费	290	260		
6.机物料消耗	50	60		
7.劳动保护费	25	20		
8.租赁费	30	39		
9.差旅费				
10.保险费	6	5.8		
11.其他	35	30		
制造费用合计	1 266	1 154.8	-111.2	-8.78%

　　由表 6-9 可知，菁华公司制造费用本年相比上年有较大增长，高达 111.2 万元，增长率达 8.78%，为此企业应该结合产量的增长进行进一步的分析，探究其合理程度。除此之外，可以看出，公司的各项费用除机物料消耗和差旅费之外均存在一定的增加，其中，职工薪酬、水电费、折旧费和办公费金额较大，公司应该重点进行进一步的原因分析。

项 目 训 练

一、单项选择题

1. 连环替代法是一种（　　）。
   A. 相关分析法　　　　　　　　　B. 因素分析法
   C. 比较分析法　　　　　　　　　D. 比率分析法
2. 影响可比产品成本降低率的因素是（　　）。
   A. 产品产量　　　　　　　　　　B. 产品单位成本
   C. 产品的种类和规格　　　　　　D. 产品数量
3. 计算实际成本降低率时，应当用实际成本降低额除以（　　）。
   A. 实际产量按上年单位成本计算的总成本
   B. 计划产量按上年单位成本计算的总成本
   C. 实际产量按计划单位成本计算的总成本
   D. 实际产量按实际单位成本计算的总成本

4. 产品品种结构变动影响成本降低额和降低率,是因为各种产品的( )。

    A. 成本降低额和降低率不同   B. 单位成本和总成本不同

    C. 计划成本降低率不同   D. 实际成本降低率不同

5. 通过成本指标在不同时期(或不同情况)的数据的对比,来提示成本变动及其原因的方法是( )。

    A. 比较分析法   B. 趋势分析法

    C. 比率分析法   D. 因素分析法

6. 把综合性指标分解为各个因素,研究诸因素变动对综合性指标变动影响程度的分析方法是( )。

    A. 对比分析法   B. 比率分析法

    C. 因素分析法   D. 趋势分析法

7. 连环替代法是用来分析引起某个经济指标变动的各个因素( )的一种分析方法。

    A. 影响因素   B. 影响数量

    C. 影响程度   D. 影响金额

8. 可比产品成本降低额是指可比产品累计实际总成本比按( )计算的累计总成本降低的数额。

    A. 本年计划单位成本   B. 上年实际平均单位成本

    C. 上年计划单位成本   D. 国内同类产品实际平均单位成本

二、多项选择题

1. 全部产品成本计划完成情况分析的任务是( )。

    A. 查明全部产品和各类产品成本计划完成情况

    B. 查明全部产品中成本项目的计划完成情况

    C. 找出成本升降幅度大的产品和成本项目

    D. 查明单位成本升降的原因

2. 比较分析法在成本分析中,主要比较方式有( )等。

    A. 分析期实际数据与计划数据对比

    B. 分析期实际数据与前期实际数据对比

    C. 分析期实际数据与行业平均实际数据对比

    D. 分析期实际数据与行业先进数据对比

3. 影响可比产品成本降低额的指标有( )。

    A. 本年累计实际产量   B. 上年累计实际产量

    C. 本年累计计划产量   D. 上年实际平均单位成本

4. 单纯产品产量变动对可比产品成本降低计划完成情况的影响是( )。

    A. 使成本降低额增加或减少   B. 成本降低额不变

    C. 使成本降低率上升或降低   D. 成本降低率不变

5. 主要产品单位成本表反映的单位成本,包括( )单位成本。

    A. 本月实际   B. 同行业同类产品实际

C. 本年计划　　　　　　　　　　　D. 上年实际平均

三、判断题

1. 采用连环替代法进行成本分析时，替代顺序确定的一般原则是：先数量，后质量。
（　　）

2. 不可比产品不属于商品产品。（　　）

3. 产品成本降低额和降低率指标，计划数和实际数都是与上年比较来计算的。（　　）

4. 单一产品成本降低率的变动，不受产品结构变动的影响。（　　）

5. 在其他条件不变的情况下，产品质量与产品总成本成正比例变动，与成本降低率成反比例变动。（　　）

6. 比较分析法只适用于同质指标的数量对比。（　　）

7. 影响可比产品成本降低率指标的因素有产品产量、产品品种结构和产品单位成本。
（　　）

8. 不管采用传统方法分析还是采用成本性态方法分析，产品产量变动都会影响可比产品成本降低率。（　　）

9. 比较分析法的主要作用在于揭示客观上存在的差距，并为进一步分析指明方向。
（　　）

10. 产量变动之所以影响产品单位成本，是由于在产品全部成本中包括了一部分变动成本。（　　）

四、计算分析题

1. 万芳公司只生产一种可比产品甲。2018 年产品的单位成本为 600 元，实际产量为 3 000 件；2019 年计划产量为 3 500 件，计划单位成本为 500 元；2019 年实际产量为 3 500 件，实际单位成本为 550 元。

要求：

(1) 计算 2019 年甲产品可比产品成本计划降低额和降低率；

(2) 计算 2019 年甲产品可比产品成本实际降低额和降低率；

(3) 分析万芳公司 2019 年可比产品成本降低情况。

2. 永道公司分别生产甲、乙、丙三种产品，本年实际产量分别为 1 300 件、600 件和 600 件，实际平均单位成本分别为 2 850 元、2 550 元和 2 750 元；本年计划单位成本分别为 2 900 元、2 400 元、2 650 元。丙产品为本年新生产产品，甲、乙两种产品上年实际平均单位成本分别为 2 500 元和 2 000 元。

要求：根据所给数据资料分析全部产品计划完成情况，并填制表 6-10。

表 6-10　商品产品成本表

编制公司：永道公司　　　　　　　　　　　　2019 年度　　　　　　　　　　　　单位：万元

产品名称	计量单位	产量		单位成本			计划总成本（计划产量）		本年总成本（实际产量）		
		计划	实际	上年实际	本年计划	本年实际	按上年实际平均单位成本计算	按本年计划单位成本计算	按上年实际平均单位成本计算	按本年计划单位成本计算	按本年实际单位成本计算
		⑪	⑫	⑬	⑭	⑮	⑯	⑰	⑱	⑲	⑳
一、可比产品 　甲产品 　乙产品	件 件										
小计											
二、不可比产品 　丙产品	件										
全部商品产品成本											

6.1 商品产品成本计划完成情况分析.mp4

6.2 主要产品单位成本的分析.mp4

参 考 文 献

[1] 江希和，向有才. 成本会计教程[M]. 北京：高等教育出版社，2014.

[2] 冯雅竹. 初级会计实务[M]. 北京：高等教育出版社，2018.

[3] 马卫寰. 成本会计实务[M]. 北京：北京交通大学出版社，2010.

[4] 于福生，黎来芳，张敏. 成本会计实务[M]. 北京：中国人民大学出版社，2018.

[5] 王俊生，黄贤明. 成本会计[M]. 北京：中国人民大学出版社，2015.

[6] 金爱如，梁君，刘瑾. 成本会计实务[M]. 武汉：华中科技大学出版社，2018.

[7] 李建玲. 成本会计[M]. 北京：北京交通大学出版社，2011.

[8] 顾全根，刘洪海. 成本会计实务[M]. 北京：人民邮电出版社，2013.